柴谷方良・西光義弘・影山太郎編集
日英語対照研究シリーズ(8)

統語構造と文法関係

岸本 秀樹

くろしお出版

日英語対照研究シリーズ
柴谷方良・西光義弘・影山太郎　編集

1．時制解釈と統語現象
　　三原健一著
2．会話分析
　　泉子・K・メイナード著
3．語形性と音韻構造
　　窪薗晴夫著
4．機能的構文論による日英語比較
　　高見健一著
5．動詞意味論
　　影山太郎著
6．オノマトペ
　　田守育啓／ローレンス・スコウラップ著
7．論理構造と文法理論
　　西垣内泰介著
8．統語構造と文法関係
　　岸本秀樹著

シリーズまえがき

　日本では近年言語を取り巻く状況に著しい二つの傾向がみられる。一つは言語理論の多様化ならびにそれぞれの枠組の急速な展開である。他の一つは、外国人に対する日本語教育の必要性からくる、日本語研究の興隆であるが、これら二つの傾向はお互いに関連している。外国、特に英語圏において開発された言語理論は自然と英語を中心に発達するが、その普遍的妥当性の検証において、異なった類型特徴を持つ日本語は格好の資料を提供してきた。また、同時に日本人研究者にとっては、高度なレベルの言語知識、言語感覚を要求する現在の言語理論の研究においては、日本語こそが最強の武器となるのである。したがって、日本人研究者による言語理論の研究は、その実践において必然的に日・英語の対照研究に従事することになる。
　一方、このような研究は、理論的成果のみならず、日本語教育の場で必要とされる、現代日本語の文法知識の飛躍的な蓄積につながっている。古典研究を出発点とした従来の国語学の伝統では必ずしも明らかにされなかった、現代日本語の事実が、新しい言語理論のもとで、そして英語など外国語との対照研究によって、次々と発掘されるに至った。これらの研究結果は、現状では日本語教育の現場での活用には至っていないかもしれないが、現代日本語の研究はそれ自体が学問領域として確立してきているし、基礎研究なくして明日の日本語教育は語れない。
　本シリーズは、このような状況を考慮し、上記二つの流れの合流点に見られる成果を広く世に問い、批判・検討をとおして、日本語、英語への理解の深化とともに理論的問題点についての論議の活発化を図るべく企画された。
　本シリーズの一大特徴は、多様な理論的枠組における日・英語の対照という点にある。現在の理論的研究は、自律的システムとしての文法構造の研究を目指す変形文法一辺倒の状況から大きく変転し、機能主義的研究、認知論

的研究、会話分析、母語・外国語習得研究など、理論的指向においても、また多種多様な言語を対象とする類型論理研究および個別対照研究などのように、その対象とする言語資料の広がりにおいても、まさに多元的様相を呈するようになった。このような理論的分化は、言語の全体像を包括的に捉えることのできる理論の出現が待たれる現状の反映に外ならないが、これはとりもなおさず、各理論にはそれぞれが得意とする研究領域があり、現在の日・英対照研究の成果を総合的に把握するには、各理論毎のまとめが必要とされるということである。

　本シリーズでは、このような現状を踏まえ、各巻が一つの理論的枠組内における日・英対照研究をとりあげることとし、それぞれの理論的枠組を明確な形で提示するとともに、その特定の枠組内での研究成果を余すところなく示すことに重点をおいた。意図としては、日本語ならびに英語についての具体的な事実の学習のみならず、各巻がその基礎としている言語理論の理解を通じて、多様な現代言語学理論の全体像の体得をも可能ならしめるシリーズを念頭においている。

編者

柴谷方良　西光義弘　影山太郎

目　次

シリーズまえがき ……………………………………………………… i
はしがき ………………………………………………………………… v

序章 ………………………………………………………………… 1
  1.　枠組みと目的 …………………………………………………… 1
  2.　本書の構成と概要 ……………………………………………… 4

第1章　階層構造 ………………………………………………… 9
  1.　はじめに ………………………………………………………… 9
  2.　統語分析の基本単位: 語彙範疇と機能範疇 ………………… 10
  3.　英語と日本語の階層構造 ……………………………………… 19
  4.　文法化と統語上の単位 ………………………………………… 57
  5.　主要部移動と否定文 …………………………………………… 68
  6.　まとめ …………………………………………………………… 83
    　　注 ……………………………………………………………… 84

第2章　非対格性と非能格性 …………………………………… 89
  1.　はじめに ………………………………………………………… 89
  2.　表層の文法関係：主語と目的語 ……………………………… 90
  3.　非対格性と結果構文 …………………………………………… 99
  4.　「かけ」名詞構文 ……………………………………………… 113
  5.　数量副詞の意味的な修飾 ……………………………………… 121
  6.　「を」格名詞句の役割 ………………………………………… 131
  7.　非能格性 ………………………………………………………… 137
  8.　まとめ …………………………………………………………… 151
    　　注 ……………………………………………………………… 151

目 次

第3章　存在・所有構文 …………………………………………… 155
1. はじめに ……………………………………………………… 155
2. 英語の There- 構文の特徴 ………………………………… 156
3. 日本語の存在・所有文の文法関係 ………………………… 161
4. 定性の制約の構造的特性 …………………………………… 175
5. 類別詞と動詞の交替 ………………………………………… 190
6. 尊敬語化に関する問題 ……………………………………… 198
7. まとめ ………………………………………………………… 212
　　注 ……………………………………………………………… 212

第4章　存在・所有文の拡張用法 ………………………………… 217
1. はじめに ……………………………………………………… 217
2. リスト構文：定性の制約の例外？ ………………………… 218
3. 動的な意味を表す非対格動詞と所有文 …………………… 242
4. 所有者繰り上げと存在・所有文 …………………………… 255
5. まとめ ………………………………………………………… 266
　　注 ……………………………………………………………… 267

第5章　状態述語の他動性 ………………………………………… 269
1. はじめに ……………………………………………………… 269
2. 状態述語の特性 ……………………………………………… 270
3. 非規範的な述語と二重主語構文 …………………………… 282
4. 非対格性と非規範的述語 …………………………………… 287
5. まとめ ………………………………………………………… 292
　　注 ……………………………………………………………… 292

結び ……………………………………………………………… 295
参考文献 ………………………………………………………… 298
索　引 …………………………………………………………… 317

はしがき

　本書は、日英語の対照研究シリーズの一つとなるということで、統語構造と文法関係に関する現象について、経験的なデータを中心に考察したものである。本書では、特に、日本語と英語の原理的な共通性を念頭に置いて、言語現象の記述・説明を行った。基本的には、英語において得られた知見が日本語の分析においてもかなり有効であるということが、全体にわたって窺えるのではないかと思われる。ただ、ここで提示している分析や観察には、多分に不完全なところや不十分なところもあるので、いろいろな批判・指摘がいただければ幸いである。

　本書の内容の一部は、2003年9月に岡山大学で講義する機会があり、講義に参加していただいた大学院生や先生方から、有益な意見や質問をいただいた。この際、特に、和田道夫先生には、さまざまなコメントや指摘をいただいた。神戸大学の大学院のセミナーでもいくつかのアイデアを議論したが、その際の参加者からのコメントが大いに参考になった。さらに、シリーズ編者の影山太郎先生には、原稿の内容全般にわたって詳細なコメントをいただき、いろいろな問題点を考え直すことができた。

　アイデアの段階から本書の完成に至るまでには、言うまでもなく、その他多くの方々からの貴重な意見や示唆を受けている。特に、Morphology and Lexicon Forum (MLF) やいろいろな面でお世話になった影山太郎先生の主宰する関西レキシコンプロジェクト (KLP) では、何度か本書で提示する題材の一部について発表する機会を得ることができた。ここですべての名前を挙げることはできないが、特に、KLPのメンバーおよび以下の方々に感謝の意を表したい：柴谷方良、西光義弘、佐野真樹、宮川繁、高見健一、小野尚之、竹沢幸一、鷲尾龍一、小川芳樹、金水敏、伊藤たかね、山森良枝、長谷川信子、三藤博、辻村成津子、辻岡孝枝、John Whitman、Laurence Schourup、Mark Campana。本書の研究成果の一部は、日本学術振興会科学研究費補助金 基盤研究 (B) (1)

はしがき

14310225および基盤研究（C）（1）14510620より補助を受けたものである。

　本書の刊行にあたってはくろしお出版編集部の福西敏宏、斉藤章明の両氏にお世話になった。編集・校正で御尽力いただき、この場でお礼を述べることにしたい。

2004年9月

岸本秀樹

序章

1. 枠組みと目的

　本書では、日本語と英語の統語構造と文法関係に焦点を当て、両言語の共通する特性は何かということを経験的なデータを中心として考察する。比較的よく研究された二つの言語を比較し検討した時にこれまでに全く知られていなかったような一般化を見つけることは難しいかもしれない。しかしながら、一つの言語だけを見る場合に比べて、これまで見落とされていた現象が見つかる可能性は高いことも確かであろう。一方の言語で観察されていることが、他方の言語で見つからないことはしばしば見られる。しかし、人間が話す言語という点においては共通なので、すこし視点を変えて眺めてみると、同じような現象が見つかることも多く、その結果、これまで議論になっていた考え方・分析に対して何かしらの貢献ができるような知見あるいは経験的なデータが提供できることもある。本書は、そのような考え方に沿って、日本語と英語の比較を中心にして、言語現象の分析を試みたものである。

　言語を比較し検討するという点においては、例えば、類型論的な視点から多くの言語の現象の共通性は何かということを検討するのも一つの方法であろう。類型論的な方法論も我々に多くの知見をもたらしてくれることも事実であるが、多くの言語を一度に見渡すことは、比較の対象が幅広いものになるものの、一つの現象を深く掘り下げて検討することがやりにくくなるという点もある。もちろん、類型論的な視点も大切であることは否定しないが、ここで行うことは、経験的なデータをかなり深く掘り下げてどのような言語の一般化ができるかということを考えてゆくのであって、浅く広く現象を眺めるのではない。したがって、必要な場合には、日英語以外にもデータの観察を広げること

1. 枠組みと目的

もあるが、基本的には日本語・英語の言語現象を見てゆくことになる。

　ここでの試みは、経験的なデータをできるだけ用いて、日本語と英語にどのような共通性があるのか、あるいは言語一般にどのような普遍性が見られるかを浮き彫りにすることにある。言語研究の立場としては、例えば、形式主義(formalism)的な見方や機能主義(functionalism)的な見方などがあるが(cf. Newmeyer 1999)、これらの言語研究に貢献・寄与が期待できるような言語の一般化やその資料の提供ができればよいと考えている。分析の基本的な枠組みとしては生成文法の形式的な統語理論を前提とはしているが、特に一つの枠組みにこだわっているわけではない。本書で行う言語現象の分析では、必要な場合には、意味論的あるいは語用論的な見方も取り入れてゆくことになる。

　また、本書での分析は生成文法の考え方が基本となるが、ミニマリストプログラム(Minimalist Program)のような現在最新の理論(Chomsky 1995, 2000, 2001)を用いているわけではない。むしろ、それよりは理論的に見て比較的抽象度が低いと思われる原理と変数のアプローチ(Principles and Parameters Approach)を基本的に採用していると考えていただいてよいであろう。これには幾つか理由があるが、大きな理由として、言語の経験的データをできるだけ取り入れて一般化を探るのには、抽象度が高くない理論の方が適している場合が多いことが挙げられる。本書で考察するのは、日本語と英語の経験的なデータで、直接の目標は必ずしも生成文法が掲げているような普遍文法の仕組みの解明そのものではない。もちろん、基本的に生成文法の理論の枠内で行われる研究であるから、生成文法の究極の目標は十分に視野に入れているつもりであり、経験的なデータから理論的な貢献が可能であると判断した場合には、その理論的な意義も考察している。

　言語の分析の際に立脚する枠組みが変われば、見方が変わることが多々ある。実際、どのような理論を前提として分析を行うかによって、言語現象がどのように現れてくるかという予測や、その背後にどのような仕組みがあるのかという説明が変わってくる。したがって、本書の日本語と英語の分析に必要となる理論的仮定をここで簡単に提示することにする。ここでは、当面の本書の目標である日本語と英語の分析に必要な道具立てを設定するのみに留める。

まず、分析の基本となる文とその派生については、基本的に生成文法で仮定されている、D-構造(D-structure)から様々な移動操作を経て、S-構造(S-structure)に達し、そこから音声形式(PF)と論理形式(LF)へと分かれ、派生がさらに続いてゆくというT-モデル(T-model)を仮定する。なお、本書では、D-構造は基底構造、S-構造は表層構造として言及することになる。ミニマリストプログラムでは、基底構造という文法レベルはないが、基底構造で捉えられる現象は、項が併合(merge)される位置という概念で捉えることができる。ミニマリストプログラムの枠組みでは、表層構造はいわゆるスペルアウト(Spell-Out)での構造に相当することになる。なお、本書で分析の対象となる言語現象は、主に表層構造と基底構造に関するもので、音声形式や論理形式は、特に関係がない。また、時に論理形式について言及が必要な場合も出てくるが、本書での分析にはほとんどの場合直接関係はない。

　原理と変数のアプローチでは、時制要素(tense)あるいは動詞(verb)により格(Case)が与えられることによって、動詞の項が統語的に認可されると考えられている。この場合の項を認可する格は、抽象格(abstract Case)であるが、後で議論するように、日本語では、抽象格の種類と形態的な格標示とは必ずしも一対一で対応しない。述語の格標示のパターンがどのようにして決まるかを説明することは、Kuroda (1978), Takezwa (1987)などの研究をはじめ、以前より日本語の生成文法の興味の対象であったが、この問題に関しては、本書の議論の対象外なので、単に、日本語では形態的な格標示のパターンが述語のタイプによって決められると仮定しておく。抽象的な構造格(structural Case)については、主語格(subjective Case)が時制から主語に与えられ、目的格(objective Case)が他動詞から目的語に与えられるものと考える。動詞句内主語仮説を採用した場合には(Sportiche 1988, Kuroda 1988, Fukui 1986, Kitagawa 1986)、動詞の項はすべてVP内に生成されることになるが、項の認可は時制あるいは動詞によってなされると考えることができる[1]。

　抽象格の種類に関しては、構造格とともに、内在格(inherent Case)を認める。構造格は、最も典型的に、主格(nominative case)や対格(accusative case)として形態的に標示され、名詞句の移動現象と密接に関わることになる。内在

格は、典型的に付加詞に与えられ、後置詞句あるいは前置詞句の形として具現化される。日本語の場合、与格(dative Case)に関しては、構造格あるいは内在格として働くという二通りの可能性があることになる。なお、表層で主語位置にある要素は主語の特性を示すが、この位置に主語が現れるのは屈折辞句(IP)に指定部がなければならないという要請——生成文法では通常EPP(Extended Projection Principle)の要請と呼ばれる——によるものと考える。もし名詞句に対する格付与(Case assignment)の仮定を格照合(Case checking)の仮定に置き換えると、格の取り扱いはミニマリストプログラムのものと極めて近くなる。[2]

　ここまでが、本書で仮定する理論の大枠である。無論、これだけがすべてというわけではないが、その他の分析に必要な概念等は、適宜必要な個所で導入することになる。

2.　本書の構成と概要

　ここでは、各章でどのような分析を行うかについての概観を提示してゆくことにする。まず、第1章では、日本語と英語の統語構造の特徴・類似性について検討する。日本語は、いろいろな機能的要素が拘束形態素(bound morpheme)として語彙要素に付加される膠着言語(agglutinative language)であると考えられるが、表層の構造においては、極めて英語とよく似た構造を持つということを主に副助詞の挿入の可能性から議論する。そして、日本語には、英語で仮定されているような階層構造を仮定する必要があることを経験的なデータより示すことになる。より具体的には、日本語の名詞句の構造は、少なくとも、二つの階層があり、名詞句の構造として、DP仮説(DP hypothesis)を採用する根拠があるということを示す。また、節の構造としては、最も単純な文においても、少なくともCP, IP, VPの三層の階層構造を仮定する必要があるということを示す。さらに、受身や使役などの複雑述語は、形態的には一語として認識されるが、表層の統語構造としては、それぞれの形態素が独自の投射を持ち、英語と同じような分析的な構造を持っていることを示す。この章では、述語(predicate)の主要部移動(head movement)の可能性についても検討する。英語においては、動詞の主要部移動の可能性は極めて限定されていて、be動詞や

have動詞が動詞本来の意味をなくし、アスペクトの意味を表す機能要素として働く時に、主要部移動が起こることがあることが観察されている。本章では、日本語にも主要部移動が英語のように極めて限定的であるが存在するということを経験的な事実から明らかにする。

第2章からは、文法関係についての議論に入る。第2章では、非対格性(unaccusativity)と非能格性(unergativity)の問題を取り上げる。この章では、主語(subject)や目的語(object)というような表層での文法関係の他に、外項(external argument)や内項(internal argument)という基底構造での関係を規定しなければならない現象があることを示してゆく。具体的には、英語の結果構文(resultative construction)が動詞の内項を取り出すことのできる非対格構文であるということを示した後に、日本語においても、「かけ」名詞構文や数量副詞など、内項を選び出すことのできる非対格構文が存在することを示す。さらに、日本語においては、外項を選び出すことのできる非能格構文も存在することを示し、基底構造で決められる文法関係である内項と外項の区別を(日本語において)設定する十分な経験的な証拠があることを示す。

第3章では、日本語の状態動詞(stative verb)の「ある」「いる」が用いられる存在・所有文を、英語のThere-構文と比較しながら分析する。この章では、日本語の所有文が項(argument)を二つ取り、構造的には英語のThere-構文と基本的に同じ統語構造を持つことを示す。そして、日本語の所有文の動詞の内項として機能する「が」格名詞句は、表層構造で目的語として現れることを議論し、この「が」格名詞句が(非対格)動詞から部分格(partitive Case)を受け取ることによって、定性の効果(definiteness effect)を示すことを明らかにする。さらに、このような定性の効果は、動詞が項を一つしか取らない日本語の存在文には現れないことを示す。本章では、日本語の存在・所有文に対するKuno (1973)や柴谷(1978)の分析には問題があり、動詞の一致やその他の現象に対してこれらの研究で主張されているものとは異なる一般化が立てられると論じる。

第4章では、存在・所有構文の議論の延長として、まず、所有文の「が」格名詞句に定名詞句(definite noun phrase)が現れるケースについて検討する。このような現象は、定性の制約が当てはまる位置に定表現が現れ、あたかも定性の効

2. 本書の構成と概要

果が見られなくなるような現象であるが、実際には、定性の制約を受ける一般的な現象であることを示す。また、日本語の所有文では、「所有」の意味を表す状態動詞の他にも動的な「所有関係の発生」の意味を表す動詞が現れることがある。これは、英語のThere-構文において、「存在」の意味を表す状態動詞の他にも「存在関係の発生」の動的な意味を表す動詞が現れることがあるのと並行的な現象であることを示す。本章では、この他に、「ある」「いる」の構文で、名詞句繰り上げ(DP ascension)の存在する事例について考察する。ここでは、特に所有者・場所・主題の三つの名詞句を同時に取る構文について考える。この構文は、もともと動詞が場所と主題を取る存在文であるが、所有者繰り上げ(possessor ascension)の操作の結果、単一節内に名詞句が三つ現れるようになった構文であることを示す。

第5章では、「に-が」の格パターンを取る状態述語の他動性について検討する。状態の意味を表す二項述語については、1970年代の日本語の生成文法の研究において、主語と目的語を持つ他動詞として扱われていた。最近になって、Shibatani (1999, 2001), 柴谷 (2001)などによって、このような述語は主語と目的語を持つ他動詞的な述語ではなく、主語が二つ存在する二重主語構文として扱うべきであるという提案がなされている。本章では、二つの項を取る状態述語が主語と目的語を持つ他動詞的な述語であることを示す経験的な証拠が存在することを示す。そして、状態の意味を表す二項述語の現れる構文が二重主語構文としては分析できないということを示す。

以上が、本書の構成であるが、全体的な取り扱いとしては、経験的なデータをできるだけ多く用いて考察を行い、理論内のみでの考察をできる限り少なくしている。理論的な発展に伴い、ここで提示するデータも異なる一般化ができたり、あるいは、全く異なる視点から分析を行う必要が出てくるかもしれないが、当面の最大の目的は、日本語と英語の統語構造および文法関係を一定のまとまった形で提出することにある。

注
1. 本書では基本的に動詞句内主語仮説(VP-internal subject hypothesis)を採用することにするが、表層の統語構造を問題にする第1章においては、議論を簡単にするためにこの仮説を用いずに説明を行うことになる。
2. 実際に、格の認可がどのようになされるかについては、様々な可能性があるものの、もしミニマリストプログラムの格の取り扱いを採用すると、名詞句は格に関する移動を受けなくても最終的には、一致(Agree)と呼ばれる長距離の格認可が可能になると考えられる。

第1章　階層構造

1. はじめに

　文(sentence)を分析の対象とする生成文法などの文法理論において分析の基本単位(building block)となるものは、語(word)であるとされることが多い(Carnie 2002, Radford 1997など)。しかしながら、語という単位をどのように認定するかについては、かなり難しい技術的な問題も潜んでおり、それほど簡単に語という単位が見分けられるものではない。また、最近の統語理論では、何が統語(syntax)の基本単位となっているかについて必ずしもはっきりと定義できるわけではない。例えば、拘束形態素(bound morpheme)はそれ自体が独立して用いることができず、(自立要素としての)語としては認定されないことが多い。しかし、ここでの議論の中心の枠組みとして想定している生成文法では、機能範疇(functional category)と語彙範疇(lexical category)という区別が立てられ(Abney 1987, Fukui 1986など)、拘束形態素が少なくとも統語上は独立の要素として扱われることがある。この場合、拘束形態素は、独立の語彙項目と同じようにそれ自身の投射を持つ機能要素として分析されることになる。

　統語上どのような要素が独立の要素として、それ自身の投射を持つかについては、必ずしも一致した見解が得られているわけではなく、多分に理論内部の問題となって、経験的な証拠を提出することが難しいことも多い。ここでの主な目的は、そのような統語理論に対して何かしらの貢献をすることではなく、文の文法関係と統語構造の分析を行うことにある。そのため、この種の議論にあまり深入りをすることはできないが、日英語において統語構造を構成する基本的な単位については、その分析の必要上、個々の議論に入る

前に検討してゆく必要がある。特に、以下では、どのような要素がそれ自身の投射を持つことができるかについて少し詳しく検討してゆく。

2. 統語分析の基本単位: 語彙範疇と機能範疇

　これまでの統語分析においては、多かれ少なかれ、英語において仮定されている構造がその他の言語においても成り立つと仮定して分析が行われることが多かった。日本語の場合も例外ではない。英語では、単語が基本単位となって、統語構造が比較的容易に組み立てられることが多い[1]。しかしながら、膠着言語(agglutinative language)である日本語は、さまざまな要素が語に付加されて非常に複雑な要素のまとまりとなる語が作られることも多く、そのような連鎖からどのような構造が組み立てられるのかがわかりにくいことが多い。実際、これまでの統語分析では、日本語の拘束形態素を英語の単語に相当するものと考え、英語と同等の構造を仮定することで分析が行われることが多かった。このような分析では、日本語の述語の形態的な特徴を説明するために主要部の移動を仮定することが多かったが(Kuno 1978, 井上 1976など)、このような移動分析が必ずしも支持できないということは、これからの議論で明らかになる。

　原理と変数を仮定する生成文法では、言語の統語構造は、変数が異ならなければ、言語間で異ならないと考えることができるので、上のような考え方もある程度は納得できるであろう。しかし、実際に、統語分析において仮定されている構造は研究者によってかなり大きく異なる。基本的な議論の土俵となるはずの構造が同じでないと、それに関連する議論がしにくくなるのも当然である。もし日本語において統語構造を確認する手段が存在すれば、このような混乱はある程度避けることができる。そこで本章では、基本的な問題に立ち返り、英語と比較した場合に、日本語の統語構造がどの程度似通っているのか、あるいはどの程度異なっているのかという問題について、理論内のみでの議論を極力避けて、経験的なデータをもとに検討してゆくことにする。

　まず、生成文法においてなされている重要な範疇の区別が語彙範疇と機能範疇である。語彙範疇は、英語の場合、通常、名詞・動詞・形容詞(副詞)・

前置詞の四つであると考えられている。また、日本語では、名詞・動詞・形容詞(形容動詞)・後置詞の四つが英語の語彙範疇に相当するものと考えられる。伝統的な国文法での品詞の分類に比べるとここでの分類は、かなりおおざっぱであるように見えるが、国文法での分類は統語分析においてあまり必要のないと思われる形態的な規準などが入っているために多くの品詞が区別される。しかし、本論での分析においては、英語において区別される以上の品詞の区別はそれほど必要がないので、ここでは深く議論しないことにする(生成文法理論内での日本語の品詞分類の議論については、Kageyama 1982, Miyagawa 1987などを参照)。機能範疇は、何がそれに該当するかは必ずしも学者の間で見解が一致するわけではないが、英語の場合少なくとも代名詞、決定詞、補文標識、助動詞などが入ると考えられる。日本語の場合にも、機能範疇が存在する。日本語では、例えば、「だろう」などのような助動詞表現は一種の機能範疇であると考えてよいと思われる。ただし、厳密に英語の代名詞や決定詞に相当する機能範疇が日本語に存在するかどうかについては議論の余地がある。

　語彙範疇は、おおざっぱに言って、いわゆる開いたクラス(open class)に相当するものが多く、語自体が固有の意味を持ち、文の意味の重要な部分を決定するものであると言える。これに対して、機能範疇は、閉じたクラス(closed class)に属するものが多く、それ自体にあまり意味がなく、いわば、語と語をつなぐ糊のようなもので、統語上の関係を決定する上で重要な働きをする。日本語と英語の間には、語彙項目の範疇に顕著な違いが見られることもあるが、語彙範疇と機能範疇に相当すると考えられるものが存在するという事実は、日本語と英語においてかなり類似した統語構造が存在することを示唆しているものと思われる。

　統語分析を行う際には、どのような要素が投射(projection)をして句(phrase)を形成するかを考える必要がある。語彙要素は、文や句の主要部となるものでそれ自体が独立した要素で、投射をすることにより句を構成するものであると考えることができる。これに対して、独立した投射を持ちうる機能範疇がどのような形で存在するのかという問題に対しては、未だに一致した見解が得られ

2. 統語分析の基本単位: 語彙範疇と機能範疇

ていないと言ってもよい。しかしAbney (1987)は、(1)のような一般的な傾向があるとしている。

(1) a. 機能要素は閉じた語彙のクラスを構成する (数が限られている)。
　　 b. 機能要素は、一般的に音声的・形態的に従属要素であり、しばしば小辞や接辞として現れる。時には、音声形がない場合もある。
　　 c. 機能要素は、通常、補部から分離できないことが多い。
　　 d. 機能要素は、記述的な意味内容がないことが多く、文中の要素間の関係を決める働きをする。

ここで問題となるのは、機能範疇の中に、形態上、拘束形態素でありながら統語上は完全に独立し、それ自身の投射が存在すると分析されるものがあるということである。例えば、英語の所有を表す-'sは、名詞句に接辞として付加される拘束形態素であるが、Abney (1987)で提案されたDP仮説 (DP hypothesis)においては、DPの主要部に現れて、統語上、NPとは独立した要素となる。

さらに言えば、どのような機能要素が投射をして句を作るのかについては、理論的な理由でその選択が大きく変わる可能性がある。例えば、所有の接辞の-'sは、DP分析においては、DPの主要部要素となるが、NP分析においては、NPの指定部に入る要素に付加されるもので、統語的に独立の投射を持たないと分析される。

統語構造を考え分析する上で重要なことは、どのような要素が構成素 (constituent)をなしているかを決定することである。一般に、構成素は、1)移動 (movement)、2)代名詞の置き換え (pronoun substitution)、3)(削除 (deletion)を含む)文の断片化 (sentence fragment)、などの統語操作が可能かどうかによって確認することができる (Carnie 2002)。これは、Radford (1997)が強調しているように、文法操作は統語的に一つのまとまりをなす要素に対して行われるからである。したがって、上に挙げたような文法(統語)操作のいずれかが可能であれば、少なくともその文字列は構成素をなしていると考えることができる。Radford (1997)は、このような統語操作に当てはまる原

則を「構造依存の原理(Structure Dependence Principle)」と呼んでいる。具体例を挙げると、(2)の英語の例で、移動が起こっていると考えられる要素は構成素であると考えられる。

(2)　a.　That book, I do not want to read.

　　　b.　John read the book and [VP read the book] he did.

(2a)では、話題化(topicalization)の統語操作により、通常、動詞の右側に現れる目的語that bookが、左方移動を受け文頭に現れている。(2a)で移動されている要素は、名詞句(Noun Phrase, NP)である。DP仮説を採用し、決定詞のthatをDPの主要部と見なせば決定詞句(Determiner Phrase, DP)と呼ぶことができる。本論ではDP仮説を採用するが、必要がない限りDPを名詞句として言及することにする。(2b)では動詞句前置(VP-fronting)の統語操作が行われ、動詞句(Verb Phrase, VP)が移動を受け、その動詞句が節の先頭に現れている。いずれの場合も、移動を受けた要素は、構成素をなしていると考えることができる。

日本語においても、英語と同様に、ある文字の連鎖に対して何らかの統語操作が可能であれば、その文字の連鎖は構成素をなしていると考えてよい。

(3)　a.　その本を、私は読みたくない。

　　　b.　日記を読んだのはジョンだ。

(3a)においては、文の目的語がかき混ぜ(scrambling)によって文頭に出ているので構成素をなしていることがわかる。(3b)は、文の主語に当たる語がいわゆる分裂文の焦点、正確には、焦点が文の右側に来ているので擬似分裂文(pseudo-cleft)の焦点の位置に現れている。(3b)では、主語が焦点の位置に直接移動したものであるか、それとも移動に空の演算子が関わっているのか議論が分かれるかもしれないが、ここでの議論には直接の影響はない。どちらの分析が正しくても、焦点位置に現れる要素が構成素をなしていると考えることができる。

しかしながら、すべての構成素に対して、移動という文法操作が可能というわけではない。例えば、埋め込み節(IPの投射を持つ節)は、(4)で示すように日英語とも移動が不可能である。

2. 統語分析の基本単位: 語彙範疇と機能範疇

(4) a. *[$_{IP}$ John read the book]$_i$, Mary said that t_i.
b. *[$_{IP}$ ジョンが本を読んだ]$_i$、メアリーは、t_i と言った。

(4)の日英語の前置された埋め込み節は、通常、補文標識句（Complementizer Phrase, CP）とは独立した構成素、すなわち屈折辞句（Inflectional Phrase, IP）を構成すると考えられる。したがって、このようなIPを移動操作によって文頭に出してもよいように思われるが、実際にはそのような操作は不可能である。これに対して、補文標識を含んだ節は前置可能である。

(5) a. That John read the book, Mary said.
b. ジョンが本を読んだと、メアリーは言った。

これらの事実は、構成素をなしている要素が必ずしも移動のような統語操作が可能ではないということを示している。英語の場合、thatは、独立の語彙項目であるのでIPを補部に選択する補文標識として働き、それ自体が補文標識句を投射していると考えるのにはそれほど違和感がないかもしれない。しかし、日本語の場合、膠着語としての性質から、補文標識の「と」に関しては、独立の語彙要素であるかどうかは、一見したところ、それほど明らかではない。しかしながら、これから議論するように、日本語の補文標識も英語と同様にIPを補部に選択する独立の要素であると考えられる。

また、移動の統語操作の可能性については、日英語で異なる場合もある。例えば、英語では、関係節化（relativization）によって前置詞句の中から名詞句を抜き出すことが可能である。

(6) This is the man who John smiled at.

(6)においては、名詞句のthe manが、前置詞の目的語の位置から抜き出され、関係節の主要部として働いている。英語では、(6)のように抜き出しの結果、前置詞残留（preposition stranding）が起こることはそれほど珍しくない（英語の前置詞残留に関する制限については、例えば、Hornstein and Weinberg 1981などを参照）。ところが、日本語においては、英語の前置詞句（Prepositional Phrase, PP）に相当する後置詞句（Postpositional Phrase, PP）は存在するが、後置詞句から名詞句を抜き出し、後置詞を残留させることは許されない。

(7)　ジョンが [t_i (*で)] 少年に出会った 公園$_i$

日本語では、(7)のような関係節化が容認可能になるためには、名詞句に付随すると考えられる後置詞は、残留させるのではなく、完全に削除されなければならない。このことは、日英語で統語操作の可能性が異なるということを示している。

統語分析を行う上で、さらに問題となるのは、いわゆる語彙範疇の投射と機能範疇の投射を区別できるような統語操作がそれほど存在しないということである。これは、Abney (1987)の一般化(1c)にも挙げられているように、機能要素とその補部が切り離せないことが多いからである。しかしながら、そのような操作が皆無であるというわけではない。英語では、例えば、'one'の置き換え('one'-substitution)というテストが、名詞句の構造を判別するのにしばしば用いられる。このテストは、DP内のNPをターゲットとする操作なので、名詞句の中の機能範疇と語彙範疇を分けることができる（Baker 1978, Radford 1988, 1997などを参照）。

(8)　a.　John bought that [red hat], but not this *one*.
　　　b.　John bought the red [hat], but not the green *one*.

(8)の代名詞oneは前半の節の目的語全体ではなく、目的語の一部——(8a)ではred hat、(8b)ではhat——を置き換えている。このような置き換えの操作が可能であるということは、名詞句の中にさらに何らかの構成素を作る単位が存在していなければならない。古典的な統語分析では、名詞句は、Nを主要部とするNPで、oneはN'を置き換えていると考えられていた。しかしながらより最近のDP分析では、名詞句には、NPの投射の上層に決定詞Dが投射するDPが存在すると考えられている。このDP仮説においては、代名詞のoneによって置き換えられる構成素は、NPであるということになる。

2. 統語分析の基本単位: 語彙範疇と機能範疇

(9)

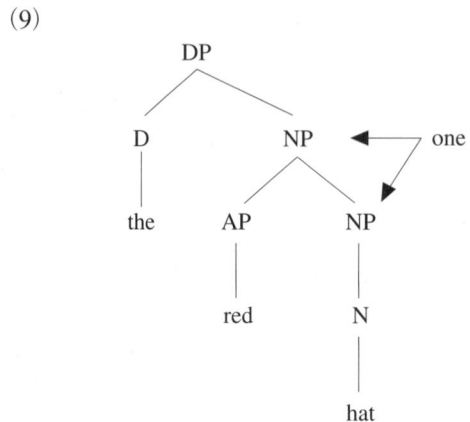

　代用表現のoneはDPの補部となるNPを置き換えており、NPは語彙投射で、DPは機能投射であるということを考えると、語彙投射と機能投射を分けるような操作ということになる。もちろん、NP分析では、中間的な投射のN′を置き換える操作ということになるが、Chomsky (1986b)が主張するように、統語操作が中間投射に関与することができないとすると、DP仮説の方が理論的には優れているということになる。

　日本語でも代用表現の「の」を用いた、英語と似た統語操作が存在する。例えば、(10)のような例で見られる代用表現の「の」は、名詞句の一部を置き換えていると考えることができる (奥津 1974, 神尾 1983, McGloin 1985)。

　　(10) a. ジョンはメアリーの[青いノート]を借りたが、トム<u>の</u>は借りなかった。
　　　　 b. ジョンはメアリーの青い[ノート]を借りたが、メアリーの赤い<u>の</u>は借りなかった。

(10a)で、「の」の代用表現は「青いノート」を指すことができ、(10b)では、「ノート」を指すことができる。このことは、「の」がDPの一部であるNPを置き換えることができるということで、「の」の置き換えが(8)で見た'one'の置き換えと同等な操作であることを示唆している (Saito and Murasugi 1990参照)。

(11)

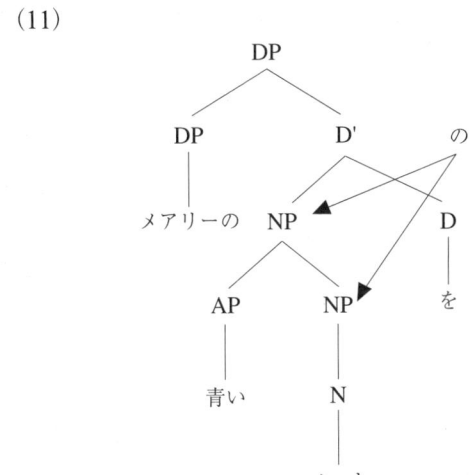

ただし、代用表現「の」の置き換えが厳密に適用されると、(10a)では、「トムのの」と表現されるはずであるが、実際には重複する「の」の一方が落とされることになる。属格の「の」と代用形の「の」は形態上区別することができないが、この場合、表面上現れる「の」は代用形の「の」である。(10b)のような代用形の「の」には、「ジョンは、赤い本ではなく、青い<u>の</u>だけを借りた。」というように、「だけ」のような副助詞が付加できる。しかし、属格の「の」には、「*ジョンの<u>だけ</u>本」のように、副助詞を付加することができない。(10a)のような場合は、「だけ」を付加した「ジョンは、メアリーのノートを借りたが、トムの<u>だけ</u>は借りなかった。」という言い方が可能なので、(10a)のような例で、落とされる「の」は、属格の「の」であることがわかる。

　もちろん、日本語の「の」の置き換えは、英語のoneの置き換えとは異なる性質を示す。

　(12) *ジョンは赤い髪の人を見たが、メアリーは黒い髪のを見た。

(12)のように、日本語では、人を指す名詞句の置き換えがやりにくい。ただし、日本語においても、「今日は、やたら大きいのをつれてきたな」や「この人たちの中にも元気なのが何人かいる」というような表現が可能であるので、人を指す用法が全く不可能というわけではない。この種の制約は、純粋に統語

2. 統語分析の基本単位: 語彙範疇と機能範疇

的な性質から来るものではなく、「の」に特有の制限があるためであると考えられる。これに対して、英語も代名詞のoneは人を指すのに用いられることに全く問題はない。例えば、Radford (1988: 186) では、(13)のような例が挙がっている。

(13) a. The [student] with short hair is dating with the *one* with long hair.
　　　b. This [student] works harder than that *one*.

また、英語では、young oneやlittle oneのような、人に対して用いられるoneの慣用的な表現も存在するし、oneが人を指す用法はかなり生産的で、(12)で観察された日本語のような制限はないと言える。しかし、英語においても、統語的に説明できない特殊な制限は存在する。

(14) *The mud on his boot was darker than the one on his coat.

(Baker 1978: 238)

(14)のようなoneの置き換えができないのは、mudが不可算名詞(uncountable noun)であるからである。このことより、oneの置き換えは、たとえ統語的な条件が整っていたとしても、可算名詞(countable noun)にしか起こらないことがわかる。ここで重要な点は、統語上の機能という点から見ると、日本語の「の」の置き換えは、名詞句全体ではなく名詞句の一部を置き換えるという点において、統語操作としては英語の'one'の置き換えの操作と同等なものと考えられるということである。

Fukui (1986, 1995) やFukui and Speas (1986) などは、日英語の比較統語論の観点から、日本語は、英語とはかなり異なる句構造を持ち、日本語においては機能範疇が存在しない、あるいは、存在してもかなり限定的な形でしか存在しないという提案を行っている。しかしながら、(10)のようなデータから見ると、日本語の句構造は、英語の句構造とそれほどかけ離れたものではないということが示唆される。統語構造を認定するためには、特に、日本語においては、移動操作が必ずしもうまくいくわけではないので、日本語の句構造、とりわけ、語彙範疇と機能範疇の投射がどのようになっているのかを判別する別の尺度も必要となるであろう。次節では、「だけ」「さえ」「も」な

どの副助詞・係助詞が日本語の文の構造を測る上でかなり有力な手がかりとなることを示す。そして、副助詞・係助詞の現れる位置から日本語の統語構造は英語の統語構造とかなり似たものであることを論じる。

3. 英語と日本語の階層構造

　日本語が英語とは異なる様々な性質を持つことは、以前からしばしば議論されている。例えば、Kuroda（1988）やFukui（1986）などは、日本語の英語と異なる性質として、1）WH移動（WH-movement）がない, 2）主語・助動詞の倒置（subject-auxiliary inversion）が起こらない, 3）かき混ぜ（scrambling）規則が存在し、語順が比較的自由, 4）多重主語構文（multiple subject construction）が可能, 5）複雑述語（complex predicate）を持つ, 6）話題卓立言語（topic-prominent language）である, などを挙げている。日本語と英語の比較統語論の立場からは、以前より、これらの性質が日英語の統語構造の違いから出てくると議論されることが多かった。例えば、Farmer（1984）は、これらの日本語の性質の幾つかがHale（1982, 1983）の指摘するワルピリ語（Warlpiri）などの非階層構造型言語（non-configurational language）と共通するため、日本語を非階層的な言語として分析している。実際、Chomsky（1981）なども、日本語を文法関係が句構造によって決定されない非階層型言語と考えていた。

　その後、Hoji（1985）, Whitman（1986）, Saito（1985）などにより、日本語が階層的な構造を持つことが示されたために、日英語の違いを異なる形で説明しようとする提案がFukui（1986, 1995）, Fukui and Speas（1986）やKuroda（1988）などによって出されてきた。前節の終わりでも少し議論したが、Fukui（1986, 1995）は、日本語と英語の異なる性質が、句構造に機能範疇が投射されるかどうか、あるいは、機能範疇が指定部を要求するか否かによって決定されると提案する。Kuroda（1988）は、英語が一致を要求する言語（forced agreement language）であるのに対して、日本語が基本的に一致を要求しない言語であることにより、上で述べた英語とは異なる性質が派生してくると提案する。

　このような分析のもとでは、主語が動詞句（VP）の中に生成されるという動

3. 英語と日本語の階層構造

詞句内主語仮説(VP-internal subject hypothesis)が理論的に動機づけられることになる[2]。英語の場合には、主語が動詞句内に生成されるが、定形の屈折辞句(IP)が指定部を要求するので、主語はIPの指定部に上昇する。これに対して、日本語では、主語がVP内に基底生成されるが、IPが指定部を要求しないので、その位置に留まったままになるというわけである。ただし、Fukui (1986, 1995)やKuroda (1988)の主張とは異なり、日本語が表層で主語を動詞句内に留めておく言語ではないということは、以下でも議論することになる。

その他の日英語の特性の違いも、多くのものが機能要素が指定部を要求するかどうかに帰結して説明することができるとされている。例えば、Fukui (1986)やKuroda (1988)による分析では、日本語にWH移動が見られないということは、英語とは異なり補文標識句(CP)が存在しても指定部要素を要求しないために移動が起こらないことになる。また、かき混ぜ規則があり、語順が比較的自由であるということ、および、多重主語構文は、Fukui (1986)によれば、IPが完全ではなく語彙投射が閉鎖されず、英語では許されないような統語位置を語彙投射が供給できるために可能になるということになる。このような比較統語論では、日英語の違いが強調され、日本語の統語構造が英語とはかなり異なった様相を示すことになる(日英語の語順の違いに注目した、これらの提案とはかなり異なる比較統語論については、Tonoike 1991, Takano 1996を参照)。

もちろん、日本語と英語の顕著な違いに目を付けて、それがどのような要因で起こるのかを考えるのも一つの可能な方法である。しかし、以下の議論では、Fukui (1986)やKuroda (1988)の提案とは少し異なる見方を採って、日本語と英語の共通性がどこまであるのかということを検討してゆくことになる。特に、日本語と英語の統語的な共通性に重点を置き両言語を比較すると、語順の問題は別にして、日英語の統語構造は、類似性や言語の普遍性の部分が際だってくる。このことは、普遍文法の考え方から見れば、それほど驚くには当たらない。これまでの日英語の比較統語論では、句構造の類似点よりも相違点が強調される傾向があった。しかし、本節では、日本語の階層

構造は、英語の階層構造とそれほど変わらないという経験的な証拠をいくつか提示することになる[3]。

日本語の句構造を決定するための具体的な手段として、上で議論した移動や置き換えなどの統語操作の他に、特に、副助詞（あるいは係助詞）の挿入の可能性について注目する。ここで取り上げる副助詞・係助詞の挿入の可能性は、基本的に、統語における語の緊密性（lexical integrity）によって決まる。そして、副助詞・係助詞の分布を見ると、形態上は一語となっていると考えられるような語の連鎖も統語上はそれぞれの投射を持つ個別の語彙要素として働いていることが多いということがわかってくる。そこから、日本語の膠着言語としての性質は、統語的なものではなく、語の多くが拘束形態素として働くという単に形態的な理由からくるという帰結が導かれることになる。もしこのような日本語の形態上の特性が統語の後に来る形態部門で形成されるものであるならば、日本語の膠着性は従来考えられていたほど統語構造と密接な関係を持つものではないと予測される。

最初に、本論で示す重要な点は、日本語が、基本的に英語と同様な名詞句や文（節）の階層性を持つということで、語順の問題を除けば、階層構造（統語構造）は、日本語と英語でそれほど異なるものではないということである。以下で詳しく議論するように、日本語では、「だけ」「さえ」などの副助詞や「は」「も」などのような係助詞という副詞的に用いられる助詞の分布を見ることによって、補文標識を含む節（CP）は少なくとも(15)のような三層構造を持っていることが確認できる。

(15)

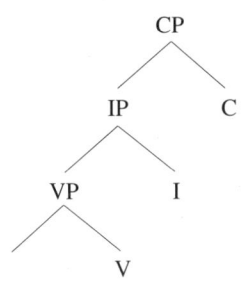

3. 英語と日本語の階層構造

名詞句も、DP仮説の予想するような、少なくともDPとNPという二階層の最大投射 (maximal projection) からなる二階建ての構造を持っていることを、副詞的な助詞を用いて示すことができる。

(16)
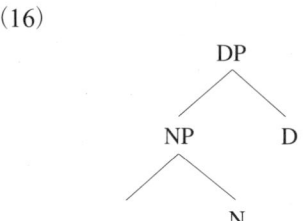

本論で日本語の統語構造の分析に用いる副詞的な助詞は、小辞 (particle) の一種と考えられ、大きく分けて、副助詞と係助詞の二種類がある。前者には、「排他 (exclusiveness)」の意味を表す「だけ」「のみ」「ばかり」や「尺度の含意 (scalar implicature)」を表す「すら」「さえ」などの助詞が含まれ、特に、文にある種の (特に強調の) 意味を加える働きがある。係助詞も似た働きがあり、これに分類されるものには「は」や「も」などがある。沼田 (1986) などが指摘するように、これらの助詞の特徴として、文中の様々な位置に現れることができるということが挙げられる。もちろん、このような助詞のすべてが常に均一な分布をするわけではなく、それぞれに独自の生起制限もあるが、これらの助詞に共通する一般的な特性として、(17) で示されているように、左側にある要素とのみ結びつくことができるということが挙げられるであろう。

(17) a. 教科書{だけ/さえ/も/は}
    b. *{だけ/さえ/も/は}教科書

しかしながら、(18) の例からわかるように、このような助詞は、語の内部に入って、助詞の左側にある要素と結びつくことはできない (影山2001参照)。

(18) a. 海外{だけ/さえ/も/は}
    b. 海外旅行{だけ/さえ/も/は}
    c. *海外{だけ/さえ/も/は}旅行

「海外」という語は単独で起こると副詞的な助詞をその右側に付加できるが、

この語が、例えば、「旅行」という語と複合し、「海外旅行」という複合語が作られると、このような助詞は「海外」の右側に付加できなくなる。

ちなみに、上で挙げた副詞的な助詞が語の中に埋め込むことができないのは、このような要素が量化を表示させる演算子(operator)としての働きを持っているためであると考えられる。このような演算子は、ある種の文字列を作用域(scope)に取るような演算子構造を統語的に作ると考えられる。一般に、統語操作の可能な最小単位が語であることを考えると、この演算子が持つことのできる最小の作用域は語となる。そうすると、演算子構造を作る助詞は、語よりも小さな単位、すなわち語の内部に埋め込むことはできないことになる。したがって、(18c)のような複合語の内部に副詞的な助詞が挿入されるような例は排除されることになる。これに対して、格助詞などの演算子的に働かない要素は、必ずしも統語的に作られる必要がなく、実際、例えば、「我が家」などのように、しばしば複合語の内部に現れることがある。このように、副詞的な助詞の大きな特徴は、語の内部には現れることができず、常に、語の右側に付加される形で現れるということである。したがって、このような副詞的な助詞の挿入可能な位置を見ることが、多くの場合、語の連鎖のどこに投射の切れ目が存在するかを判断する目安になる。

「だけ」や「さえ」は、意味的には英語の副詞onlyやevenに相当するような助詞である。これらの助詞は、いろいろな統語上の位置に現れるという点において英語の副詞と似た振る舞いを見せる。(19)の例は、英語の副詞のonlyが様々な統語位置に現れることを示している。

(19) a. John *only* read that book.
   b. Mary read that book *only*.
   c. Mary read *only* that book.
   d. This is the *only* book.

また、英語のonlyは語の内部に入ることができないという点においても、日本語と共通している。例えば、(20a)や(20b)のように、onlyはfootballの前や後に来ても問題がないが、(20c)のように複合語の内部のfootballの後の位置にonlyを置くことができない。

3. 英語と日本語の階層構造

(20) a. I was playing football *only*.
   b. I was playing *only* football.
   c. *I like football-*only*-playing.

(20c)のような複合語の場合でもfootball-playing *only*や*only* football-playingのように複合語の前後に現れるなら許される。「だけ」とonlyの違いとしては、onlyが副詞として働き、範疇の最大投射に付加されると考えられるが、「だけ」は主要部の右側に現れるので、最大投射ではなく語の主要部に直接付加されるということが挙げられるであろう (Kishimoto 2001a)[4]。

それでは、次に、具体的に副詞的な助詞が挿入可能な統語上の位置について考察することにする。まず、名詞句内の副助詞の分布を見ることによって、名詞句の構造について考えてみることにする。名詞句の場合、(21)で示されるように、「だけ」や「さえ」などの副助詞が現れる基本的な位置は、Nに付加される位置、すなわち、格助詞と名詞の間である。

(21) a. ジョン{だけ/さえ}が、この本を読んだ。　(主語)
   b. ジョンが、この本{だけ/さえ}を読んだ。　(目的語)
   c. ジョンが、メアリー{だけ/さえ}にプレゼントをあげた。
      (間接目的語)

それとは別に、格助詞が「を」や「に」の場合には、格助詞の外側に副助詞を置くことも可能である。

(22) a. ジョンが授業でこの本を{だけ/さえ}取り上げた。
   b. ジョンがメアリーに{だけ/さえ}プレゼントをあげた。

「だけ」や「さえ」は語の中に割り込むことはできないが、格助詞の付いた名詞句の場合には、「だけ」や「さえ」が名詞と格助詞の間に割って入ることができる。しかし、名詞句は、かき混ぜなどの移動操作を受けた場合、格助詞を含む要素が移動を受けることができるが、格助詞を除いた構成素を移動することはできない。

(23) a. この本を、ジョンが投げ捨てた。
   b. *[この本]$_i$、ジョンが t_i を投げ捨てた。

もし副助詞が主要部の右側に現れ投射の切れ目を示すのであれば、名詞と格

第 1 章　階層構造

助詞の連鎖は、かきまぜの現象を見る限りにおいて、一つの語を構成しているように見えるが、「だけ」や「さえ」のような助詞の分布から、統語上は、少なくとも二つの主要部から成り立っていると言うことができる。

名詞句がDPとNPの二つの最大投射の階層から成り立っていると見るDP仮説（Abney 1987）では、例えば、John's book about poemsのような英語の名詞句は、次のような構造を持つと考えられる。

(24)

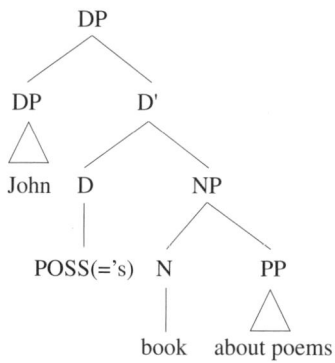

(24)においては、所有を表す-'sがDPの主要部の位置を占め、JohnがDPの指定部、NPのbook about poemsがDPの補部を占めることになる。-'sは、(25)のような例から、通常の接辞とは異なり、語に対してではなく、句に対して付加されると考えられる（-'sのその他の特性については、Taylor 1996参照）。

(25)　a.　the man standing over there's hat　　　　（Carnie 2002）
　　　b.　the people we live next to's car　　　　　（Taylor 1996）
　　　c.　That's the guy who I think's sister is the lead singer.
　　　　　　　　　　　　　　　　　　　　　　　　　（Radford 1988）

-'sがDPの主要部を占める拘束形態素で、DPの指定部に来る句に付加される要素であれば、(25)で見られるような、語に付加される通常の接辞とは異なる振る舞いを統語構造から容易に説明ができる。

日本語においても、名詞句に二つの階層（語の投射）が存在するのは、「だけ」や「さえ」のような副助詞が一般に名詞と助詞の間に挟むことができるとい

3. 英語と日本語の階層構造

う点からも明らかであろう。「だけ」や「さえ」は、その左側にある語彙要素に付加されるので、格助詞と名詞は名詞句の中では別々の独立した要素であり、格助詞は名詞Nの投射とは異なる投射の主要部として働いていなければならない。また、格助詞は、語ではなく句に付加されると考えられ、もし格助詞がDPの主要部を構成する要素であれば(Tonoike 1991)、「ジョンの詩についての本」という日本語の名詞句に対しては、(26)のような構造を仮定することができる。

(26)

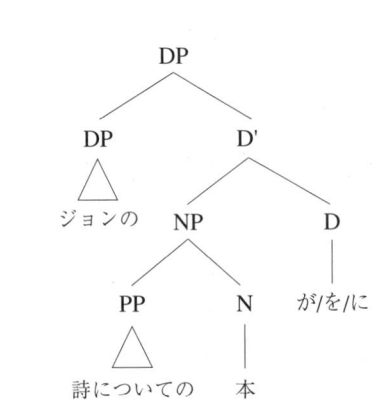

日本語のこのような名詞句の構造では、所有などの名詞句内の依存関係を表す「の」が指定部にあるDPに標示されることになる。Napoli (1986)が議論しているように、所有者と被所有者などの依存関係を表す形態的な標示については、主要部標示(head marking)をする言語と従属部標示(dependent marking)をする言語が存在する。日本語は、所有者名詞句に従属部標示を行う言語で、統語構造上も所有の「の」の格標示が従属部に現れることになる。英語の場合、-'sは、形態上、所有者名詞句に対して従属部標示をすることになるが、DP仮説では、その所有のマーカーは、実際には、被所有者名詞句のDPの主要部に現れることになり、統語構造上は、主要部標示していることになる。この点においては、日本語と英語の名詞句は並行的とはならないが、少なくとも、名詞句内の投射が二つあるという点では並行的になる。

　格助詞がDPの主要部として働くと仮定する根拠はいくつかある。前節でも

見た日本語の「の」の代名詞化（置き換え）は、格助詞を含まないので、NPの外側に存在すると考えられる。また、日本語においては、例えば、「は」や「が」の解釈（cf. Kuno 1973）に見られるように、助詞の種類によって名詞句の解釈が変わることが多く、DP仮説においてDPの主要部に現れる英語の決定詞aやtheに近い働きも示すことからDPの投射の主要部と考えてもよいと思われる。他の言語においても、格が決定詞と同じような機能を持つことが多いことはしばしば指摘されている。例えば、Enç (1991)が指摘するように、トルコ語では対格標示が明示的に存在するか否かで特定性（specificity）の解釈が変わる。また、フィンランド語のように、名詞句の格標示の違いで定性（definiteness）の解釈が変わるということもしばしば観察されている（Vainikka and Maling 1996, de Hoop 1996）。このように、格は決定詞的な性質を持つことが多いので、格助詞がDPの主要部として働いていると考えるのには十分な理由がある。もし名詞句がここで仮定しているDP-NPの統語構造よりも多くの機能投射を持つならば、格助詞がDPと異なる投射の主要部を占めているという可能性は必ずしも排除できないかもしれない。しかしながら、格助詞は、通常、名詞句の一番外側に現れる要素であり、英語の冠詞のように、名詞句全体の性質を決めるので、格助詞がDPの主要部にあると考えてよいであろう。

　なお、Longobardi (1994)は、名詞句が項として働く時にはDを持たなければならないと主張している。Longobardi (1994)の提案では、述語として働く名詞句はDPの投射のないNPであってもよいことになる。そうすると、日本語において項として機能する名詞句は、通常、格助詞でマークされ、述語として働くときには、「ジョンは学生だ。」のような文における「学生だ」のように格助詞は現れないので、Longobardi (1994)の分析に従えば、この事実も格助詞がDの主要部として働いているとする一つの動機にすることが可能かもしれない。しかし、英語では述語として使用される名詞句にも決定詞が現れる（e.g. John is a student.）ので、述語として働く名詞句にはDPの投射がないと考えるのには無理がある。したがって、日本語においても、述語として機能する名詞句にはDPの投射がないのではなく、単に項として認可されないために格助詞が現れないと考える方がよいであろう。

3. 英語と日本語の階層構造

　ＤＰ仮説が提案された動機は、Ｘバー理論の整合性が保てる、名詞化(nominalization)の構造の説明が容易になる、など、いろいろある。その中でも、経験的に見てかなり大きな利点として挙げられるのが、例えば、(27)のような文と名詞句の構造の並行性が容易につかめるという点である(cf. Abney 1987)。

　(27) a. The enemy destroyed the city.
　　　 b. the enemy's destruction of the city

名詞句が二層構造を持つDPではなく、一層構造のNPであると考えた場合には、(27)の二つの例の統語構造の並行性はそれほど高くない。(27a)の文において、主語は、過去を表す時制辞(tense)の投射のIPの指定部の位置を占める。そして、目的語は、動詞destroyの投射のVPの補部の位置を占めることになる。

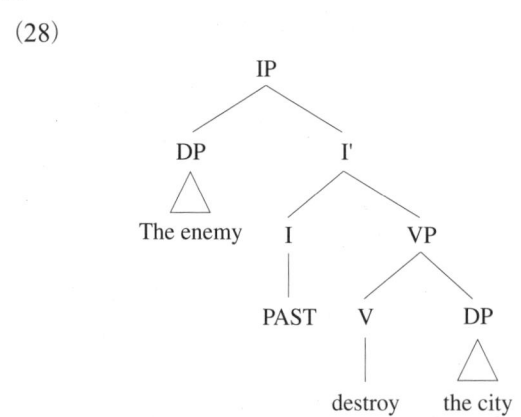

　(28)

```
              IP
             /  \
           DP    I'
           △   / \
      The enemy I   VP
              |   / \
            PAST V   DP
                 |   △
              destroy the city
```

しかしながら、(27b)の名詞句では、(29)のように、主語はNP (destruction)の指定部、目的語は同じNPの補部を占めることになる。なお、この場合、目的語は、Nから格を与えられないために、'of'の挿入('of'-insertion)が起こる。

(29)

```
            NP
           /  \
         NP    N'
         △   /  \
    the enemy's N   PP
                |   △
          destruction of the city
```

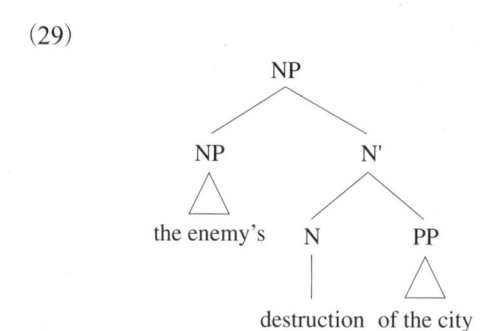

　(29)のような構造では、-'sと時制辞(ここでは-ed)の並行的な関係や、(27a)と(27b)の主語名詞句の位置の並行性を統語構造として捉えられない。これに対して、DP仮説を採れば、(27b)の名詞句は(30)のような構造を持つことになり、これらの要素に対する構造的な並行性がより鮮明になる。

(30)

```
              DP
             /  \
           DP    D'
           △   /  \
       the enemy D   NP
                |  /  \
           POSS(='s) N   PP
                    |   △
              destruction of the city
```

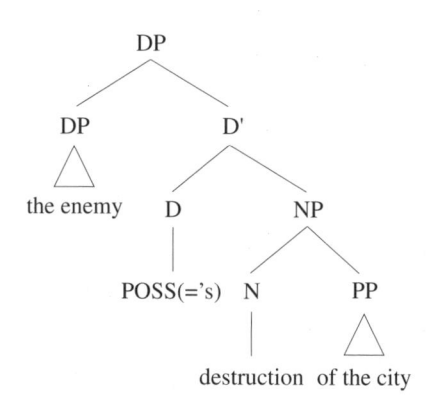

　(30)のようなDP構造では、-'sが主要部になるDPの指定部に主語が入り、NPの投射の補部の位置に目的語が入ることになる。このような構造は、文において、抽象的な要素PASTがIPの主要部に入り、VPの主要部には語彙要素の動詞が入るのと並行的である。もちろん、名詞句と文との間に完全な並行関係が存在するわけではない。例えば、(27)の場合、-'sは前の名詞句に付加されるのに対して、時制辞は動詞に融合される。NやVの補部に関しても、格

3. 英語と日本語の階層構造

(Case)の理由によりVは、DPを補部に取り、NはPPを補部に取るという違いは出る。しかし、(27)のような例では、文と名詞句に明らかな構造的並行性が見られ、それがDP仮説でより明確に表示できるのである。

「だけ」のような副助詞を用いると日本語の名詞句においてDP仮説に見られるような二層構造を持っているということがわかるわけであるが、さらに、このような副助詞を用いると名詞句の中の修飾要素もその主要部とは独立した構成素であることが調べられる。

(31) a. 私だけの宝物
b. 学生だけの集まり

もちろん、属格名詞句の内部に挿入できる助詞は、「*私{さえ/も}の宝物」が不可能であるように種類は限られている。しかしながら、少なくとも(31)の事実は名詞句の中に含まれる名詞句が内部構造を持つことを示している。また、形容詞や関係節のようなものも独立した構成素をなすことを副助詞の挿入のテストは示している。

(32) a. 大きいだけの壺
b. 騒がしいだけの人たち
c. ジョンが読んだだけの論文

(32)で示されるように、名詞句内で属格の格標示を持たない修飾語でも「だけ」や「のみ」のような副助詞を付加した場合には、その副助詞のあとに属格の標示が現れる。

(33) a. 大きい壺
b. 騒がしい人たち
c. ジョンが読んだ論文

(33)の名詞の直前にある要素は、形容詞や動詞であり、名詞接続ができる活用形(連体形)を持つ。この場合「の」は現れることがない。しかし、(32)のように、「だけ」が右側に現れると名詞と直接接続するのは助詞の「だけ」となる。「だけ」には名詞接続の活用形がない。したがって、名詞句の中にある要素を形態的に示す手段として、「の」が出現することになるのである。

「の」の出現が名詞に直接接続する要素の活用形(連体形)の有無に依拠して

いるということは(34)の例からも検証できるであろう。

(34) a.　宇宙船が現れたとの情報
　　 b.　宇宙船が現れたという情報

(34a)に現れる補文標識の「と」はそれ自体が活用しないので名詞句の中に現れた場合、その直後に「の」が付加される。しかしながら、「という」という補文標識の場合には「の」は必要ない。「という」という補文標識はもともと「と+言う」という語の連鎖から派生したものであり(Ogawa 2001)、連体形の活用を持つものである。このような補文標識の派生は、Hopper and Traugott (1993)が指摘するように、かなりの言語で普遍的に存在する。ここで重要なのは、「と」「という」は補文標識という同じカテゴリーに属しながら、「の」の現れ方が異なってくるということである。また、「という」の場合でも「だけ」が右側に付加されれば、連体形で名詞に接続しなくなるので、「宇宙船が現れたというだけ_の_情報」というように、「の」が現れるようになる。このことは、名詞句の中で名詞に接続する要素に名詞接続の活用形がなければ、その文法範疇とはかかわりなく、「の」の生起が必要となるということを示している。

　次に名詞句の構造から動詞の句構造に議論を移すことにする。「さえ」や「も」のような副詞的な助詞は動詞要素の中にも挿入可能な箇所がある。次のような文においては、動詞と時制との間に「さえ」を挿入することが可能である。

(35) a.　ジョンがこの本を読んだ。
　　 b.　ジョンがこの本を読みさえ_した_。

(35b)においては、「さえ」が動詞の語幹に付加されて、「さえ」の右側に時制の「た」が現れている。動詞とそれにつながる動詞的な従属要素の間に「さえ」が入った場合、分断される従属要素——(35b)の場合には時制の「た」——の前に意味のない代動詞(dummy verb)の「する」が挿入される。

　(35b)で導入されている「する」が特に意味のない文法的な要素で、意図的な行為を表す意味の本動詞の「する」ではないということは(36)のような例が容認されることからもわかる。

(36) 涼しい風が風鈴を揺らしさえ_した_。

3. 英語と日本語の階層構造

(36)の「する」が意図的な行為を表すのであれば、主語には動作主が要求されるために、(36)のような無生物主語は基本的に許されないはずである。したがって、(36)の「する」は、本動詞の「する」ではないということになる。実際、代動詞が本動詞と同じでないということは、(37)のような擬似分裂文を見れば容易にわかる。

(37) ?*涼しい風がしたことは、風鈴を揺らすことだ。

擬似分裂文では動詞句を焦点部に入れると、前提部分に現れる動詞は動作を表す本動詞の「する」が用いられる。したがって、(36)から(37)のような分裂文を作ることができないという事実から、代動詞の「する」は本動詞の「する」とは異なることが確認できる。また、この代動詞の「する」は、動名詞(verbal noun)とともに現れる「する」とも異なる。

(38) a. ジョンがメアリーに{相談した/相談しさえした}。
　　　b. ジョンがメアリーに相談を{した/しさえした}。

動名詞は通常、「する」と組み合わされて述語として用いられるか、あるいは、「する」の独立の目的語として現れることができる。いずれの場合も、動詞要素の内部に助詞が介入すると、代動詞の「する」が義務的に起こる。したがって、代動詞の「する」は、動名詞と共起する「する」と同一のものでないことがわかる。

日本語の代動詞「する」の挿入の現象は、英語におけるいわゆる'do'の支持('do'-support)と類似する現象であると考えられる。

(39) a. John read the book.
　　　b. John did not read the book.

(39b)のような否定文では、それ自体に意味のない代動詞doがIPの主要部に挿入される。これは、本動詞がIPの主要部まで上昇せず、かつ、否定辞が時制辞と動詞の間に介在し隣接性が阻害されるために、従属要素の時制辞が動詞に融合できないからである(cf. Bobaljik 1994, Halle and Marantz 1993)。

英語の(39a)のような例において一般に仮定される表層の統語構造は、(40)のようなものである。

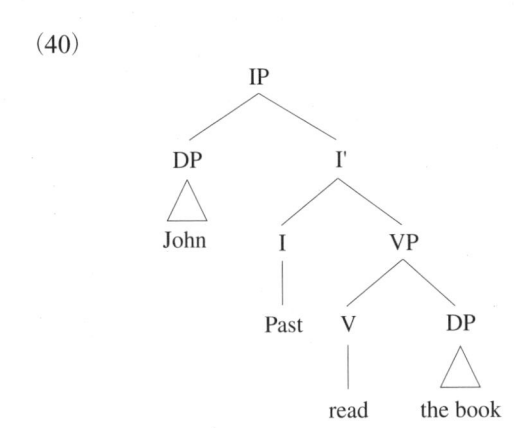

(40)
```
           IP
          /  \
        DP    I'
        /\   /  \
      John  I    VP
            |   /  \
           Past V    DP
                |    /\
              read  the book
```

　英語ではIPの主要部は時制要素、あるいは時制要素と融合した語として現れる助動詞によって埋められ、動詞句VPの主要部は動詞で占められていると考えられる。特に、(39b)で示されているように、時制と本動詞の間にnotのような独立の主要部が介在すると、この両者は融合しない。このことは、時制・助動詞と本動詞が別個の投射を形成していることを示している。

　英語において、主語名詞句がIPの指定部に入り、目的語名詞句がVPの補部に入るということは、動詞句前置の統語操作で経験的に確認できる。

　　(41) a. She never has bought a car, and [_VP buy one] she never will.
　　　　b. He said I would like her, and [_VP like her] I do.

Emonds (1976: 41)

(41)のような例では、目的語が動詞とともに節の前に移動し、主語が助動詞要素とともに残留している。このような動詞句前置では、VP内の要素が前置されると考えられるので、(39a)のような例は(40)のような構造を持っていることが確認できる。

　日本語においても、(35b)で示されているように、「さえ」が時制と本動詞の間に介在することができるので、日本語の(35a)のような文においても、動詞と時制がそれぞれ独立の投射を持つと言うことができる。したがって、(35a)には、英語と同じような(42)の階層構造を仮定することができる[5]。

3. 英語と日本語の階層構造

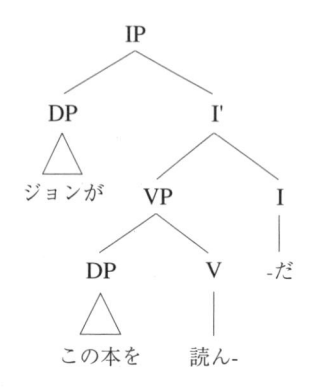

(42)
```
         IP
        /  \
      DP    I'
      △   /  \
   ジョンが VP   I
          /  \  |
         DP   V -だ
         △   |
       この本を 読ん-
```

日本語の主語の位置に関しては、表層でVP内に存在するとする議論(Kuroda 1988, Fukui 1986など)とIPの指定部にあるとする議論(Miyagawa 1989b, Kishimoto 2001aなど)の二通りが存在するが、日本語の主語は英語と同じようにIPの指定部にあると考えられる経験的な証拠が存在する。このことを示すために、まずMiyagawa (1989b)などで議論された数量詞遊離(numeral quantifier float, NQ float)の事実を観察してみることにする。日本語において、数量詞遊離は主語と目的語から可能であるが、主語から遊離した数量詞は目的語の右側に現れることができない[6]。

(43) a. 学生が、三人ご飯を残した。
      b. *学生が、ご飯を三人残した。

目的語から遊離した数量詞は、目的語の右側に現れても問題はない。

(44) ジョンが、本を三冊読んだ。

また、主語から遊離した数量詞は、「きのう」のような時(時間)を表す副詞の右側に現れてもよいが、場所を表す後置詞句の右側には現れない。

(45) a. 学生が、きのう三人、車を運転した。
      b.?*学生が、湖で三人泳いだ。

Miyagawa (1989b)によると、これらの数量詞の分布は、数量詞とそれが修飾する名詞句とが相互にc-統御(c-command)する関係にあるかどうかで決められることになる。

(46)

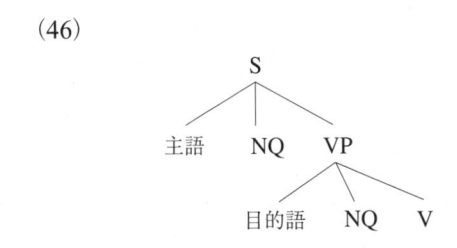

```
         S
        /|\
      /  |  \
   主語  NQ  VP
            /|\
           / | \
        目的語 NQ V
```

　主語から直接右側への数量詞遊離が可能なのは、主語と数量詞がお互いにc-統御できる関係にあるからで、これらの要素の間には、Sに付加される「きのう」のような副詞が現れても問題がない。しかし、もし目的語(あるは場所副詞)が間に現れると、主語と数量詞のc-統御の関係が保てなくなり数量詞遊離は認可されない。これに対して目的語からの数量詞遊離では、数量詞が目的語の右側に現れても、数量詞と目的語がVP内で相互にc-統御の関係を持つため容認される。

　Miyagawa (1982b)の議論では(46)のような三項枝分かれ(ternary branching)の構造が可能であると考えているので、c-統御により認可条件が規定できる。しかし、本論では二項枝分かれ(binary branching)の構造が原則となるので、数量詞の遊離の可能性は、(46)ではなく、(47)の構造により説明されることになる。

(47)

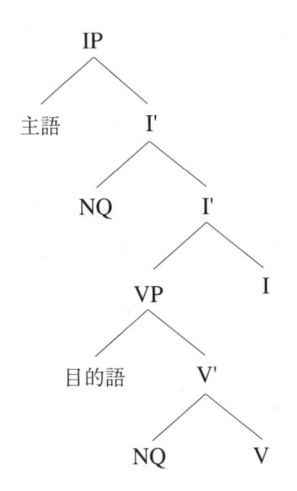

```
         IP
        /  \
      主語   I'
           /  \
         NQ    I'
              /  \
            VP    I
           /  \
        目的語  V'
              /  \
             NQ   V
```

3. 英語と日本語の階層構造

Kayne (1984)が示唆しているように、言語の構造は(少なくとも理論的には)二項枝分かれしか許さない方が制限的であり、また、言語の習得可能性(learnability)の観点から見ても、二項枝分かれしか存在しない統語構造が望ましいと考えられる(Chomsky 1986a)。二項枝分かれの構造では、数量詞(NQ)は、I'に付加されることになり、遊離した数量詞の文法性はそれが意味的に修飾する名詞句との相互のm-統御(m-command)の関係により規定されるということになる[7]。ここで重要な点は、(47)のような二項枝分かれの句構造を仮定しても、主語と目的語は、(46)で示されているのと同じような位置関係にあるということになるということである[8]。

日本語の主語と目的語の統語上の位置を確かめるのには、「も」のような助詞を動詞に付加するという手段を用いることもできる。「も」が動詞句へ付加されると、動詞句内にある要素がその作用域内にあることになり焦点化が可能となる。これに対して、VPの領域外の要素は焦点化ができない[9]。

(48) ジョンがこの本を読み<u>も</u>した。

Kuroda (1969, 1970)によれば、(48)のような文にはいくつかの読みが可能である。一つの読みは、「も」が動詞句全体を焦点化するもので、この場合、「他の行為(例えば、テレビを見ること)以外にも、本を読むこともした」という読みが可能である。また、「も」が動詞のみを焦点化した場合には、「本に対しては、他のこと(例えば、借りること)に加えて、読むこともした」という読みになる。また、「も」が目的語のみを焦点化すれば、「読んだものは、他のもの(例えば、新聞)以外にも、本がある」という意味になる。そして、ここの議論で重要になるのは、(48)に対しては、(49a)の読みは存在するが、(49b)の読みは存在しないということである。

(49) a. ジョンがこの本も読んだ。
   b. ジョンもこの本を読んだ。

つまり、(48)のように「も」が動詞句に付加された場合には、「他の人(例えば、メアリー)と同様に、ジョンも本を読んだ」という主語を焦点化した意味がないということである。

「も」などの要素は動詞の主要部の右側に主要部付加される。動詞に付加さ

れた「も」の作用域がm-統御で決められるとすると、その作用域はVPとなる。動詞のあとにくるこの「も」の焦点化は目的語に対して可能であるが、主語に対してはできない。したがって、(48)に対しては、(50)のような構造を仮定することができる。

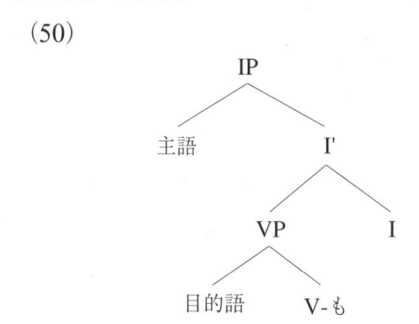

(50)

```
           IP
          /  \
        主語   I'
              /  \
            VP    I
           /  \
         目的語  V-も
```

(48)には、(49a)の読みが存在しても、(49b)の読みは存在しないということは、主語がVPの領域外にあることを示しており、主語はIPの指定部を占めているとする経験的な証拠となる。

　同じような焦点化の現象は、英語においても観察される。英語でonlyが動詞句に付加される(51)のような文では、onlyによって焦点化が可能な要素はVP内にある要素である。

　(51)　John only read books.

(51)においては、動詞句・動詞・目的語をonlyの焦点とすることができる。しかし、主語は焦点化できない。したがって、(51)には、(52a)のようなVP内にある目的語を焦点化した読みは存在するが、主語はVPの領域の外にあるので(52b)のような主語を焦点化した読みは存在しないのである。

　(52)　a.　John read only books.
　　　　b.　Only John read books.

(51)において、onlyは、副詞要素なので、動詞ではなく動詞句(VP)に付加される。そして、(51)のonlyの作用域は、それがm-統御することのできるVPである(この場合には、c-統御で規定しても同じ結果になる)。したがって、VP内にある要素はonlyの焦点化を受けることができる。もしこの説明が正しい

3. 英語と日本語の階層構造

とすると、(51)の焦点化の読みに関する事実は、(51)の文が(53)のような構造を持つことに由来することになる。

(53)
```
          IP
         /  \
       主語   I'
            /  \
           I    VP
               /  \
             only  VP
                  /  \
                 V   目的語
```

英語の場合も、onlyの作用域に関しては、日本語の「も」の作用域とほぼ同じ説明となる。そして、日本語も英語もVPを作用域とする同じような焦点化が可能であるということは、日英語ともに、主語はVPの外のIPの指定部にあり、目的語はVPの中にあることを示唆している。

なお、日本語の場合、「だけ」のような助詞を用いれば、(54)のように時制辞に付加することも可能である。

(54) ジョンがこの本を読ん<u>だけ</u>(だ)。

(54)は、英語のIt was only the case that John read the book.に相当する表現であると考えられ、英語の場合と同様に、主語が焦点化された読みも目的語が焦点化された読みもともに可能である。これは、(54)の「だけ」の作用域内に主語と目的語の両方が存在することを示している。(54)のような例では、「だけ」がIPの主要部に付加されているためにIP全体が「だけ」の作用域となり、主語と目的語のいずれの名詞句をも焦点化することが可能なのである[10]。この事実は、主語がIPの指定部を占めているとするもう一つの経験的な証拠となる。

なお、先にも触れたように、日本語においても「も」などの要素によって時制辞と動詞の連続性が保たれない場合には、英語のように意味のない代動詞(「する」)が挿入される。日本語の代動詞が挿入可能な位置は、助詞の挿入可

能性と密接に連動しており、英語とは異なり複数の場所で可能である。ここでは、(55)の日本語の直接受身文や間接受身文を用いて考える。

(55) a. ジョンが先生にほめられた。　　　　　　　　(直接受身)
　　 b. ジョンは、メアリーに子供をほめられた。　　(間接受身)

まず、(56)で示されているように、「も」や「は」のような助詞は、直接受身・間接受身の受身接辞と時制辞の間に入れることが可能である。

(56) a. ジョンが鈴木先生にほめられ<u>は</u>した。
　　 b. ジョンはメアリーに子供をほめられ<u>も</u>した。

助詞を動詞と「られ」の間に入れることも可能である。このタイプの助詞の挿入はそれほど容易ではなく、必ずしも容認しない話者がいるが、(57)のような対比的な文では、そのような話者であっても、助詞の挿入が容認される。

(57) a. ジョンは、鈴木先生にほめ<u>は</u>されたが、けなし<u>は</u>されなかった。
　　 b. ジョンは、こどもをほめ<u>も</u>けなし<u>も</u>されなかった。

(56)や(57)の例が示しているのは、助詞が挿入可能な位置が、動詞と「られ」の間及び「られ」と時制辞の間にあるということで、この二カ所に語の境界(word boundary)があることになる。動詞と「られ」の間に切れ目が存在することは、(58)のように、「そうする」の置き換えが可能であることからもわかる。

(58) a. ジョンは、鈴木先生にほめられることはしばしばあるが、メアリーが<u>そう</u>されることはめったにない。
　　 b. ジョンは、メアリーにこどもをけなされた。トムも<u>そう</u>されたことがある。

日本語の受身文において、「も」や「は」のような副詞的な助詞の挿入が本動詞と「られ」の間に可能であるという事実や受身接辞の内側の動詞を「そうする」で置き換える操作が可能であるという事実は、少なくとも日本語において、受身の接辞は、間接受身・直接受身の区別にかかわらず、それ自身が、統語上、独立した要素を構成していることを示している (cf. Kuno 1973, Howard and Niyekawa-Howard 1976)。そうすると、直接受身および間接受身の接辞

3. 英語と日本語の階層構造

「られ」は、形態的には動詞に付加される拘束形態素ではあっても、統語構造上、本動詞とは別個のVPを投射することになり、(55a)のような受身文に対しては、(59)のような構造を仮定することができる。

(59)

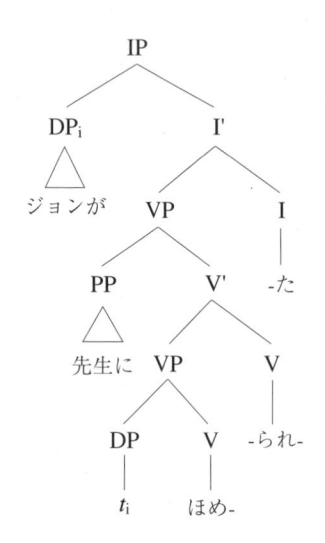

```
              IP
           /      \
         DPi       I'
          △      /   \
        ジョンが  VP     I
              /   \    |
             PP    V'   -た
             △   /  \
           先生に VP   V
                /  \   |
               DP   V  -られ-
               |    |
               ti  ほめ-
```

代動詞の挿入は二カ所で起こりうる。「も」が受身接辞の「られ」の右側に付加された場合、時制辞は動詞要素の受身接辞と結びつくことができない。この場合、代動詞の「する」は、時制辞の直前に導入され、結果として、「ほめられもする」という動詞の連鎖が形成される。また、「も」が動詞語幹「ほめ」の右側に付加されると、「られ」は動詞と結びつくことができず、代動詞「する」はその直前に導入される。そして、「ほめもされた」という動詞の連鎖が作られることになる。

ここで、直接受身では、目的語の位置に生成された名詞句が主語位置に移動すると考えている。実際、日本語において、直接受身の主語がIPの指定部の主語位置に移動しているという議論が可能である。先にも議論したように、数量詞遊離は主語からも目的語からもできるが、遊離された数量詞は意味的に修飾する要素と相互にm-統御の関係を持たなければならない(cf. Kuroda 1983, Miyagawa 1989b, Ueda 1990, 1993)。したがって、主語から

遊離した数量詞を目的語の右側におくことは通常できない。

(60) *学生が本を三人読んだ。

しかし、受身文の場合には、一見、上で見たような制限がかからない。主語から遊離した数量詞がVP内の要素の右側に来た(61a)のような文は(61b)と同じくらい容認性が高い。

(61) a. 学生が和田先生に三人叱られた。

b. 学生が三人和田先生に叱られた。

(61)の主語はもともと他動詞の目的語として生成されるが、受身化により表層では主語として現れている。直接受身の主語が目的語の位置から主語の位置に上昇するのであれば、(61a)のような文の容認性は容易に説明できる。

(62) [$_{IP}$ 学生が$_i$ [$_{VP}$ 和田先生に [$_{VP}$ t_i 三人 叱]られ]た]

(62)では、数量詞が主語を直接m-統御しているわけではないが、目的語の位置にはその痕跡(あるいはコピー)が残り、数量詞はその痕跡をm-統御するので、数量詞遊離の認可の条件が満たされることになるのである。

日本語の受身の主語がIPの指定部に存在することは、動詞句に付加された「も」の解釈の可能性を見ても判断できる。

(63) ジョンが、この教室で叱られもした。

(63)においては、場所を表す表現を焦点化した読み(64a)は可能であるが、主語を焦点化した(64b)の読みはない。

(64) a. ジョンが、この教室でも叱られた。

b. ジョンも、この教室で叱られた。

したがって、受身文の主語は能動文の主語と同じく、「も」の焦点化ができない動詞句の外側にあるということで、主語はIPの指定部を占めているということになる。ちなみに、次章で詳しく議論する非対格動詞の主語については、影山(1993)が動詞句内に留まったままになると議論しているが、「も」の解釈の可能性を見る限り、非対格動詞も非能格動詞も、主語はIPの指定部を占めていなければならないことになる。

(65) a. あのエレベーターが、三階に止まりもした。

b. ジョンが、このグラウンドを走りもした。

3. 英語と日本語の階層構造

(65)の文には、動詞のタイプにかかわらず、(66)のような、主語が「も」の焦点となる読みはない。

(66) a. あのエレベータも、三階に止まった。
　　　b. ジョンも、このグラウンドを走った。

これに対してVP内に存在すると考えられる場所名詞句は焦点化が可能で、(67)のような読みができる。

(67) a. あのエレベータが、三階にも止まった。
　　　b. ジョンが、このグラウンドも走った

このような事実により、主語は、動詞のタイプにかかわらず、VPの外側、すなわち、IPの指定部に存在しているということがわかるであろう。

　これまでの議論から、日本語の(55a)のような直接受身文の構造は(68)に挙げてある英語の受身文にほぼ相当する構造を持つことがわかる。

(68) a. Mary will be admired by her teacher.
　　　b. This book was read by John.

英語の(68a)の受身文のような例の場合は、本動詞と受身のbe動詞が別々の投射を持ち、(69)のような構造を持つと仮定できる。

(69)

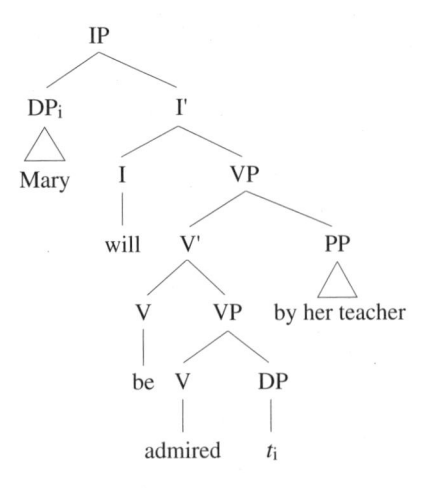

英語の受身文が日本語と異なる点は、受身の動詞として用いられるbe動詞が定形 (finite) の時には、受身のVPの主要部からIPの主要部の位置に主要部移動することである。英語の動詞の位置は、例えば、否定のnotの現れる位置によって判断することができる (Chomsky 1991, Pollock 1989)。

(70) a. Mary will *not* be admired by her teacher.
　　 b. This book was *not* read by John.

英語のnotはIPとVPの間に介在して否定辞句 (NegP) を構成していると考えられるので、(70b)のwasは、(70a)のwillと同様にIPの主要部の位置を占めていることになる。後で議論するように、日本語においては、受身の接辞の主要部移動は存在しない。したがって、「られ」は常に受身のVPの主要部に存在することになる。いずれにせよ、(56)や(57)のような例が示しているのは、日本語においても、英語と同様、時制・本動詞・受身要素はひとまとまりの語彙要素ではなく、それぞれが統語的に独立した投射の主要部を構成しているということである。

　ここでもう一度、日英語の代動詞の導入について考えてみる。代動詞の挿入の可能性については、一見したところ、日英語で違いがあるように見える。英語の'do'の支持操作は、時制と本動詞がnotなどの要素で分断され、一つの形態を維持できない場合に起こる。

(71) Mary did not admire John.

(72a)と(72b)の助動詞を含む文では、もともと助動詞がIPの主要部に現れていると考えられ、'do'の支持は起こらない。(72c)の受身文でも、be動詞がIPの主要部の位置に移動しているという構文的な理由で、'do'の支持は起こらない。

(72) a. John has not been to Paris.
　　 b. Mary would not go there.
　　 c. John was not admired by his teacher.

時制要素を含んだ助動詞やbe動詞は自立要素であり、本動詞のみが文中に起こる時とは異なり、notが動詞の前に表れても自立できない時制要素が単独で現れるわけではない。このような場合には、適正な構造を作り出すための救

3. 英語と日本語の階層構造

済手段としての'do'の支持の規則を当てはめる必要はないのである。

これに対して、日本語の場合、代動詞「する」の導入は、「も」などの副詞的な助詞が動詞要素内に介在した場合に義務的に起こる。したがって、「する」の挿入が起こらない(73)のような例は非文法的となる。

(73) a. *ジョンは、先生にほめも-られた。
　　 b. *ジョンは、先生にほめられも-た。

このような状況は英語とかなり異なるようにも思えるが、実際には、「する」の導入は、拘束形態素を支持するために起こるので、英語の'do'の支持操作と同じような条件で起こっていることになる。日本語が代動詞の導入に関して英語とは異なる振る舞いを示すのは、日本語の膠着言語としての性質が反映していると考えられる。日本語では、時制・受身・使役などの要素はすべて拘束形態素である。拘束形態素としての動詞要素は、本動詞から切り離された場合には、独立して起こることができず、その切り離された要素を形態的に支持するために代動詞の「する」の挿入が起こる。英語では、時制辞が自立できる動詞要素と隣接関係が持てなくなる場合、すなわち、自立できない時制要素が本動詞から切り離された環境において代動詞doの挿入が起こる。このような観点から見れば、代動詞の挿入は、日英語ともに、動詞に従属する要素が動詞から切り離された場合にその要素を支持するために起こるのであって、日英語で代動詞の挿入の規則の適用を受ける場所が異なるのは、従属形態素がどのような位置に起こるかが日本語と英語において異なるということによる。

日本語の使役文に対しても受身文と同じような分析ができる。使役文では、「も」や「は」のような助詞は本動詞と使役の接辞「させ」の間あるいは使役の接辞の「させ」と時制辞の間に置くことができる。

(74) a. ジョンは生徒に黒板を写させはした。
　　 b. ジョンは黒板を写しはさせたが、覚えはさせなかった。

使役文においても、動詞要素の間に助詞が介在すると、代動詞の「する」の挿入が起こる。このことは、受身の接辞「られ」と同様に使役の接辞「させ」も拘束形態素であるということを示している。助詞の介入の事実は、本動詞・「さ

せ」・時制の間に要素の切れ目が存在するということを示しており、使役文「ジョンがメアリーに本を読ませた。」は、拘束形態素の「させ」が独立の投射を持つ、(75)のような統語構造を持っているということを示唆している[11]。

(75)

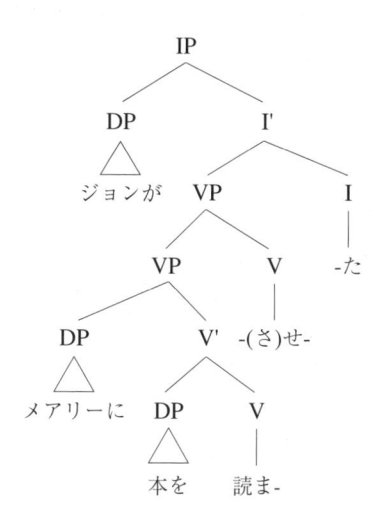

```
                    IP
                   /  \
                  DP   I'
                  △   / \
                ジョンが VP  I
                    / \  |
                   VP  V -た
                  / \  |
                 DP  V' -(さ)せ-
                 △  / \
               メアリーに DP  V
                       △  |
                      本を 読ま-
```

なお、日本語の使役は、意味的に強制使役(manipulative causative)と指示使役(directive causative)が区別される。日本語では、他動詞の使役文の場合には形態的な区別は現れないが、自動詞の使役文の場合には、格標示に違いが現れる (Shibatani 1973, 井上 1976, Morikawa 1993, Harley 1995)。

(76) a. ジョンはメアリーを(いすに)座らせた。（強制使役）
　　　b. ジョンはメアリーに(いすに)座らせた。（指示使役）

副助詞の挿入の可能性は、これらの使役のタイプでは、どちらも動詞の後と使役の接辞の後に可能である。

(77) a. ジョンは、{メアリーを/メアリーに}座らせ<u>は</u>した。
　　　b. ジョンは、メアリーにいすに座り<u>は</u>させたが、前に進み<u>は</u>させなかった。
　　　c. その芝居は、観客を泣き<u>も</u>させたし、笑い<u>も</u>させた。

ここでも、使役の接辞「させ」は、受身の「られ」と同じく形態的には拘束形態

3. 英語と日本語の階層構造

素であるが、統語的には独立の要素として句の投射を持っているということが確認できるであろう。そうすると、(77)の日本語の使役文は、英語の(78a)の使役文に対して仮定できる階層構造(78b)とほぼ同じ階層構造を持っていると考えることができる。

(78) a. John made Mary read the book.
　　 b.

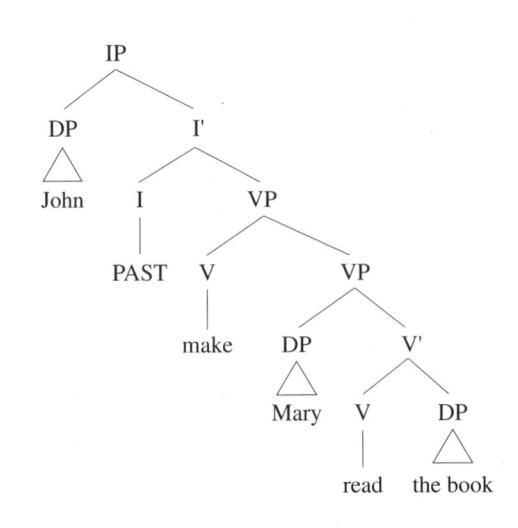

```
              IP
             /  \
           DP    I'
           /\   /  \
         John  I    VP
              |    /  \
            PAST  V    VP
                  |   /  \
                make DP   V'
                    /\   /  \
                  Mary  V    DP
                        |   /\
                      read the book
```

ここで注意すべきことは、日本語の使役文の動詞群は形態的には複雑な形態を持つひとまとまりの要素であると考えられるが、統語的には分析的な構造を持っているということである（英語の使役文の分析についての考察はLi 1990, Baker 1988などを参照）。

　Hasegawa (1988)やTerada (1990)は、日本語の受身や使役では、構文の表す意味の違いによって主要部移動の可能性が異なるという提案を行っている。例えば、Terada (1990)の提案によれば、直接受身には統語での主要部移動、間接受身では音声形式(PF)での主要部移動が存在する。また強制使役の場合は、統語における主要部移動があり、指示使役の場合は、音声形式での主要部移動があるとする。しかしながら、上でも議論したように、文のタイプに関係なく副助詞が動詞と「させ」や「られ」の間に入るという事実は、動詞

と(使役や受身の)接辞がともに統語的には独立した要素となっており、主要部移動が統語では起こっていないということを示しており、統語における主要部移動の可能性の違いによって受身や使役の構文的な意味を捉えようとする提案は支持できないものであるということがわかる。

英語にない日本語の特徴としてしばしば挙げられるのがV_1-V_2の形を持つ複合動詞(compound verb)の存在である。例えば、日本語において、「飛び上がる」「流れ出る」などの動詞が二つ結合する複合動詞はかなり数多く存在する。日本語のV_1とV_2は、影山 (1993)によれば、1)並列関係(「思い描く」など), 2)付帯状況(「買い戻す」など), 3)手段・様態(「切り倒す」など)のような意味関係を持つことができる。これに対して、英語では、freeze-dry, stir-fry, dry-cleanなどのような例もあるにはあるが、*fly-soar, *flow-goなどの複合語が不可能であるように、日本語と同じ形で動詞を複合させることはできない。なお、英語のfreeze-dryなどの複合動詞は、二つの出来事が同時並行的に起こっていることを示す(cf. Plag 2003)。英語では、日本語の複合語のV_2に当たる表現は動詞で表さず、upやdownなどのような小辞(particle)で表すことが多く、英語の複合動詞が、日本語と異なる性質を示すことは明らかである。

複合動詞は、複数の動詞が一個の複雑な述語を構成しているもので、日本語においては、一見、同じように見える複合動詞でも、少なくとも、「(本を)投げ入れる」などに代表される語彙的(lexical)な複合動詞と「(本を)読み始める」などに代表される統語的(syntactic)な複合動詞の二つが存在する。

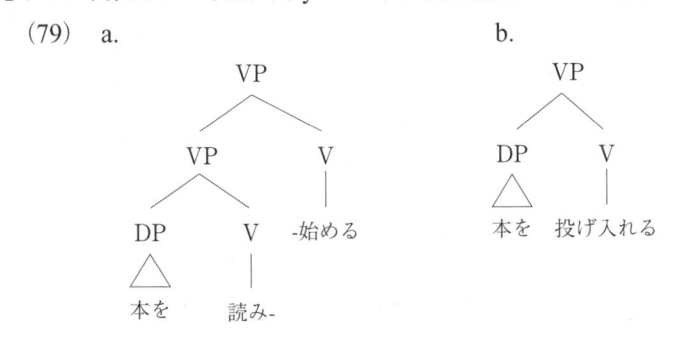

(79)　a.　　　　　　　　　　b.

```
        VP                      VP
       /  \                    /  \
      VP   V                  DP   V
     /  \  |                  △    |
    DP   V -始める           本を  投げ入れる
    △   |
   本を 読み-
```

3. 英語と日本語の階層構造

Kageyama (1989)、影山 (1993)によると、統語的な複合動詞は、統語部門 (syntactic component)で形成され、(79a)のように統語的に補文構造を持つのに対して、語彙的な複合動詞は、語彙部門 (lexical component)で形成され、統語的に単一の動詞と同じ(79b)のような構造を持つ(cf. Matsumoto 1996)。影山 (1993)は、この二つの複合動詞を区別する規準として前部の動詞(V_1)をターゲットとした1)「そうする」の置き換え, 2) 主語尊敬語化, 3) 受身化のような操作が可能であれば、統語的な複合動詞であり、可能でなければ語彙的な複合動詞と判定できるとしている。(80)の例は、「そうする」での置き換えの例である。

(80) a.　ジョンが走り始めると、メアリーもそうし始めた。
　　　 b. *ジョンが走り込むと、メアリーもそうし込んだ。

ここで、統語的な複合動詞であるからといって、影山の挙げた統語的な複合動詞を判断する規準がすべて一様に当てはまるわけではないということに注意する必要がある。例えば、主語尊敬語化の可能性は後部動詞(V_2)がいわゆる上昇述語(raising predicate)であるかコントロール述語(control predicate)であるかによって変わってくる。

(81) a.　木村先生は電話をおかけになり始めた。
　　　 b.?*木村先生は電話をおかけになり{終えた/終わった}。

(81a)の「始める」は、いわゆる主語上昇述語で、(81b)の「終える/終わる」は主語コントロール述語である[12]。前部のV_1に尊敬語化の接辞「〜になる」を付ける(81)のような例では、上昇かコントロールかという述語のタイプによって容認性に違いが出る[13]。これに対して、後部のV_2に尊敬語化の接辞を付加することはどちらの場合でも問題がない。

(82) a.　木村先生は、電話をおかけ始めになった。
　　　 b.　木村先生は、電話をおかけ{終え/終わり}になった。

(81)の文のペアには容認性の差が出るが、これは先程述べた上昇述語かコントロール述語かの違いが関与していて、統語的な複合動詞であるか語彙的な複合動詞であるかの違いに起因するものではない。実際、「終わる/終える」は他の規準を用いれば、統語的な複合動詞となる。

(83) ジョンは、来月までには論文を書き終えたいと言っているが、実際に、その時までに、そうし終えることも可能な状況にある。

したがって、統語的な複合動詞であれば、後部動詞(V_2)が上昇述語であってもコントロール述語であっても、統語構造上、補文構造を取っていると考えられる。英語においても上昇述語とコントロール述語の区別が存在することはよく知られており、(84)のような構造が仮定されることが多い。

(84) a.　John$_i$ started [t_i to run].
　　 b.　John$_i$ finished [PRO$_i$ running].

日本語の上昇述語とコントロール述語を含む文も、(84)に挙げる英語の上昇述語やコントロール述語の文と同じ構造を持っていると仮定すると、日本語の主語上昇構文とコントロール構文でも(85)のような構造を設定することができるであろう。

(85) a.　ジョンが$_i$ [t_i 本を読み]-始めた。
　　 b.　ジョン$_i$が [PRO$_i$ 本を読み]-終わった/終えた。

上昇述語とコントロール述語の取る補文構造の違いは、日本語と英語では基本的に同じであると考えられる理由がいくつか存在する。その一つとして、主語を含むイディオム(主語イディオム)の解釈の可能性の違いが挙げられる。Radford (1997)でも議論されているように、上昇述語では、主語イディオムの解釈が可能であるが、コントロール述語ではそのような解釈が可能ではない。

(86) a.　The cat seems to be out of the bag.
　　 b.　The cat wants to be out of the bag.

上昇述語のseemの現れる(86a)においては、the cat is out of the bagの「秘密が漏れる」というイディオムの解釈が、「猫が袋から出る」という文字通りの解釈とともに可能である。これに対して、コントロール述語の現れる(86b)では、文字通りの「猫が袋から出たがっている」という解釈しかない。これは、(87)にイディオムの解釈がないのと同じことである。

(87) The cat thinks that she is out of the bag.

(87)においては、sheがthe catと同一指示であってもthe catとout of the bag

がひとまとまりの構成素を作っていないためにイディオムの解釈が得られない（Carnie 2002）。同様に、(86b)のコントロール構文は、従属節にPROという代名詞要素を含むため、(87)と同じくイディオムの解釈が得られない。

(88) The cat$_i$ wants [PRO$_i$ to be out of the bag].

これに対して、(86a)の上昇述語を含む構文では、もともと、the cat は従属節中に存在することになる。

(89) The cat$_i$ seems [t_i to be out of the bag].

(89)のような場合には、たとえ表層においてthe catとbe out of the bagがひとまとまりになっていなくても、もともとこの二つの要素は隣接する場所に位置していたと考えられるので、イディオムの解釈が可能になるのである。したがって、イディオムの解釈の可能性を見ることによって、上昇述語とコントロール述語を区別することができる。

Nishigauchi (1993)でも議論されているように、このようなイディオム解釈の可能性が、V$_2$が上昇述語になるかコントロール述語になるかによって変わってくるという現象は日本語においても観察される。ここでは(90)のような例について考えてみる。

(90) a. この店では閑古鳥が鳴き始めた。
　　　b. この店では閑古鳥が鳴き終わった。

「閑古鳥が鳴く」という表現には、「閑古鳥(＝カッコウ)が鳴く」という文字通りの解釈と「お客さんが来なくなる」というイディオムの解釈がある。(90a)においては、この両方の解釈が存在するが、(90b)においては、文字通りの「閑古鳥が鳴くことが終わった」という意味しかない。(90)のような二つの文の解釈の違いも、英語と同様に、コントロール述語が埋め込み節の主語にPROを要求し、上昇述語では埋め込み節の主語が主節に上昇するという構造の違いから出てくると考えられる。

(91) a. 閑古鳥が$_i$ [t_i 鳴き]-始めた。
　　　b. 閑古鳥$_i$が[PRO$_i$ 鳴き]-終わった。

イディオムの解釈は語の連鎖がかなり接近した状況で可能となるため、(91a)や(89)のように主語がもともと埋め込み節にあったような文において、イ

ディオムの解釈が可能になる。しかしながら、(91b)では、主節の主語はもともと主節にあるため、イディオムの解釈を得るには主語が他の要素と離れ過ぎているのである。

また、上昇述語とコントロール述語では、主語名詞句の性質に対して次のような違いが見られる。まず、コントロール述語においては、一般に(虚辞を含む)無生物主語が許されない。

(92) a. *It wants to be snowing.

　　 b. *There wants to be a riot there.

　　 c. *The news wants to have spread very quickly.

対照的に、上昇述語では(93)で示すようにこのような主語が現れることには何の問題もない。

(93) a. It seems to be snowing.

　　 b. There seems to be a riot there.

　　 c. The news seems to have spread very quickly.

日本語にも同様の制限が見られる。日本語においては、虚辞の主語は存在しないので虚辞によってこの種の制限の妥当性を確かめることができないが、無生物主語に対する制限は存在し、(94)のような文法性の対比が得られる。

(94) a.　風が木の葉を揺らし始めた。

　　 b.?*風が木の葉を揺らし{終わった/終えた}。

上昇述語の「始める」の場合には、無生物主語に対する制限はなく、コントロール述語の「終わる/終える」は無生物主語を許さない。

　なお、これと関連して、コントロール述語の「終わる」が後部動詞となる場合には、無生物の主語が現れても、自律的に完了するような出来事を表していれば、容認される文となることに注意する必要がある。

(95) ベルが鳴り終わった。

これは、Pustejovsky (1995)が擬似コントロール(pseudo-control)と呼ぶ現象で、英語でしばしばコントロール述語が現れる文において観察される。

(96) The paint has finished drying.

(95)や(96)は、自律的な出来事が無生物に対して起こるような状況を表わし

3. 英語と日本語の階層構造

ており、Pustejovsky (1995)が議論しているように、コントロール構文の変種として取り扱うことができる。また、この他にも、「終わる」の場合は、コントロール構造を取らず、自動詞化を行っていると考えられるような例も存在する。

(97) お皿が洗い終わった。

(97)のような場合、「終わる」に埋め込まれている「洗う」は他動詞であるが、全体としては、この他動詞の目的語が主語となる自動詞文となっている。これは、英語の(98)に相当するような構文であると考えられる。

(98) This dish needs washing.

(98)は、needに埋め込まれた動詞washは、*This dish washed. という文が不可能であるように自動詞用法がない。しかし、(98)では、埋め込まれた動詞が他動詞であるにもかかわらず、表面上は埋め込まれた動詞の目的語が唯一の項として現れ、文全体としては自動詞文になっている。

日本語も英語もともに、上昇述語とコントロール述語に課せられている主語名詞句の制限の違いは、上昇述語がその主語に対して何の意味役割(θ-役割)も与えないのに対して、コントロール述語が主語に対して意味役割を与えるという事実から説明できるであろう。

(99) a. [$_{IP}$ 主語$_i$ V [$_{IP}$ t_i V]]
θ

b. [$_{IP}$ 主語$_i$ V [$_{IP}$ PRO$_i$ V]]
θ θ

つまり、(99a)で示されているように、上昇述語は、主語位置に意味役割を与えないが、格を与えることができるので、補文の主語が補文中で格を受け取れない場合に主語位置に上昇してくる。したがって、上昇述語は、主節の主語に対して何の選択制限も課さない。これに対して、コントロール述語は、主語に対して意味役割を与える。コントロール述語では、主節に主語が基底生成され、補文には音声形を持たない代名詞のPROが要求されることになる。補文のPROは先行詞が有生名詞であることを要求するので、コントローラーとなる主文の主語に無生物主語が許されなくなるのである。

もう一つの説明の可能性として主文の主語に対する選択制限でコントロール述語の現象を説明するということが考えられる。しかしながら、コントロール動詞の主語の選択制限では、必ずしもこの現象を説明できるわけではない。例えば、本動詞の「終わる」は「番組が終わった」のように、無生物主語を持ってもかまわない。もし主語の選択制限によってコントロールの制限を説明しようとすると、コントロール述語の「終わる」には、無生物主語の制限がないことになるが、実際にはそのような制限が存在するので、PROとの共起制限によってコントロールの現象を説明する必要がある。

　日本語のコントロール述語に見られる主語の有生名詞の制限も英語のコントロール述語に見られる制限と全く同じであるので、日本語においても、補文構造を取る統語的な複合動詞の後部動詞には、補文の主語が主節に上昇する上昇述語と補文にPROを要求するコントロール述語という区別を認めてもよいということになるであろう。これに対して、いわゆる語彙的な複合動詞の場合は、「そうする」の置き換えなどの統語操作を許さないので、統語的に補文構造を持っておらず、統語部門ではそれ以上分析できない単位、すなわち、語として機能しているのである。

　日本語には、動詞を形容詞に変えたり、形容詞を動詞に変えたりするような品詞転換が可能な派生接辞がいくつかある。このような品詞転換をする派生接辞にも統語的に分析可能なものと(語彙的に派生されて)統語的にはそれ以上分析できないものが存在する。

　(100)　a.　私は、ビールを飲みたい。
　　　　　b.　ジョンは、おばけを怖がる。

(100a)の「-たい」は、動詞を形容詞に変える接辞で、(100b)の「-がる」は、形容詞を動詞に変える接辞である。これらの二つの接辞は、ともに拘束形態素であり、これまでの分析では、同等の扱いを受けることが多かった。例えば、Nishigauchi (1993)においては、どちらのタイプの接辞も補文構造を取ると分析されている (cf. Sugioka 1985)。しかしながら、(101)の例で見るように「さえ」や「も」のような助詞の付加に関して容認性の違いが出るので、これらの接辞が統語的には異なった構造を持つということがわかるであろう。

3. 英語と日本語の階層構造

(101) a. 私はビールを飲み<u>さえ</u>したい。
b. *ジョンはおばけを怖く<u>さえ</u>(し)がった。

(101)の事実は、「-たい」は統語的に動詞を補語として選択し、述語全体としては、形容詞となるような構成的な構造を持っていることを示している。これに対して、「-がる」の方は、形容詞と一体となった語をなして、全体として動詞として働いていることがわかる。そうすると、後者は、語彙部門で形容詞を作る派生接辞の一種ということになる。

(102) a. 私は [AP [VP PROビールを飲み]-た]-い。
b. ジョンは [VP おばけを 怖が]-る 。

日本語の「-たい」と「-がる」は、ともに形態的には拘束形態素で、どちらも一語のように見えるが、統語上は異なる構造を持つのである。この違いは、(103)の英語の例で示されているような階層構造に対応するものであると考えられる。

(103) a. John [VP made [AP Bill sad]].
b. John [VP saddened Bill].

日本語の「悲しませる」に相当する表現が、(103a)の英語の例では迂言的(periphrastic)に表現されているのに対し、(103b)では合成的(synthetic)に一語の派生語で表現されている。ちなみに、「-がる」が形容詞の語幹につき、「-たい」が動詞の語幹でなく連用形に接続することにもその違いが現れていると考えることもできるであろう。

なお、動詞を形容詞に転換する接辞の「-たい」では、他動詞が埋め込まれた場合、(104)で示すような「を」格と「が」格で格交替が比較的自由に起こる。

(104) 私は、{このビールを/このビールが}飲みたい。

Sugioka (1985)は、この格の交替がなぜ起こるかについて、「が」格が目的語に付与される場合は再構成(restructuring)が起こり、動詞の連鎖が一つの動詞として解釈されるためであるとしている。また、Terada (1990)では、動詞の「-たい」への編入(動詞の主要部移動)によって交替が起こると分析されている。この二つは、分析に細かな違いがあるが、もともと統語的にV-Aという別個の連鎖を形成するものが、一個の形容詞述語として再解釈されるために

「が」格の付与が可能になるとする点では同じである。このような分析が正しいとすると、「さえ」が「飲む」と「-たい」の間に入ると、再構成が阻止されて目的語に「が」格が与えられなくなると予測できる。この予測は(105)で示すように正しい。

(105) 私は、{このビールを/[?]*このビールが}飲みさえしたい。

目的語の「が」格と「を」格の交替については、名詞句の移動によって説明しようとするTada (1992), Koizumi (1995)などの提案もあるが(cf. Takezawa 1987)、(105)の事実は、Sugioka (1985)の再分析やTerada (1990)の動詞編入の分析が基本的に正しいということを示している。

最後に、助動詞の要素について考える。英語の場合、can, should, mayなどの助動詞要素は、通常、時制の対立を起こさない。たとえ対立があると考えられる場合でも、現代英語ではshallとshouldなどのように単に形態的な対立で、意味的に時制が対立しているわけではないことが多い。英語の助動詞は、時制辞が挿入されるIPの主要部に現れる。

(106) a. John cannot show up today.
　　　 b. Mary might not consult her teacher.

助動詞がIPの主要部に現れることは、英語の助動詞が、(106)のように否定辞よりも左側に現れることや、(107)のように疑問文で主語・助動詞の倒置が起こることからも容易にわかる。

(107) a. Can John show up today?
　　　 b. Will Mary buy a book?

助動詞のこのような振る舞いは、IPの主要部にあるbe動詞やhave動詞の振る舞いとまったく同じである。

日本語の助動詞要素は、「だろう」のように単純な形態を持つものと「はずがない(=はず+が+ない)」のように複雑な形態を持つものがある。この違いは、例えば、英語のwillとbe going toの違いに相当するものであるとも考えられるであろう。日本語の助動詞は、時制辞と不可分で統語的には一体であるものと、(時制の選択制限は存在しても)時制とは独立した統語関係を持つものとがあると考えられる。前者には、「(推量の意味を表す)そうだ」「べきだ」「〜

3. 英語と日本語の階層構造

した方がいい」「~しなくてはならない」などが含まれる。これに対して、「だろう」「らしい」「はずだ」「はずがない」「かもしれない」「ことがある」「可能性がある」などは後者に含まれる。前者は、英語のmustやshouldなどの助動詞に相当する表現とみなすことができる。

(108) a. ジョンは、ここに{来そうだ/来だけしそうだ/*来るだけ(の)そうだ}。
b. 数学は、一生懸命{勉強した方がいい/?*勉強しただけ(の)方がいい}。

(108)では、特に、(108b)では本来の意味を保持したまま、助動詞要素と時制の間に副助詞を挟むことができないので、助動詞要素は、時制と一体となった語として働き、IPの主要部の位置を占めていると考えられる。

(109) [IP ...... [VP .... V]-そうだ/た方がいい]

これに対して、(110)は、基本的に本来の意味を維持したまま、助動詞要素と時制の間に副助詞を挟むことができる。

(110) a. ジョンが、授業に{来たことがある/来ただけのことがある}。
b. ジョンは、ここに{来たらしい/来ただけらしい}。

このことは、助動詞要素が、時制と独立した投射を持っていることを示している。なお、(110a)の「来ただけのことがある」にはイディオム的な解釈もあるが、ここで問題となるのは「だけ」が付加されても本来の意味が保持されているかどうかという点である。さらに、この助動詞要素は、迂言的なモダリティ表現であると考えられ、時制の外側に現れるために、(111)のような構造を持つと考えられる。

(111) [IP ...... [IP .... V-時制]-ことがある/-らしい]

日本語のこの構造は、(112)のような英語の迂言的なモダリティ表現に相当する。

(112) a. It is possible [that John is not a student].
b. It may not be the case [that John is a student].

ちなみに、推量の意味を表す(108a)の「そうだ」とは異なり、「そうだ」が伝聞の意味を表す場合には、迂言的なモダリティを構成していると考えられ、

(113)のような文が可能である。

(113) ジョンはここに{来たそうだ/来ただけだそうだ}。

推量の「そうだ」は動詞の連用形に接続し、伝聞の「そうだ」は時制を含む定形節に接続するため、後者の「そうだ」に対して、(111)のような階層構造を仮定する理由は十分にあると思われる。

助詞の挿入に関する事実は、日本語の助動詞要素が時制と分離できないものは時制と一体化しIPの主要部を占め、時制と分離可能なものは時制の外側に位置して迂言的なモダリティ表現を構成しているということを示唆している。

4. 文法化と統語上の単位

Hopper and Traugott (1993), Heine (1997a), Heine and Kuteva (2002), Heine et al. (1991)をはじめ、さまざまな文法化(grammaticalization)に関する研究で観察されていることであるが、複雑な表現が文法化の結果、その分析性を失って語となり、さらには機能語や接辞などに変化するという現象はさまざまな言語に広く起こっている。日本語でもそのような文法化の現象が観察できることは言うまでもない。日本語では、助動詞表現、補文標識、後置詞などが迂言的な表現の形を残したまま発音されていることがしばしばあり、文法化の過程を経て形成されたことを示している。本節では、そのような要素が迂言的な表現の名残をとどめているものの、文法化の結果、一語となっているものがあることを副詞的な助詞の挿入の可能性から検証する。

前節でも少し議論したが、英語で助動詞に対応する日本語の助動詞表現の中には、(英語のmightに相当する表現の)「かもしれない」などのように、迂言的に表現される助動詞要素がある。迂言的なモダリティ表現のなかには、基本的にその表現の表している統語構造を持っているものと、形式が固定化(文法化)し、それ以上分析できない一個の文法要素となっているものがある。前者には「可能性がある」のような迂言的な助動詞表現が含まれ、このような場合、「だけ」や「も」などの副助詞を助動詞表現の様々な位置に挟むことができる。

(114) a. ジョンには、ここに来る可能性{だけ/のみ}がある。

　　　　　b. ジョンには、ここに来る可能性があり{さえ/も}する。

これに対して、文法化により基本的に一つの単位となった複雑助動詞表現には、本来なら助詞の挿入が可能な位置にさえ副助詞を挿入することができない。

　(115) a. *ジョンは、ここに来た方{だけ/さえ}がいい。
　　　　　b. *ジョンは、ここに来た方がよく{さえ/も}ある。

また、文法化が起こっていない「可能性がある」に対しては、否定表現の「可能性がない」が存在する。もちろん、一般にこのような迂言的な表現には、肯定形・否定形のペアが存在する。「〜した方がいい」の場合は、それに対応する否定・反意表現の「*〜した方が{よくない/わるい}」は存在しない。このことは、「〜した方がいい」が文法化により助動詞的な意味が固定し、構成的（compositional）な構造を持たなくなったので、その文字列の一部の置きかえによる反意語（antonym）が作られなくなったことを示唆している。「〜した方がいい」のような表現は、「可能性がある」「ことがある」のように迂言的な構造を持っているように思えるが、実際は、統語上、一語として機能する固定化した表現となっている。

　上で見た副詞的な助詞の挿入の可能性は、これらの助詞が統語的に語彙要素の右側にしか付加できないという制限を考えると当然の帰結であると考えられる。つまり、迂言的な表現が文法化によって一つの機能語となり、統語的にそれ以上分析できない要素になっているということであれば、助詞の挿入がその要素の内側ではできないことになる。これに対して、文法化により一語にはならず迂言的な表現のままであれば、統語上分析可能な表現となる。したがって、そのような表現には、もともと副助詞が挿入可能な位置があれば、そこに副助詞を挿入することができるのである。

　なお、助動詞表現の「はずがない」は、形態的に「〜した方がいい」と似た形式を持つ助動詞表現であるが、その統語的な特性は異なる。一見したところ、「はずがない」は、(116)が非文法的なことから、分析的な構造を持たないと考えられるかもしれない。

　(116) ?*ジョンが来るはずがある。

しかし、この事実だけで、「はずがない」を一語であると結論することはできない。なぜなら、「も」や「は」などの助詞は、「はずがない」の中に入れることができるからである。

　　(117)　ジョンが来るはず{も/は}ない。

また、「はずがない」に対応する肯定形の(116)の「はずがある」は可能でないとしても、否定の含意が維持される限り「はずがある」の形は出現可能である。

　　(118)　a.　ジョンが来るはずがあるわけがない。
　　　　　　b.　ジョンが来るはずがあるか。

その他にも、「はずがない」の場合は、いわゆる「が-の」の格交替（'ga-no' conversion）が可能である。

　　(119)　ジョンが聞くはず{が/の}ない話

ちなみに、「～した方がいい」の場合には、(120)に示すように、「が-の」の格交替は不可能である。

　　(120)　ジョンの聞いた方{が/*の}いい話

また、「～した方がいい」の場合は、「も」や「は」の挿入も許さない。

　　(121)　*ジョンが来た方{は/も}いい。

このような事実を考慮すると、「はずがない」は、かなり意味の固定化が進み、文法化が始まっていると考えられるものの、「～した方がいい」の場合とは異なり、基本的には分析的な構造が維持されていると結論できるであろう。

次に補文標識について考えてみる。補文標識は、文が補文として文あるいは名詞句に埋め込まれた時に現れる埋め込みの標識で、日本語では(122)のようなものが代表的な例である。

　　(122)　a.　ジョンは、メアリーがここにいたと言った。
　　　　　　b.　ジョンは、メアリーが首席で卒業したという噂を聞いた。
　　　　　　c.　ジョンは、メアリーがどこに行ったか尋ねた。

(122)の「と」「という」「か」は(123)の英語のthat, ifなどに相当する補文標識であると考えられる。

　　(123)　a.　John told me that Mary did not come to the party.

4. 文法化と統語上の単位

  b. The idea that he can win the race is not ridiculous.
  c. John asked if Mary attended the class.

補文標識のthat, ifはいわゆる補文標識句CPの主要部を占めると考えられる。しかしながら、Kayne (1991)が議論しているように、whetherに関しては、CPの主要部を占めていると考えるよりは、WH句としてCPの指定部を占めていると考える方がよい。Kayne (1991)は、そう考える理由として次の二つを挙げている。まず、whetherはto-不定詞節に現れることができるが、ifはto-不定詞節に現れることができない。

(124) a. He does not know {whether/*if} to go to the movie.
  b. He does not know {whether/if} he should go to the movie.

なお、(125)の例が示すように、to-不定詞のtoの直前の位置は、WH句が典型的に起こることができる位置である。

(125) He does not know when to go to the movie.

そして、この両者のもう一つの違いとして、whether はor notと共起できるが、ifはできないという事実がある。

(126) a. He does not know whether or not he should go to the movie.
  b. *He does not know if or not he should go to the movie.

このような事実から、Kayne (1991)は、Katz and Postal (1964)やLarson (1985)などの考え方に従い、whetherをeitherのWH表現とみなすべきであると主張している。このような考え方に立てば、英語には(127)のような補文構造が存在することになる。

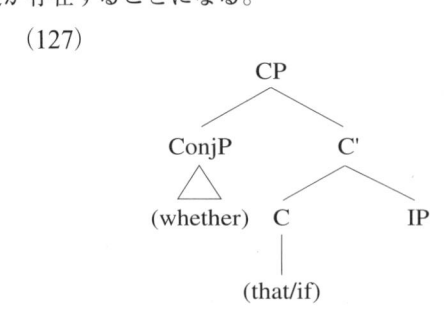

(127)

```
             CP
            /  \
        ConjP   C'
         /\    /  \
            C    IP
   (whether) |
            (that/if)
```

現代英語においては、補文標識が複数現れないという二重詰めCOMPの制限 (doubly-filled COMP filter)が存在する。したがって、CP内にwhetherが現れた場合には、CPの主要部に明示的に補文標識が現れることがなく、ifが現れた場合には、CPの指定部にwhetherが現れることはない。ただし、古い英語の名残と考えられる、(128)のような二重詰めCOMP表現は可能である。

(128) Now (that) you are free, you can travel anywhere you like.

なお、Larson (1985)の分析では、if節の場合、空演算子のOPがCP内に生成されるので、if節中には、もともとwhetherが存在しえないことになるということにも注意する必要があるであろう。

日本語の「と」などの補文標識は、それ自体が形態上独立して起こることのできる要素ではないが、英語の補文標識と同様に、統語上はそれ自体が独自の投射(CP)を持っていると考えられる。なぜなら(129)の日本語の補文標識は、その前後に副助詞を挿入することができるからである[14]。

(129) a. ジョンは、メアリーがここにいた<u>だけ</u>と言った。
　　　b. ジョンは、メアリーがここにいたと<u>だけ</u>言った。

名詞句内の補文標識も節内にある補文標識と同じような分布をする。

(130) a. ジョンは、メアリーがあそこに行った<u>だけ</u>という報告を受けた。
　　　b. ジョンは、メアリーがあそこに行ったという<u>だけ</u>の報告を受けた。

助詞の導入に関する事実は、名詞句の中に現れる補文標識「という」も、形態上は拘束要素であるが、統語構造上は独立した投射をなしているということを示している。

名詞句の中に現れる「という」という補文標識は、Nakau (1973)でも議論されているように、もともと「と+言う」のように動詞と補文標識が結合したものである。しかしながら、現代日本語では、この要素は文法化して一語の機能語になり、迂言的な表現としての統語構造は保持していない。このことは、(131)の例から明らかであろう。

(131) a. ジョンは、あそこに行ったと<u>だけ</u>言った。

4. 文法化と統語上の単位

    b. *ジョンは、あそこに行った<u>と</u>だけいう報告を受けた。

(131b)で示されているように、補文標識の「という」はその間に副助詞の挿入を許さない。(131a)の「と」は右側に「だけ」の挿入を許すので、もともとはその位置に「だけ」の挿入が可能なはずである。したがって、(131b)の補文標識「という」は、分析的な構造を持っているのではなく、一個の語となっているということがわかる。

 なお、「と」や「という」という補文標識は、形態的に時制などの要素に付加される従属要素であると考えられる。そうすると、Jackendoff (1977)やGrimshaw (1991, 2000)が提案しているように、補文標識句(CP)は動詞の拡張投射(extended projection)であると考えることも可能かもしれない。しかし、補文標識は、動詞の拡張投射となる動詞的な要素ではないと考える根拠が存在する。

 (132) a. ジョンは、メアリーが来ただけ(*する)と言った。
    b. ジョンはメアリーがあそこに行っただけ(*する)という報告を受けた。

前に議論したように、代動詞「する」は、自立できない動詞的な要素が本動詞から分離された場合に、分離された要素の前に形態的に挿入される。しかし、(132)で示されているように、補文標識の前に助詞が入っても代動詞の導入は起こらないので、補文標識は動詞的な要素でないことは明らかであろう。

 日本語の補文標識の中には、その他にも、「かどうか」「か否か」などのように一見複雑な構造を持つ補文標識が存在する。

 (133) ジョンは、メアリーにあそこに行ったかどうか尋ねた。

日本語の「かどうか(=か+どう+か)」という補文標識は、意味的な観点から見ても、英語のwhether or notに相当する表現であると考えることができるであろう。

 (134) John wonders whether or not Mary will come here.

しかしながら、この両者の統語上の位置づけは異なる。英語のwhether or notの場合、or notの部分を切り離して文末に置くことも可能なので、一語の補

文標識ではないということがわかる(Larson 1985, Kayne 1991)。

(135) John wonders whether Mary will come here or not.

他方、日本語の場合、CPの指定部が主要部の右側に表れることはなく、「かどうか」の一部の要素が、英語のwhetherのようにCPの指定部に存在すると考えることはできない。実際、表面上複雑な構造を持つ日本語の補文標識「かどうか」は、「だけ」のような副助詞が、前後に挿入可能であるが、内部には不可能であるということから統語上は一語であることが窺える。

(136) a. ジョンは、メアリーにあそこに行っただけかどうか尋ねた。
b. ジョンは、メアリーにあそこに行ったかどうかだけ尋ねた。
c.*ジョンは、メアリーにあそこに行ったかだけどうか尋ねた。

(136c)の位置には「だけ」が挿入できてもよいはずであるが、実際には、「だけ」が入り込めるような切れ目がなく、「かどうか」は、英語のwhether or notに相当する表現であるにもかかわらず、英語の場合とは異なり、一語として機能しているということになる。

「かどうか」とは少し異なるタイプの補文形式も日本語には見られる。次のような文は、補文標識が二つ重なって現れているため、CPの一種の繰り返しが起こっているようにも見える。

(137) ジョンは、メアリーにあそこに行ったかと尋ねた。

ちなみに、このような補文における補文標識の重複は、補文を取るすべての動詞に対して許されるわけではない。

(138) ジョンは、メアリーにあそこに行ったか(*と)覚えていない。

ここでは、どういう動詞が補文標識の繰り返しを起こせるのかということを詳細に議論することはできないが、一般的には、伝達行為を表す動詞の補文に対して(137)のような補文標識の重複が許されると思われる。

CPの繰り返しが起こる可能性についてはさまざまな学者が指摘している(Browning 1996, Authier 1992, Culicover 1992)。Browning (1996)によれば、CPの繰り返しが起こった場合には、上部のCPは通常の補文標識が起こり、下部のCPには(節の発話内の力(illocutionary force)などを決定する)演算子要素が入るCPであるという一般化が成り立つことになる。(137)のような

4. 文法化と統語上の単位

例は、このような一般化が当てはまり、CPの繰り返しが起こっていると結論できるようにも思える。しかしながら、実際には日本語においては、CPの繰り返しが起こっているわけではないということは、(139)の例からもわかる。

(139) a. ジョンは、メアリーにあそこに行った<u>だけ</u>かと尋ねた。
　　　b. ジョンは、メアリーにあそこに行ったかと<u>だけ</u>尋ねた。
　　　c. *ジョンは、メアリーにあそこに行ったか<u>だけ</u>と尋ねた。

「か+と」の連鎖は、補文標識の「か」と「と」を組み合わせたものであるが、「だけ」がその二つの要素の間に入り込むことができないという(139c)の事実から、「かと」は統語的にはまとまった一個の補文標識として働いていることがわかる。そうすると、日本語は、一見CPの繰り返しを許す言語のように見えるが、実際にはCPの繰り返しを許さない言語であると結論づけられる。

これまでの議論から、日本語の補文標識句は、単純な形態を持つものであっても複雑な形態を持つものであっても、(140)で示されたような構造を持っていることがわかる。

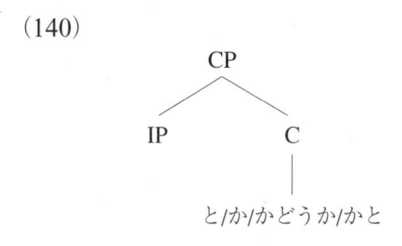

(140)

```
        CP
       /  \
      IP   C
           |
      と/か/かどうか/かと
```

日本語の場合、主要部は構成素の右端に現れる。そして、日本語では、複雑な形態を持つ補文標識でも、文中の主要部が現れる位置に現れるので、この要素が統語構造上、一語としてCPの主要部にあることは容易にわかる。

最後に後置詞の文法化の現象について考えてみることにする。英語にはon, in, atのような単純な形式の前置詞とともに複雑な形式を持つin place of, in front of, on top ofなどのような前置詞表現が存在する (Hopper and Traugott 1993)。日本語においても同じような事実が観察できる。日本語の後置詞表現は、助動詞要素と同じく、その形態特性によって二つのクラスに分けられると考えられる。一つのクラスの後置詞表現は、「から」「まで」などのように

もともと一語として機能するもので、もう一つのクラスの後置詞表現は、「に関して」「について」「の前に」「のそばに」「の上に」など、後置詞とそれ以外の要素(名詞、動詞)で、複合的な後置詞表現を構成するものである。ちなみに、日本語では、副詞節を導入する「時に」「までに」などの表現も複雑な形態を持つ後置詞のクラスに入ると考えられる。

複雑な形式を持つ後置詞は、日本語の場合、大きく分けて動詞に由来する後置詞表現と名詞に後置詞が付いた複雑形式の後置詞表現がある。Heine et al.(1991)の用語によれば、N-接置詞(N-adposition)とV-接置詞(V-adposition)ということになる。日本語では、この二つのタイプの後置詞表現は統語上の性質が異なる。前者の動詞由来の後置詞表現(「について」「に対して」「にとって」など)は形態上複合的な形式を持ってはいるが、一個の語として働く。

ここでは、後置詞表現の「について」について考えてみる。「について」は、元来、後置詞の「に」と動詞「付く」の「て」形「付いて」が融合したものであると考えられる。しかし、「について」は、「だけ」などの要素が「に」と「ついて」の間に介在することができないので、一個の語として機能していることがわかる。

(141) a. ジョンは言語学<u>だけ</u>について本を読んだ。
b. ジョンは言語学について<u>だけ</u>本を読んだ。
c. *ジョンは言語学に<u>だけ</u>ついて本を読んだ。

これに対して、複雑後置詞として働かない通常の「に」と動詞の連鎖には「だけ」が割って入ることができる(cf. 久野 1983)。

(142) a. この子は、母親<u>だけ</u>に付いて歩く。
b. この子は、母親に<u>だけ</u>付いて歩く。

したがって、「について」は、単純な形態の「に」と同じように一個の語として働き、(143)のように後置詞句の主要部を占めると考えることができる。

4. 文法化と統語上の単位

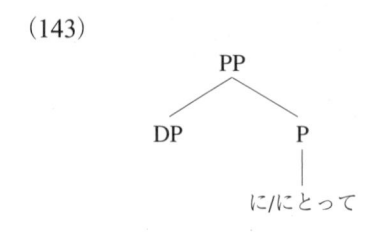

(143)
```
        PP
       /  \
      DP   P
           |
         に/にとって
```

Matsumoto (1998)が指摘しているように、複雑な形式を持つ後置詞表現とそのもとになる動詞表現とは、動詞の修飾表現を許すか許さないかという可能性が異なる。

(144) a. 母親にしっかりと付いて来たこども
   b.*ジョンは言語学にしっかりついて本を読んだ。

修飾は語の一部に対してはできないという語の緊密性から来る制約が当てはまるので、「について」などの動詞由来の後置詞表現は、その起源になる動詞表現とは異なり、文法化の結果、統語上一つのまとまった要素となっていることがわかるであろう。また、動詞由来後置詞表現は必ずしも基底となる動詞と同じ選択制限や意味を保持してない。

(145) 私にとってわかりにくい説明

「にとって(=に+とって)」の動詞の部分は「取る」に由来していると考えられるが、「取る」は目的語としては、「を」格名詞句を取るのであって、「に」格名詞句を取るのではない。これは、文法化が起こった時点で選択制限に変化が起こったことを示している。さらに言えば、構成的に意味が決定されない要素は、意味の転移 (semantic drift) により、もともと表している意味から意味の変化を起こすことが多い。「にとって」などはもともとの意味を保持していないので、そのような意味の転移を起こした例の一つであると考えられる。

 これに対して、相対名詞(典型的には場所名詞(「〜の前」「〜の後ろ」など)や身体名詞(「〜の頭」「〜の脇」など))に後置詞の「に」がつくような名詞由来の後置詞句は、表現全体が統語上ひとまとまりとなっていない。このことは、例えば、「後ろに」のような表現では、「後ろ」と「に」の間に「だけ」が中に入っても問題がないことから明らかであろう。

(146) a. この壁の後ろだけにコンセントが付いている。
　　　 b. この壁の後ろにだけコンセントが付いている。

「だけ」がいろいろな位置に挿入可能なので、日本語の相対名詞が関与する名詞由来の後置詞表現は、動詞由来の後置詞表現とは異なり、後置詞が目的語（相対名詞）を取るという分析的な構造を保持している表現であり、文法化されていないことがわかる。したがって、「～の後ろに」という表現は、(147)のような構造を持っていると仮定できる。

(147)

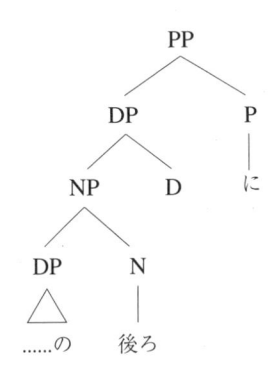

```
              PP
             /  \
           DP    P
          /  \   |
        NP    D  に
       /  \
      DP   N
      △   |
    ……の  後ろ
```

ここでは、「に」が後置詞として働いているので、この「に」はPの主要部を占めていると考えておく。その他にも、相対名詞に助詞が付加された名詞由来の後置詞表現が文法化せず構成的な構造を保持しているという証拠は、例えば、このような後置詞表現の中の名詞が形容詞などでの修飾を許すという点からも得ることができる。

　　(148) この壁の{すぐ/少し}後ろにコンセントが付いている。

先にも述べたように、形容詞などの修飾表現は、語の緊密性により語の一部をその修飾のターゲットとすることができないが、(148)では、相対名詞に対しての形容詞での修飾が可能であるということで、名詞由来の後置詞表現が全体として一語として働いているのではないという証拠になる。これは、(149a)のat the back ofのような英語の表現が、迂言的な前置詞表現として(149b)のような構造を持つのと同じことである。

(149) a. His car was parked at the back of this building.
       b. [PP at [DP the back [PP of [DP ....]]]]

ちなみに、英語の複雑な前置詞表現がすべてこのような統語構造を持っているわけではないと思われる。例えば、in place ofは、そのままの意味を保持したままin the place ofという表現とは置き換えられない。また、前置詞表現の中の名詞は*in site ofや*in position ofのように他の表現と置き換えたりできない(ただし、in lieu ofのような表現にすることは可能)。また、*in high place ofのように修飾表現も不可能である。したがって、複雑な形態を持つ前置詞表現in place ofは、統語上、一語となって機能していると考えられる。

5. 主要部移動と否定文

　自然言語には、主要部に位置する要素が本来の生成された位置ではなく、移動によって別の主要部に現れることがある。このような一つの主要部から他の主要部への移動は、通常、主要部移動(head movement)と呼ばれている(Lightfoot and Hornstein 1994)。主要部移動の可能性は言語によってかなりの変異があることは Vikner (1995), Koopman (1984), Pollock (1989), Emonds (1978)などの研究によって生成文法の初期の段階からしばしば指摘されている。本節では、特に、英語と日本語の主要部移動の可能性について検討し、日本語は、英語を含む西欧語とは違った形ではあるが、かなり限定された統語環境で主要部移動が起こることを経験的な事実から示すことにする。

　英語の場合、フランス語などのロマンス諸語と比べると主要部移動の起こるケースは非常に少ない。少なくとも、現代英語では、節においてV-to-Iの主要部移動を受けるのはbe動詞やhave動詞に限られる。

(150) a. John has been to Paris.
       b. Mary is going to visit MIT next month.

これらの動詞が実際にIPの主要部に移動したかどうかは、notなどの否定辞およびoften, completelyなどの副詞の起こる位置によって判断できる(Chomsky 1991)。特に否定辞のnotは否定の投射NegPを持ちIPとVPの間に投射される

と考えられるので、動詞がIPにあるかVPにあるかが容易に判断できる。

(151) a. John has not been to Paris.

b. *John does not have been to Paris.

(151a)のような文では、否定辞のnotは、定形を持つ完了のhaveの右側に現れる。このことは、完了を表すhaveがIPの主要部に現れているということを示している。もしhaveが定形を持たなければ、haveはVPの主要部に現れ、notがhaveの右側に現れることはない。

(152) a. John would not have been in Paris at that time.

b. *John would have not been in Paris at that time.

このような事実から、(151a)のhaveは、もともと完了を表す動詞句(VP)の主要部にあったものが、V-to-I移動によってIPの主要部に移動したということことがわかる。

(153)

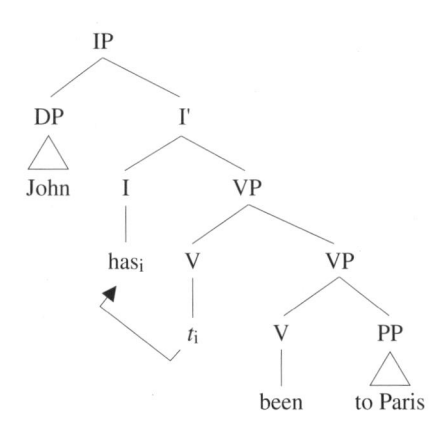

```
              IP
             /  \
           DP    I'
           △   /  \
         John  I    VP
               |   /  \
             hasᵢ  V    VP
               ↑   |   /  \
               └──tᵢ  V    PP
                      |    △
                    been to Paris
```

be動詞に関しても、時制(定形)を持った場合、完了のhaveと同じようなV-to-I移動が起こるということは(154)の例において確認できる。

(154) a. John is not reading the textbook.

b. John will not be reading the textbook.

(151a)のhaveと同様に、(154a)のbe動詞は、notの左側に現れる。定形を持たない場合には、(154b)のようにnotがbe動詞の左側に現れるので、(154a)

5. 主要部移動と否定文

のような場合には、be動詞が主要部移動によりVPの主要部からIPの主要部に移動したことがわかる。

これに対して、英語の本動詞は、beやhaveとは違って、V-to-I移動を全く受けないため、動詞の右側にnotが現れることはない。(155)は動詞が定形で現れる場合である。

(155) a. John did not walk.
　　　b. *John walked not.

否定のnotの分布は、本動詞が定形を持たない進行形で現れた場合でも変わらない。

(156) a. John is not swimming.
　　　b. *John is swimming not.

したがって、英語の本動詞は、定形・不定形の区別にかかわらず、主要部移動を受けずに常にVP内に留まるということがわかる。そうすると、(157a)のような文は(157b)のような構造を持つことになる。

(157) a. Mary walked in the park.
　　　b.

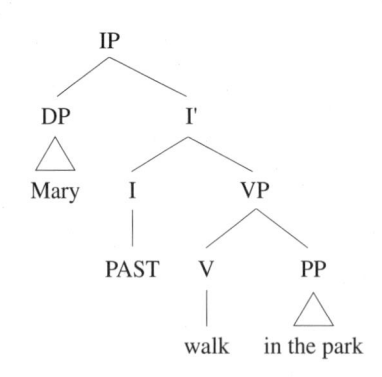

```
              IP
             /  \
            DP    I'
            △   / \
          Mary  I   VP
                |   / \
              PAST V   PP
                   |   △
                  walk in the park
```

ただし、シェイクスピア(Shakespeare)の頃の初期近代英語(Early Modern English)より古い英語ではこの限りではない。Roberts (1993)は、中期英語(Middle English)の本動詞の主要部移動の例として、次のような文を引用している。

(158) Wepyng and teres **counforteth not** dissolute laghers.
　　　　Weeping and tears comfort　 not dissolute laughers
(Roberts 1993: 250)

(158)のような文では、動詞がnotの前に出ているので、動詞が主要部移動により上昇し、IPの主要部に位置していることがわかる。Visser (1963-73)によれば、notの前に代動詞のdoが使用される構文は1400年頃から現れてきたとされている。このことは、本動詞の主要部移動がこの頃に消失し始めたということを示唆している。また、Roberts (1993:224)では、シェイクスピアの初期近代英語において、二つの形式が混在することを示すデータをシェイクスピアの『ハムレット (Hamlet)』より引用している (cf. Radford 1997)。

(159) a. **Looks** it **not** like the king?　　　(Hamlet, I, i, 43)
　　　 b. whose sore task **Does not divide** the Sunday from the week
(ibid. I, i, 75-6)

(159a)では、動詞がnotに先行するため、本動詞のV-to-I移動が起こっていると考えられる。なお、(159a)は疑問文であるため、実際には、IPの主要部に主要部移動した動詞がさらにCPの主要部まで上がっていると考えられる。これに対して、(159b)では、動詞の前にnotが現れ、代動詞のdoが導入されている。この場合、動詞はIPの主要部まで上昇せず、VP内に留まっていることになる。Roberts (1993)は、動詞の主要部移動の消失の過程は、動詞の屈折 (inflection) が英語で失われていく過程と相関関係があることを示唆している。

　動詞の主要部移動の可能性に関しては、言語間でかなりの差が出る (cf. Vikner 1995)。ここでは、多くの言語の動詞移動について触れることはできないが、その代表的なものとしてフランス語のみを取り上げる。Pollock (1989)において議論されているように、フランス語の動詞は否定要素の左側に表れるためIPに主要部移動されていると考えられる。

(160) a. Jean n'aime pas Marie.
　　　 b. *Jean ne pas aime Marie.

フランス語の動詞の位置を判断する規準となる否定要素は、neではなくpasで

5. 主要部移動と否定文

あることに注意する必要がある(cf. Roberts and Roussou 2003)。(160)のような例では、否定辞pasが動詞の右側に出るため、動詞はIPの主要部を占めていることになる。フランス語の定形節では常に主要部移動が起こる。ただし、Pollock (1989)が議論しているように、不定詞節では分布が異なる。

　フランス語と英語ではV-to-Iの主要部移動の可能性が異なることは、IPの主要部にある素性の強さによって説明されることが多い(Chomsky 1993, 1995)。しかしながら、英語のbe動詞やhave動詞がなぜ本動詞と異なる振る舞いをするのかについては、これらの動詞の意味の軽さに関係しているということがしばしば指摘されてきているが、現代英語では、なぜ動詞の種類によって主要部移動の可能性が変わるのかや、本動詞が移動を受けないのになぜ時制と融合した形(例えば、walked)で出てくるのかなど、幾つかの提案は出されてはいるものの、まだ満足な答えが見つかっていない問題も多い。最近では、動詞の論理形式での移動(Chomsky 1991)や素性の移動(Roberts 1998)を仮定することによって、英語の動詞移動の可能性を説明しようとする試みもあるが、いまのところ、完全な解決方法はない。

　日本語の動詞の主要部移動に関しては、語順がSOVで、たとえ、動詞の主要部移動が起こったとしても、少なくとも目に見える形では変化が起こらないことになるので、これまでにも、さまざまな議論が出されてきた。実際、日本語の動詞の主要部移動の可能性については、これまで、必ずしも一致した意見はなかった。例えば、Koizumi (1995, 2000), Otani and Whitman (1991), Whitman (1991)などは、動詞がVPの外部へ主要部移動により上昇すると主張している(これらの提案に対する反論についてはHoji 1998, Sakai 2001, Fukushima 2003などを参照)。これに対し、Fukui and Takano (1998), Sakai (1998), Kishimoto (2001a)などでは、動詞の主要部移動はないという議論をしている。この他にも、Sells (1995)のように、統語的な派生を認めない考え方もある。以下では、これまで見てきた「さえ」のような助詞の挿入の可能性を見ることによって動詞類の主要部移動の有無が検証できることを示す。

　本論のこれまでの議論では、副詞的な助詞は、統語的に独立の投射を持つ

要素の右端に付加できるということであった。この提案の妥当性は、語彙的に複合された要素や文法化により語となった要素のように、統語的には一語と考えられる要素の間に副詞的な助詞を挿入することができないことからも窺える。そうすると、「さえ」などの要素は、動詞と時制の間に挟み込むことができるので、統語構造上、この二つの要素は独立の投射を持っていなければならないということになる。

(161) ジョンがグランドで走りさえした。

(161)の例で、(「さえ」が付いた)動詞が主要部移動によって上昇し、上位にある時制要素に付加されるとすると、統語的に形成された語の中に「さえ」が挟まってしまうことになり、(161)のような例は、(162)のような構造を持ち、容認できなくなると予測される。

(162) *[IP ジョンが [VP グランドで t_i] 走りさえ$_i$ した]

しかし実際は、(161)のような例は容認可能な文なので、動詞の主要部移動はなく、動詞はVP内に留まっているということになる。したがって、(163a)の文は(163b)のような構造を持っていると結論できるであろう。

(163) a. ジョンがグランドで走った。
　　　　b.

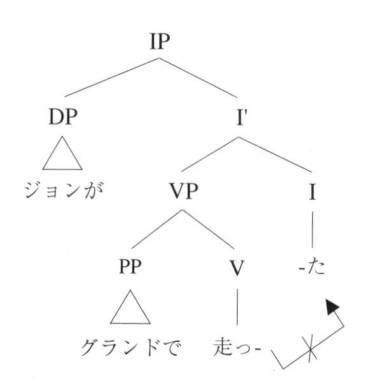

```
            IP
           /  \
         DP    I'
         /\   /  \
       ジョンが VP   I
            /  \   |
           PP   V  -た
           /\   |
         グランドで 走っ-
```

さらに、これまでに、受身や使役の接辞もその右側に副助詞の介入を許すことを見た。そうすると、「られ」や「させ」などの接辞も主要部移動を受けない要素で、もともとこれらの要素が生成された位置に留まっていることにな

5. 主要部移動と否定文

る。ここで重要なのは、日本語の本動詞は、英語の本動詞と同様に、統語においてV-to-I移動を起こさないということである。

以前に見た副助詞が挿入できない例は、文法化や複合などの語彙的プロセスによって作られた語彙項目について当てはめられたものなので、統語的なプロセスによる複合的な主要部要素の形成、つまり、動詞の主要部移動の結果作られる複合的な語についてはこれまでの助詞の挿入の制限が当てはまらないと反論することができるかも知れない。しかしながら、「さえ」などの助詞の付加に対する制限は主要部移動のような統語的な操作によって形成された主要部要素にも当てはまるという経験的な証拠が存在する。以下では、日本語の否定文における否定辞「ない」の例を取り上げ、この否定辞「ない」が主要部移動を受けることがあり、その主要部移動の結果として複合的な主要部が作られた場合には、複合的な主要部の内部に助詞が挿入できなくなるということを示す。

まず、日本語の否定辞の「ない」は、形容詞と同じ活用をするので、統語範疇としては形容詞のカテゴリーに属すると考えられる。

(164) a. ジョンが本を{読まない/読まなかった}。
b. その景色が{美しい/美しくなかった}。

日本語で、形容詞を述語とする文では、一般に、形容詞の右側に「さえ」「も」などの助詞を付加することができる。

(165) その景色は、美しく{さえ/も}あった。

形容詞文や形容動詞文は、時制が述語から分離された場合には、動詞と同様に代動詞を挿入しなければならないが、この場合挿入される代動詞は「する」ではなくbe動詞に相当する「ある」となる。(165)に示されるように、形容詞文では、「さえ」などの助詞の挿入が述語と時制辞の間に許される。そうすると、形容詞述語の主要部移動は存在しないことになり、例えば、(164b)には、次のような統語構造を仮定することできる。

(166)

```
          IP
         /  \
        DP   I'
        △   /  \
      その景色が AP  I
            |   |
            A  -い
            |
           美し-
```

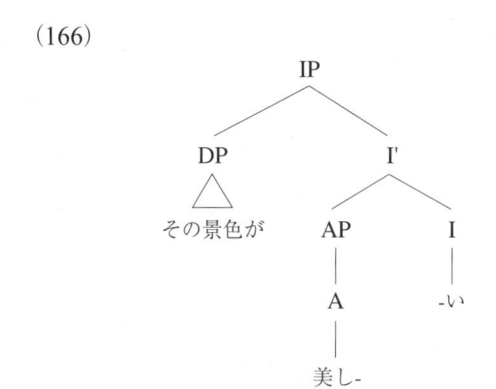

「さえ」の挿入の可能性に関する事実は、形容詞が時制辞とは独立の主要部を占めていることを示唆している。

　ここで形容詞の活用をする否定の「ない」に目を向けることにする。もし、上で述べたように、否定要素の「ない」が形容詞の範疇に入るとすると、「さえ」などの助詞は、通常の形容詞と同じように挿入可能であると予想される。しかし、実際には、助詞の挿入可能性について、「ない」は通常の形容詞とは異なる分布を示す。

　　(167) a. ジョンは本を読み{さえ/も}しなかった。
　　　　　b. *ジョンは本を読まなく{さえ/も}あった。

「さえ」のような助詞は、動詞の右側に付加できるが、「ない」の右側には付加できない。もし「ない」が、形容詞述語と同じで、主要部移動を受けない要素であると、「さえ」が「ない」の右側に挿入できてもよいはずである。しかし、実際には挿入が不可能である。このことは、「ない」と時制辞が統語上一体の要素となっているということを示している。

　ここで注意することは、時制と否定辞の「ない」は、統語上、常に一つのユニットとして現れるわけではないということである。実際、(168)のような文では、時制と「ない」の間に動詞要素の「なる」が入っており、時制と「ない」の二つの要素が連続体を構成していない。

　　(168) ジョンは本を読まなくなった。

5. 主要部移動と否定文

このように、時制と「ない」が離れて現れることがあるということは、時制と否定辞はそれぞれ独立した要素であると言うことができる。そうすると、「ない」は、英語のnotと同様に、もともと、それ独自の投射NegPを持つ要素であると考えられる。

(167b)が非文法的になる原因は、否定辞の「ない」が主要部移動で上昇し「ない」が時制に付加された結果、複雑な主要部が形成され、その二つの要素の間に副詞的な助詞が挿入できなくなったためである。この場合、二つの要素が統語部門で複雑な語を形成するということで、この分析が正しいとすると、必然的に、語彙的に作られた語の内部のみではなく、主要部移動という統語的な操作によって形成された複雑な語に対しても、副詞的な助詞を内部に入れ込むことができないということになる。

否定の「ない」がNegPの主要部からIPの主要部に移動し、時制と一体の要素になるという考え方に従えば、「ジョンが本を読まない。」という文は、次のような統語構造を持っていると言うことができる。

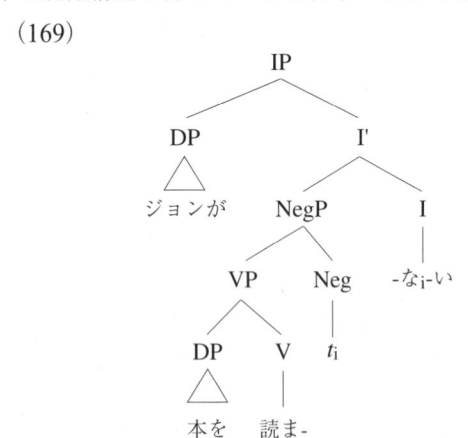

(169)

```
              IP
             /  \
           DP    I'
           △   /  \
         ジョンが NegP  I
               /  \   |
             VP   Neg -な_i-い
            /  \    |
           DP   V   t_i
           △   |
          本を  読ま-
```

前にも述べたように、日本語では、述語として働く動詞や形容詞は統語において主要部移動を受けない。これに対して、否定要素の「ない」は、主要部移動の結果、統語的には一体の語を形成することになるのである。

ここで注意しなければならないのは、「ない」は常に副助詞の挿入を許容し

ないわけではないということである。(170b)は、否定辞「ない」の右側に助詞が挿入されているが、容認可能な文である。

(170) a. ジョンはメアリーを教室に入れなくした。
b. ジョンはメアリーを教室に入れなくさえした。

(170)の事実は、「ない」が、もともと、通常の形容詞と同様に、「さえ」のような助詞の付加を許すような要素であることを示している。以下でも議論するように、使役の意味を表す動詞の「する」の補部に現れるという環境においては否定辞が主要部移動を受けないので助詞の導入が可能となるのである。

日本語の否定辞は、主要部移動を受ける要素であるが、英語の否定辞notは、主要部移動を受けず、それ自体が投射をする句の中の主要部に留まったままになる要素であると考えられる。したがって、(171a)のような文は(171b)のような構造を持つ。

(171) a. John will not come here.
b.

```
                IP
               /  \
             DP    I'
             △   /  \
           John  I   NegP
                 |   /  \
                will Neg  VP
                     |   /  \
                    not  V   AdvP
                         |    △
                       come  here
```

日英語の否定辞の構造上の位置の違いは、否定対極表現(negative polarity item)の振る舞いの違いとして現れてくる。まず、英語においては、否定対極表現は、いわゆる主語・目的語の非対称性(subject-object asymmetry)を示すことが知られている。

(172) a. John did not admire anyone.

5. 主要部移動と否定文

  b. *Anyone did not admire Mary.

anyoneのような否定対極表現は否定の作用域内に現れないと容認されない。英語において否定辞はNegPの主要部に留まっているために、否定の作用域はNegPの最大投射までであると考えられる。主語の存在するIPはこの最大投射の外側に、そして、目的語の存在するVPはこの最大投射の内側に存在する。したがって、目的語の位置にanyoneが現れる(172a)と主語の位置にanyoneが現れる(172b)の容認性の違い、すなわち、否定対極表現の主語・目的語の非対称性は、目的語が否定の作用域に入るのに対して、主語は否定の作用域に入らないために生じるということになる。

 これに対して、日本語の通常の否定文においては、否定対極表現に主語・目的語の非対称性が現れない。したがって、否定対極表現の「誰も」を含む(173)の否定文は両方とも容認可能な文である。

 (173) a. ジョンは誰もほめなかった。
   b. 誰もメアリーをほめなかった。

日本語の場合、否定辞「ない」は、主要部移動を受け、時制辞の存在するIPの主要部の一部となるので、その作用域は、主語を含むIPの最大投射にまで到達する。このIPの最大投射内には主語も目的語も含まれるために、どちらの位置にある否定対極表現も認可されることになり、主語・目的語の非対称性が現れないのである。否定辞が言語間でかなりの違いを示すことは、例えば、Ouhalla (1991)などで報告されている。日本語と英語の否定辞は、主要部の移動を受けるかどうかに関して違いを見せるということになる。

 興味深いことに、日本語でも(170)のように「さえ」のような助詞を「ない」の右側に付加できるような例では、否定対極表現が認可される領域も極めて狭くなる。

 (174) a. ジョンは、メアリーをどこにも入れなくした。
   b. ジョンは、誰も教室に入れなくした。
   c. *誰もメアリーを教室に入れなくした。

(174)のような事実は、否定辞「ない」が主要部移動を受けず、(175)のように、基底の位置(NegPの主要部)に留まるので、否定の作用域が主語にまで及

ばないということを示している。

(175) [IP ジョンが [NegP [VP メアリーを教室に入れ]なく]した]

(174)のような否定の作用域の拡がらない文は、否定要素が使役動詞の補部に入る構造、すなわち、小節(small clause)の構造を持つと考えられる。この場合、「を」格名詞句に対しては、統語構造上、使役動詞「する」のVP投射内にある可能性と「入る」のVP投射内にある可能性の二つが考えられる。しかしながら、(174b)のような文で「誰も」が否定対極表現として認可されるという事実は、「を」格名詞句が「入る」のVP投射内に存在していることを示している。これまで観察してきた事実により、否定の作用域の拡がり方と「さえ」などの副詞的な助詞の挿入の可能性とは相関関係があり、その違いは否定辞の主要部移動の可能性に依存しているということがわかる。

「さえ」などの副詞的な助詞の挿入に対する制約により、結論として、日本語には、本動詞や受身の「られ」そして使役の「させ」などの動詞類の主要部移動は存在しないが、否定辞「ない」は主要部移動を受けることがあるということが示されたことになる。否定要素の「ない」が主要部移動を受けた場合、「ない」の作用域は、もともと生成される位置で得られる作用域よりも広くなる。また、その場合、「ない」は上位にある要素と複合的な主要部を構成するようになるので、副助詞を「ない」の右側に付加することができない。日本語において主要部移動を起こす否定辞の「ない」は、もともと形容詞としての活用はするものの、本来の形容詞としての働きがない機能要素になっている。これは、英語のhaveやbeが動詞本来の意味を失い機能要素として働いている時に、主要部移動が起こることと同じことである。そうすると、日本語・英語のどちらの場合にも、主要部移動は、移動を起こす要素は異なるものの、同じような条件下で起こっているということになる。

最後に、存在・所有文に対する副詞的な助詞の挿入の可能性と存在・所有動詞「ある」「いる」(およびコピュラ動詞や補助動詞の「ある」)の肯定形と否定形の非対称性について考察することにする。まず、「ある」「いる」が用いられる存在・所有文は、次章以降で詳しく議論するが、基本的に「が」格名詞句の有生・無生の区別によって選択する動詞が決まる構文である(Kishimoto 2000)。

5. 主要部移動と否定文

  (176) a. あそこには、本が{ある/ない}。
    b. あそこは、男の子が{いる/いない}。

日本語の「ある」と「いる」は英語のbe動詞に相当する。英語のbe動詞も(176)の用法と同じような用法がある。

  (177) a. There are books on the table.
    b. That man is in the park.

コピュラ動詞として用いられる動詞は、「が」格名詞句の有生・無生の区別によって交替はしない。コピュラ動詞としては、常に「ある」が用いられる。

  (178) a. ジョンが学生で{ある/ない}ことがわかった。
    b. この車がポンコツで{ある/ない}ことがわかった。

英語のbe動詞にも、日本語と同じようなコピュラ動詞として用法がある。

  (179) a. Today is Sunday.
    b. John is a student.

「ある」と「いる」の否定形には形態的な非対称性がある。「いる」の否定形は「いない(=い+ない)」で動詞の語幹と否定辞からなる。これに対して、「ある」の否定形は、「ない」で形態的には「ある+ない」の形を取らない。Kato (1985)は、助詞が挿入された場合には、「ある」が現れるなどの理由から、「ある」と「ない」が連続した時には形態的な削除規則によって動詞が落ちるとしている。そうすると、(176)や(178)の否定形の文は、表層では否定辞しか現れていないことになる。

 このような分析の正しさを示す経験的な証拠が存在する。ここでは、まず、否定辞の前に「さえ」を挿入した(180)のような存在文を考えてみる。

  (180) あの図書館にはこんな本がありさえしない。

(180)の文では、「さえ」の前に現れる動詞が「ある」で「ない」の前では代動詞の「する」の挿入が起こっている。このような事実は、「ある」の否定形は、「ある+ない」であるが、否定文では「ある」の部分が省略され(音声的に発音されず)、否定辞のみが残っているということを示している。実際に、「ない」が主要部移動を受ける否定辞であるということは、「ない」の後には「さえ」が挿入できないということにより、確認することができる。

(181) *あそこには、こんな本が{なくさえあった/なくさえした}。

そして、(180)では、この否定辞「ない」はIPの主要部まで主要部移動により上昇していることになるので、「ない」のみが現れる否定文においても、否定の作用域は文全体に及ぶことが予測できる。(182)はその予測が正しいことを示している。

(182) あそこには、何もなかった。

動詞「ある」が省略されて、あたかも「ない」のみが現れることになる形態的な削除規則が当てはまるのは、存在・所有の意味を表す「ある」に限られているわけではない。例えば、コピュラとして使われる「ある」も同様の振る舞いをする。

(183) ジョンは学生で{ある/ない}。

(183)のような文でも、「ある」と「ない」の肯定形・否定形の非対称性が存在する。ここでの「ない」も存在・所有動詞の「ない」の時と同じように形態的な削除規則が適用されている。実際、「さえ」のような助詞が付加された(184)のような文では、「ある」が表面に現れる。

(184) ジョンは、ここの学生でありさえしない。

「学生でさえない」のような表現も可能であるが、この時には、「さえ」は、コピュラに付加されるのではない。したがって、このような表現の場合、代動詞の「する」は挿入されないことに注意する必要がある。

コピュラ動詞としての「ある」は、存在・所有動詞の「ある」とは異なり、可能形動詞の「ありえる」が存在する。可能の意味を表す接辞が付いた場合には、肯定形・否定形の区別にかかわらず「ありえる」「ありえない」のように「ある」が音声的に発音される。

(185) a. そんなことは、ここではありえない。
　　　 b. それは、十分ありえることだ。

このことは、「ある」の削除が、統語的に助詞が「ある」と否定辞の間に介在した場合にのみ適用が免除される形態規則ではないということを示している。なお、コピュラ動詞としての「ある」を含む(183)のような文でも、否定文では、否定の作用域が文全体に及ぶことになるし、「ない」の右側に「さえ」を付

81

5. 主要部移動と否定文

加することが不可能である。

 (186) a. 誰も学生でない。
   b.*ジョンは学生でなく<u>さえ</u>ある。

したがって、(183)の「ない」が使われる否定文でも、「ある」は形態的な削除規則によって削除されるため、否定辞の「ない」のみが音声形を持っていると考えられる。

 アスペクトを表す補助動詞の「ある」「いる」も形態的な具現化に関して本動詞の「ある」「いる」と同じ分布となることに注意する必要がある。まず、(187)に示すように、補助動詞の「いる」の否定形は「いない」となる。

 (187) ジョンが{走っている/走っていない}。

補助動詞の「いる」の否定形は本動詞の場合と同様「いない(=い+ない)」であるが、「ある」の場合は(188)で示すように「ない」となる。

 (188) 本がここに{置いてある/置いてない}。

そして、副詞的な助詞などが補助動詞の右側に付くと考えられる場合には、「ある」が現れることになる。

 (189) こんな本がこの図書館に置いてあり<u>さえ</u>しない。

もちろん、(190)のように「て」形動詞に付く場合には、「ある」は表面上現れないことになる。

 (190) こんな本がこの図書館に置いて<u>さえ</u>ない。

これらの事実は、補助動詞の「ある」も本動詞の「ある」と同様に動詞の形態的な削除規則が当てはまることを示している。

 このような考察から、「ある」の否定形は、もともと「ある+ない」の組み合わせで現れるはずであるが、形態的な理由で「ある」が削除されることになるという結論が得られる。現代日本語においては、「ある」の未然形(irrealis form)であるはずの「*あら-」が存在せず、否定辞の前のように動詞に未然形が要求される環境では、形態的な削除規則が適用され、否定辞のみが現れるのである。しかし、(180)や(184)のように、「さえ」のような副助詞が「ない」の前に挿入されると、動詞に未然形が要求されなくなり、動詞の削除規則が当てはまらない環境になるので、「ある」が形態的に現れてくるのである。

なお、ヘブライ語などのいくつかの言語でも、ここで議論しているような削除規則が、異なる環境ではあるが、be動詞に相当する動詞について適用されることが報告されている（例えば、Shlonsky 1997）。また、標準日本語では、否定文で「ある」の削除規則が適用されるが、関西方言では、未然形の「あら-」が存在し、否定文でも削除規則がかからず「あらへん（=あら+へん）」という形が現れる。

これまでの議論を要約すると以下のようになる。統語的に主要部の移動によって形成された複合的な主要部は、語彙的に形成された複合語と同じように、副詞的な助詞の「さえ」などの挿入が内部で起こらない。統語的に形成された複合語は助詞の内部への挿入を許さないので、それを許すような要素、例えば、本動詞・受身の「られ」・使役の「させ」などは、統語で主要部移動を受けないということになる。古典的な日本語の変形文法（Kuno 1978, 井上 1976など多数）の分析では、形態的には一語となるような複雑な動詞要素に対して統語的な移動（上昇）が存在するとされていた。しかし、本章でこれまで見てきたように、統語的な移動と形態上のユニットとは直接の相関関係はない。そうすると、日本語において、形態的に一語と考えられる複雑な動詞群が形成されるのは、ほとんどの場合統語構造とは直接関係なく、統語的な主要部移動を伴わない形態的な融合（morphological merger）によるものであると考えることができる（cf. Sakai 1998）。

6. まとめ

本章では、「だけ」「さえ」「も」などの副詞的な助詞の挿入の可能性を見ることによって日本語の統語構造が比較的容易に判断できることを示し、日本語は英語と同じような統語構造を持つことを明らかにした。特に、副助詞の分布を見ることによって、日本語でも、名詞句においてはDP仮説の予想するような、DPとNPの少なくとも二階層を持つ構造をしていることがわかる。また、補文標識を含む節（CP）は少なくともCP, IP, VPという三層構造を持っていることも確認できる。英語では独立の語であると考えられるような要素でも、日本語では、従属形態素として具現化されることが多いが、このこと

6. まとめ

が、必ずしも、以前によく仮定されていた主要部の移動を誘発するものではない。日本語でも、英語のように、主要部移動は、かなり限定された環境でのみ起こり、多くの場合、形態的に一語であると見なされるような要素であっても、統語的には独立の投射を持つ。

注

1. Abeny (1987), Plag (2003)など多数の研究によって議論されているように、統語上の基本単位と綴りとが必ずしも一致するわけではない。しかし、日本語と比較した場合には、英語は語と統語上の単位の対応関係は強いと考えられる。英語はもともとラテン語のような屈折言語(inflectional language)であったと考えられるが、現代英語では、屈折変化がかなり失われており、孤立言語(isolating language)に近づいているように見える。しかしながら、典型的な孤立言語とされる中国語と比べると、その性質は、かなり屈折的であると言えるであろう。
2. 本章でのこれからの議論では、表層での統語構造が問題となるので、動詞句内主語仮説を採用せずに議論を進めることにする。動詞句内主語仮説を採用しても本章での基本的な論点は同じである。
3. 当然のことながらここに挙げてある日本語の特徴は、基本的な統語構造とは異なるところから出てくることになる。しかし、当面のところ、なぜ日本語がそのような特質を持つかについては、論ずることができない。Fukui (1986, 1995)やKuroda (1988)の日英語の比較統語論に対する類型論から見た反論については、例えば、Shibatani (1991)を参照。
4. Aoyagi (1998, 1999)のように副助詞がそれ自身の投射を持つという考え方もあるが、ここではそのような分析は採らない。
5. 日本語の動詞には、大まかに分けて、子音で終わる動詞と母音で終わる動詞が存在する。したがって、動詞類の正確な分節は、ひらがな表記ではできない場合があるが、ここでは、見やすさという点を考慮して、正確な分節についてはあまり気にせず、樹形図を提示することにする。
6. 数量詞遊離の議論に対しては、高見・久野(2002)などの機能的な立場から

の反論もあるが、ここではMiyagawa (1989b)の主張が基本的に正しいものとして議論を進める。

7. c-統御(c-command)とm-統御(m-command)の定義は以下のようになる(Chomsky 1986b)。

    (i) a. α c-commands β iff α does not dominate β and every γ that dominates α dominates β.

    b. α m-commands β iff α does not dominate β and every γ, γ a maximal projection, that dominates α dominates β.

8. ここでの数量詞遊離の分布は、動詞句内主語仮説を採用すると少し異なる説明が必要になる。その一つの可能性として、数量詞は修飾する名詞句の直後にのみ生成が可能であるとすることが考えられる(Sportiche 1988)。このような場合、(43a)が容認され、(43b)が容認されないという事実は、(i)のような構造により説明される。

    (i) a. [IP 学生が 三人 [VP (学生が) ご飯を 食べ]た]
    b. *[IP 学生が [VP (学生が) ご飯を 三人 食べ]た]

(ia)の場合、主語の隣に「三人」が現れ、容認されることになる。しかしながら(ib)のように、「三人」が目的語の右側に現れると、「三人」は「学生」の右隣ではなくなり非文法的になる。さらに、(44)のような文の場合には、(ii)のような構造が与えられる。

    (ii) [IP ジョンが [VP (ジョンが) 本を 三冊 読ん]だ]

(ii)の構造では、「三冊」が「本を」の直後に現れているので容認されることになる。また、(45)のような付加詞が関与する場合には、時間副詞はIP内で付加され、場所の副詞はVP内で基底生成された主語の右隣の位置で付加されると仮定することにより、数量詞遊離の分布が説明できる。

    (iii) [IP 学生が きのう [VP (学生が) 三人 車を 運転し]た]

(45a)の文が(iii)のような構造を持っているとすると、VP内の「三人」は、基底の位置にある主語のコピーの隣にあるので、容認されることになる。これに対して、(45b)に与えられる(iv)のような構造では「三人」が主語のコピーの右隣に現れることができず、容認されないことになる。

6. まとめ

  (iv) *[TP 学生が [VP （学生が） 湖で 三人 泳い]だ]

 この分析では、名詞句と数量詞の関係をc-統御（あるいはm-統御）によって説明しているわけではない。また、この分析では、場所名詞句が基底生成される主語よりも右側に位置しなければならないことになるので、厳密には、数量詞遊離の可能性によって主語がIPの指定部にあることを示すにはもう少し議論が必要になる。もしChomsky (1986b)の仮定するように句が付加される位置が最大投射に限られるという主張が正しいとすると、この分析では、動詞句がvPとVPに分かれるという分裂動詞句（split VP）の構造が動機づけられることになる。もし分裂動詞句の仮説を採用すると、数量詞とそれが修飾する名詞句の関係はm-統御により説明が可能になる。しかしながら、ここではその分析には立ち入らないことにする。

9. Aoyagi (1999)が観察しているように「さえ」のような副助詞はこれとは異なる振る舞いを示し、主語も焦点化できる。Aoyagi (1999)によれば、これは「さえ」が論理形式で上昇することによるということになる。

10. 「だけ」が「ジョンが本を読み<u>だけ</u>した。」のように動詞に付加できるかどうかに関しては、完全に拒絶する話者がいる一方で、ぎこちないが容認する話者や完全に容認する話者もおり、話者により判断がかなり分かれるようである。「だけ」の付加を動詞に対して完全に容認する話者は、「だけ」の焦点化が許されるのはVP内にある要素のみという判断を示し、「も」と同じような分布を示す（Aoyagi 1999, Kuroda 1970）。

11. ここでは強制使役の構造を示す。指示使役の場合は、被使役者(causee)が「させ」のVPの中に入る構造を仮定することができる。ただし、日本語の使役の構造に関しては、これまでに様々な議論があり、ここで示した構造は、必ずしも伝統的な見方とは一致しない場合もある。使役文の構造の分析に関する歴史的な考察は、Miyagawa (1999)などを参照。

12. 本動詞の「終える」は他動詞、「終わる」は自動詞・他動詞の用法がある。これと対応して、コントロール述語としての複合動詞の「終える」は基本的に他動詞のV_1と共起し、「終わる」は、他動詞と自動詞のV_1の両方に共起することができる。

13. ここでのコントロール述語の例文の判断は影山 (1993) のものとは必ずしも一致しない。
14. 英語は埋め込み節の空補文標識 (null complementizer) が許されることがある (Stowell 1981)。

 (i) John thought (that) he would become famous.

標準日本語においては、空補文標識は許されない。

 (ii) ジョンは、メアリーが来る*(と)思った。

しかし、Saito (1986) が議論しているように、関西方言では空補文標識は可能である。

 (iii) ジョンは、メアリーが来る(ゆうて)ゆうてた。

この場合、(iv)で示されるように、埋め込み文の後に「だけ」の挿入が可能なので、補文標識が削除されるのではなく、音声形を持たない空補文標識があると考えられる。

 (iv) ジョンは、メアリーが来る<u>だけ</u>ゆうてた。

実際、(iv)では、(IPに「だけ」が付加された解釈とともに)「だけ」が補文標識に付いた(v)と同じ解釈が可能である。

 (v) ジョンは、メアリーが来るゆうて<u>だけ</u>ゆうてた。

このような事実から、(iv)においては「だけ」が付加できる音声形のない補文標識が存在すると結論づけることができるであろう。

第2章　非対格性と非能格性

1. はじめに

　前章では、どのような要素が独立の語彙項目として投射を持つかという点に焦点を置いて、日英語の統語構造の議論をした。本章からは、少し視点を変えて、主語・目的語などの文法関係について考察を加えてゆく。本章では、非対格性(unaccusativity)、および、それと密接に関連する非能格性(unergativity)の問題について考える。非対格性の議論で特に問題となるのは、どのような自動詞が非能格動詞(unergative verb)に分類され、どのような自動詞が非対格動詞(unaccusative verb)に分類されるかということである。本章では、特に、非対格動詞及び非能格動詞の意味的・統語的な特性について具体的なデータをもとに考えてゆくことにする。

　非対格性の問題を論じるには、主語や目的語という概念を規定する必要がある。この概念を厳密に規定しようとするとかなり難しい問題に直面することになるが、一般に、主語は文の中で最も際だつ(prominent)項であり、その文が何について語られているかを示すものであると考えられる(この点の議論に関しては、例えば、Comrie 1981, Keenan 1976などを参照)。そして、具体的にどのような名詞句が主語として機能するかを同定するためには、主語の特性を示す名詞句を見つけだせばよいことになる。同じような状況は、目的語の同定の問題を議論するときにも現れる。もっとも、主語や目的語の特性が何であるかという問題に関しては、言語間でかなりの違いが出る可能性もあるが、とりあえず、主語・目的語の認定は、当該言語において主語特性あるいは目的語特性と考えられる特徴を示すかどうかを調べることによって可能になるという前提を保持しながら議論を進めることとする。

2. 表層の文法関係：主語と目的語

　本章では、非対格性・非能格性の問題を論じる前に、まず、日英語の主語や目的語を同定するテストをいくつか取り上げ、どのように主語や目的語が認定されるかを議論する。そして、その後に、本章の中心議論である、日本語と英語に観察される非対格性と非能格性の現象の検討に入ってゆく。

2. 表層の文法関係：主語と目的語

　英語や日本語の文法関係の議論でしばしば取り上げられる主語や目的語のテストは表層の文法関係を同定することが多い。多くの主語テストは、もともとの主語と、受身などの統語操作によって派生される主語を認定することになる。同様に、目的語のテストは、表層のレベルでの目的語を認定することになる。生成文法では、文法関係と統語位置に密接な関係があると仮定されており、表層において、主語位置にある項は主語の特性を示し、目的語位置にある項は目的語の特性を示すことになる。

(1)　a.　[$_{IP}$ DP$_i$　[$_{VP}$ t_i　[$_{V'}$ V　　　]]]
　　 b.　[$_{IP}$ DP$_i$　[$_{VP}$　　[$_{V'}$ V　t_i　]]]
　　 c.　[$_{IP}$ DP$_i$　[$_{VP}$ t_i　[$_{V'}$ V　DP]]]

(1)のような構造では、IPの指定部要素が主語テストで主語と認定され、VPの補部要素が目的語と認定されることになる。なお、動詞句内主語仮説を採ると、主語(外項)はもともとVPの指定部に基底生成されるが、表層ではIPの指定部に現れることになる。(1)は英語型の語順で示しているが、語順の違いはあっても、日本語と英語の構造は基本的に同じである。

　基本語順がSVOとなる英語の場合、どのような要素が主語となるかを同定するのは比較的容易である。なぜなら、主語は平叙文では典型的には動詞の前に現れる項で、動詞がその項に一致するからである。

(2)　John {loves/*love} Mary.

また、英語には主語に対して適用されると考えられる統語操作がいくつか存在する。代表的なものは、(3)に示すような、1)主語・助動詞の倒置(subject-auxiliary inversion), 2)主語の繰り上げ(subject-to-subject raising), 3)例外的格付与構文(ECM construction)で受身形を派生する際の名詞句移動, 4)コン

トロールPRO（controlled PRO），などである。

(3) a. Will John travel to the US next month?（主語・助動詞の倒置）
b. John$_i$ is likely [t_i to pass the exam].　　（主語の繰り上げ）
c. John$_i$ is believed [t_i to be honest].　　（例外的格付与構文）
d. I persuaded John$_i$ [PRO$_i$ to study harder].（コントロールPRO）

主語テストはこのほかにもいくつかあるが、ここでは代表的なものを挙げるのにとどめることとする。なお、(3c)では、例外的な格付与を行うことができるbelieveのような動詞によって対格が付与される項は埋め込み節の主語でなくてはならない。そのために、埋め込み文の主語しか受身化によって主節の主語となることができない。したがって、このような受身操作が可能かどうかで主語が特定できることになる。(3)で挙げてある統語操作に参与する項は、主語特性を示すということで主語と認定されることになる。ただし、それぞれの統語操作にはそれ固有の制限があり、主語となる要素がすべてこれらの統語操作に参与できるというわけではない。具体例として(4)の例を取り上げる。

(4) It is raining.

(4)の文ではあまり意味のない天候を表すitが動詞の左側に現れ、かつ、動詞がitと一致しているので、そのitが文の主語になっていることがわかる。しかし、(4)の文に対しては、例えば、主語の繰り上げとPROによるコントロールに関して、容認性が異なるという結果が得られる。

(5) a. It$_i$ is likely [t_i to rain].
b. *John persuaded it$_i$ [PRO$_i$ to begin to rain].

(5b)が容認されないのは、(4)のitが主語でないためではない。persuadeの目的語は通常、動作主（agent）で有生（animate）でなければならない。天候を表すitは動作主ではないので、(5b)は排除される。このことは、主語のテストに対して独立の制約がかかることがあるため、常に主語が主語テストで同定できるわけではないということを示している。

Keenan (1976)は、多くの言語で主語の規準となりそうな性質を30余りリストしているが、これらがすべての言語において、主語を同定する規準となる保証はない。しかし、文中のどのような要素が主語の特性を持つかは、言

2. 表層の文法関係：主語と目的語

語によってある程度規定可能である。先に述べたように、主語テストは、一般に主語を特定することができるが、しばしば特殊な制限がかかるために、常に主語を同定できるとは限らない。このことは、主語テストは主語の部分集合を切り出すということである。そして、通常、主語テストはそのような性質を持つことが多い。しかし、あるテストが主語と目的語を共通して取り出すような場合には、このテストによって主語を同定することはできない、つまり、主語のテストではないということになる。

基本語順がSOVの日本語の場合、主語と目的語はともに動詞の左側に現れる。無標の語順の場合、主語は文の左端に来ると考えられるが、かき混ぜ(scrambling)などの操作によって、語順が自由に変わることが多く、決定的な規準とはならない。また、主語は通常、「ジョンが走る。」のように、形態的に「が」格(主格(nominative case))でマークされるが、「ジョンにその文字が書ける。」のように、「が」格名詞句を目的語に用いる場合もあり(Kuno 1973)、形態的な格標示を見ただけで文の主語が何かということを一概に決定しにくい面もある。

しかしながら、日本語においても主語テストはいくつか存在する。これまでしばしば取り上げられた主語テストとしては、1)再帰代名詞(reflexive)の先行詞, 2)主語尊敬化(subject honorification), 3)コントロール節のなかでコントロールを受けるPRO (controlled PRO), 4)随意解釈のPRO (arbitrary PRO)、などが挙げられる(その他のテストに関する議論に関しては、例えば角田1991などを参照)。

(6) a. ジョン$_i$が自分$_i$の本を読んだ。　　　　　（再帰代名詞）
　　 b. 木村先生が本をお持ちになった。　　　　（主語尊敬語化）
　　 c. 私は、ジョン$_i$に[PRO$_i$子供を褒めて]ほしいと思う。
　　　　　　　　　　　　　　　　　　　　　　（コントロールPRO）
　　 d. [PRO子供を褒める]ことはいいことだ。　（随意解釈のPRO）

これらのテストは英語と同じ種類のものもあるが、英語では適用できない種類のものもある。なお、(6d)の構文は、英語では、出現する環境が明らかなので、主語テストとしてあまり議論されないが、日本語の場合には、かなり

第 2 章　非対格性と非能格性

有効なテストとなる。英語でも、例えば、[PRO to play tennis] is fun.のような随意解釈のPROの現れる文も基本的には日本語と同じような分布をする。

　日本語の場合、かき混ぜによる構成素の順序の入れ替えを比較的自由に行うことができるので、語順による主語の決定はできないが、主語テストは、通常の他動詞文（「が-を」で格標示される文）において、語順に関係なく「が」格名詞句を主語として選択する。

　(7)　a.　自分$_i$の本をジョン$_i$が読んだ。
　　　b.　本を木村先生がお持ちになった。
　　　c.　子供を、私は、ジョン$_i$に[PRO$_i$褒めて]ほしいと思う。

(7a-c)は、かき混ぜによって語順が変わっても、統語操作のターゲットが変化しないことを示している。これに対して「を」格名詞句は、上の統語操作のターゲットとはならないので、主語としては機能しないことが確認できる。

　(8)　a.　*自分$_i$の友達がメアリー$_i$を誘った。
　　　b.　*ジョンが木村先生をお誘いになった。
　　　c.　*私は、メアリー$_i$に[ジョンがPRO$_i$褒めて]ほしいと思う。
　　　d.　*[メアリーがPRO褒める]ことはいいことだ。（随意解釈なし）

ここでは具体例を挙げないが、かき混ぜによって語順が変わっても「を」格名詞句がこれらの操作のターゲットとならないという判断は変わらない。そうすると、かき混ぜは、表層の文法関係を変えない統語操作であるということになる。

　ちなみに、(6c)は、埋め込み文中にPROを取る構文である。これは、英語の(3d)の構文に相当するものである。したがって、英語と同様に、文中でPROをコントロールする要素、すなわち、願望の対象となる存在物は、意志的な動作が可能な有生物でなければならない。

　(9)　?*私は、雨$_i$に[PRO$_i$降って]ほしいと思う。

(9)のような文では、たとえ「雨」が「降る」の主語であったとしても、（擬人化されなければ）有生名詞の制限に抵触するために、容認できない文となってしまう。これもまた、主語テストが、独自の制約があるために主語の一部しか取り出せないという例になる。なお、日本語では、(6c)のようなコントロー

93

2. 表層の文法関係：主語と目的語

ル節のPROをコントロールする名詞句は「に」格でマークされるので、(10)のような文は(9)とは異なる構造を持つことになる(Kishimoto 2000)。

(10) 私は、[雨が降って]ほしいと思う。

(10)は、「雨」が「が」格を取っているので、単に「雨が降る」が埋め込み節として現れていることになる。したがって、(10)は、(9)のように統語的なコントロールの関係が成立しないので非文法的にはならない。

日本語では、(6a)や(6b)のようなテストでも、いろいろな制限がかかる。例えば、「自分」の先行詞は、人間を指す名詞句でなければならない[1]。主語尊敬語化についても、主語が尊敬できる対象と考えられなければ、尊敬語化はできない(Harada 1976)。また、(6d)の随意解釈のPROは、たとえ主語位置にあったとしても節が過去の解釈になる場合は、不可能となる(Kuroda 1983)。したがって、(11)の文は、これらのテストにはパスしないことになる。

(11) a. *自動販売機$_i$が自分$_i$で点灯した。
　　 b. *ジョンがお話しになった。
　　 c. *[PRO走った]ことはいいことだ。　　(随意解釈なし)

しかし、日本語において、動詞は項を一つ取る自動詞であれ、項を二つ取る他動詞であれ、主語の「が」格名詞句は条件が整えば主語テストにパスするので、(11)のような文の「が」格名詞句も主語であると考えることができる。

主語は文の中で最も際だった項であることもあり、主語テストはかなりの数が存在する。しかしながら、角田(1991)も指摘しているように、目的語を認定するテストの数はそれほど多くない。英語の場合、例えば、動詞と目的語の間には隣接性の条件(adjacency condition)がかかるので、副詞などの要素がその間に介在することができない。英語では、これが一種の目的語のテストとなる。

(12) a. John admired Mary *earnestly*.
　　 b. *John admired *earnestly* Mary.

ただし、これは英語の統語上の特殊な環境に依存する制約のため、すべての言語において目的語のテストとして成立するわけではない。

日本語の場合でも、主語テストほど数が多くはないが、目的語のテストも

いくつか存在する。例えば、笹栗 (1996, 1999) で議論されている、形式名詞 (formal noun)——それ自体が意味のない名詞——の「こと」の挿入の可能性が目的語のテストと考えることができる[2]。

　　(13)　a.　ジョンが、子供(のことを)叱った。

　　　　　b.　ジョン(*のこと)が子供を叱った。

(13a)の「を」格名詞句(目的語)は意味のない「こと」を挿入することができるが、(13b)の非文法性が示すように、「が」格名詞句(主語)には「こと」の挿入が許されない。「叱る」という動詞は、主語にも目的語にも典型的には人間名詞 (human noun) を要求するので、(13b)の「を」格名詞句に挿入されている「こと」は具体的な事物を指していないことは明らかである。このように、形式名詞の「こと」は、目的語(「を」格名詞句)に対して挿入が可能であるので、目的語を調べるテストとなる。ちなみに、笹栗 (1999) が議論しているように、「こと」が実質的な意味を持つ場合には、「目的語」の制限は観察されない。

　　(14)　ジョンのことが話題に上った。

(14)の「ジョンのこと」は、「ジョンに関する事実」という意味であり、ここでの「こと」は形式名詞ではない。このような場合には、(動詞の主語の選択制限を満たしている限りにおいて)、「こと」が主語位置に現れても問題はない。ちなみに、形式名詞の「こと」の挿入は、表層レベルの文法関係に依存するのであって、例えば、格標示によってその可能性が変わるわけではない。

　　(15)　a.　ジョン$_i$が自分$_i$の学生を叱る。

　　　　　b.　ジョン$_i$に自分$_i$の学生が叱れる。

(15)の例の「叱る」と「叱れる」という動詞が項に対して与える格標示のパターンは異なる。動詞の取る格標示のパターンが変わっても、その文法関係が変わらないことは、再帰代名詞の「自分」が先行詞として取れる名詞句が変化しないことから確認できるであろう。そして、形式名詞の「こと」の挿入の可能な名詞句も、格標示が異なるにもかかわらず、変化しない。

　　(16)　a.　ジョンに子供(のこと)が叱れる。

　　　　　b.　ジョン(*のこと)に子供が叱れる。

ここで観察される形式名詞「こと」の挿入に関する現象は、「叱れる」の「が」格

2. 表層の文法関係：主語と目的語

名詞句が目的語として働くことを示している。日本語の文法現象には、例えば、数量詞遊離などの操作のように、文法関係ではなく表面的な格標示をもとにして成り立つ現象も存在するが(cf. Shibatani 1977, 1990)、形式名詞の挿入テストは、表層の文法関係に依存してその分布が決定される。

ここまで議論してきた主語並びに目的語のテストは、深層構造の文法関係（もともとの項の意味的な関係）に依存しないので、表層の文法関係が主語ということであれば、それが派生によらない基底生成の主語(base-generated subject)であっても統語的な派生操作によって作られた派生主語(derived subject)であっても、基本的に同じ結果が得られる。(17)の例は、受身文の派生主語に対して、主語テストが当てはまることを示している。

(17) a. Will John be invited to the party?
   b. John$_i$ is likely [t_i to be invited to the party].
   c. John$_i$ is believed [t_i to be examined by the doctor].
   d. John persuaded Mary$_i$ [PRO$_i$ to be examined by the doctor].

受身の操作がかかると、もともと目的語の位置に基底生成されると考えられる名詞句が、表層レベルでは主語位置に現れる。(17)のような文が容認されるのは、能動文で目的語として現れる名詞句が、受身文では主語として具現化されるための当然の帰結である。

日本語の場合も、これまで見たテストは、表層での文法関係が関与するテストである。このことは、他動詞の「を」格でマークされる目的語が「が」格でマークされる主語として現れる受身文を考えれば、容易に検証できる。

(18) a. ジョン$_i$が自分$_i$の子供にパーティに招かれた。
   b. 木村先生がパーティにお招かれになった。
   c. 私は、メアリー$_i$に[PRO$_i$パーティに招かれて]ほしいと思った。
   d. [PROパーティに招かれる]ことはいいことだ。

(18)のような例は、受身化によって派生された主語が、他動詞のもともとの主語と同じような機能を担うことを示している。目的語のテストとしての形式名詞「こと」の挿入についても、表層での文法関係に依存しているということは、(19)の例で明らかであろう。

(19) a. ジョンが子供(のこと)を叱った。
　　 b. 子供(*のこと)がジョンに叱られた。

以上の議論から、日本語における主語テスト[(1)再帰代名詞, (2)主語尊敬語化, (3)コントロールPRO, (4)随意解釈のPRO]は、英語の主語テスト[(1)主語動詞の倒置, (2)主語の繰り上げ, (3)例外的格付与構文での名詞句移動, (4)コントロールPRO]と同様に、表層の文法関係が関与するテストであることがわかる。また、日本語の形式名詞「こと」の挿入テストも表層の文法関係が関与するテストであることがわかる。

生成文法において主語・目的語などの文法関係はそれらの要素が占める統語上の位置によって規定される。例えば、(20a)のような英語の文においては、Johnとthe bookはそれぞれ、IPの指定部、VPの補部を占める。

(20) a. John read the book.
　　 b. [IP John$_i$ [VP t_i read the book]]

受身文の場合も、受身の操作によって派生された主語がIPの指定部を占めるということは言うまでもない。

(21) a. John was invited to the party.
　　 b. [IP John$_i$ was [VP invited t_i to the party]]

そうすると、主語テストが取り出す名詞句は、IPの指定部に位置する名詞句で、目的語テストが取り出す名詞句は、VPの補部に位置する名詞句であるということになる。

(22) a.　　　　　　　　　　b.
```
        IP                    V'
       /  \                  /  \
      主語  I'               V   目的語
```

英語における主語や目的語の文法関係が構造的な位置関係で決まっていると考えることができるように、日本語においても主語や目的語の文法関係が構造的に決まると考えることができる。例えば、(23)のような文の「も」の焦点化の可能性を見ると、能動文の主語と受身などで派生された主語が同じ位置

2. 表層の文法関係：主語と目的語

を占めていることが確認できる。

(23) a. 和田先生がこの学生をほめ<u>も</u>した。
　　 b. この学生が和田先生にほめられ<u>も</u>した。

前章でも見たように、「も」のような副助詞の焦点化の可能性は、「も」が付加される項が動詞句内にあるかどうかによって決まる。(23a)の「ほめる」の目的語には「も」の焦点化が可能で、(23a)では、「和田先生がこの学生もほめた」という解釈が可能である。これに対して、「この学生」が受身化によって受身文の主語となっている(23b)では、「この学生」を焦点化した「この学生も和田先生にほめられた」という解釈は得られない。主語が「も」による焦点化を受けないという事実は、(24)の能動文の場合と同じである。

(24) この学生が雑誌を読み<u>も</u>した。

(24)の場合も主語が焦点化された「この学生も雑誌を読んだ」という解釈は存在しない。ここで重要な点は、(23b)の「も」は受身の接辞の右側に現れているということで、このような場合に受身の主語が「も」による焦点化を受けないということは、主語が「られ」の投射する動詞句の外部のIPの指定部に位置しているということである。したがって、(25a)の受身文には、受身の主語が目的語の位置から名詞句移動によって主語位置に移動している(25b)の構造を仮定することができる。

(25) a. 学生が和田先生にほめられた。
　　 b. [$_{IP}$ 学生が$_i$ [$_{VP}$ 和田先生にt_iほめられ]た]

能動文の主語と受身文の主語は、ともに表層ではIPの指定部を占めることになるので、英語の場合と同様に、日本語でも主語テストはIPの指定部に位置する名詞句を取り出すという結論になる。また、日本語においても、目的語は動詞の補部を占めると考えられるので、主語や目的語の(表層での)文法関係が構造的な位置関係で決まっていると考えることができる。

(26) a.　　　IP
　　　　　　／＼
　　　　　主語　I'

　　 b.　　　V'
　　　　　　／＼
　　　　　目的語　V

本節で議論した主語や目的語のテストは、表層における文法関係を反映している。次節以降では、基底構造における文法関係が反映していると思われる現象について検討してゆくことにする。

3. 非対格性と結果構文

　前節では、いくつかの文法現象が表層での文法関係に依存していることを見た。以降の議論では、表層の文法関係では規定できないが、基底レベルでの関係を規定することによって、説明ができる現象について議論する。ここで議論の中心となるのは、自動詞が非能格動詞と非対格動詞という二つのクラスに分類されるという非対格仮説(unaccusative hypothesis)である。本節では、結果構文の結果述語の叙述の可能性が基底の文法関係によって決定されることを見てゆく。

　非対格仮説は、もともと、自動詞の主語に当たる項がある環境において、あたかも典型的な他動詞の目的語と同じように振る舞うものと、典型的な他動詞の主語と同じような振る舞いをするものがあるという経験的な事実に基づいて出されてきた統語仮説である(Perlmutter 1978, Burzio 1986)。自動詞の主語は、一般に、IPの指定部という主語位置に現れると考えられるが、その統語的振る舞いから、自動詞のタイプにより、(27)のような基底構造を仮定することが必要となるということである。

(27) a.　非能格動詞: [$_{VP}$ DP [$_{V'}$ V　　]]
　　 b.　非対格動詞: [$_{VP}$　　[$_{V'}$ V　DP]]

(27)に示されるように、非対格仮説では、非能格動詞と非対格動詞が異なる二つの基底構造で表示され、非能格動詞はその唯一項が基底構造において他動詞の主語の基底生成される位置に生成され、非対格動詞ではその唯一項が他動詞の目的語の基底生成される位置に生成されることになる。

　本論では、基底構造の文法関係を言及する際には、基底構造での主語や目的語という用語を用いず、Williams (1980)の用語に従って、それぞれ、外項(external argument)と内項(internal argument)と呼ぶことにする。この用語を用いれば、非能格動詞の唯一項は外項、そして非対格動詞の唯一項は、内

3. 非対格性と結果構文

項として言及されることになる。内項については、さらに細かく区分して、直接目的語に相当する直接内項(direct internal argument)と間接目的語に相当する間接内項(indirect internal argument)の区別を設ける場合があるが(Marantz 1984, Pesetsky 1995)、ここで議論している非対格性の現象に直接関わるのは動詞の「直接内項」であり、特別な言及がなければ、「内項」は「直接内項」を指すことになる。

もちろん、非能格動詞の唯一項も非対格動詞の唯一項も、後で議論するように、主語として機能するわけであるから、表層ではどちらもIPの指定部に存在することになる。

(28) a. 非能格動詞: [IP DP$_i$ [VP t_i [V' V]]]
b. 非対格動詞: [IP DP$_i$ [VP [V' V t_i]]]

生成文法では一般にEPP(Extended Projection Principle)の要請と呼ばれる、節には主語がなければならないという要請があるために(Chomsky 1981)、基底で内項(目的語)として生成される非対格動詞の名詞句も表層では、IPの指定部に移動していなければならない。なお、日本語に関しては、EPPの要請があるかどうかに関して議論もあるが、(29)の再帰代名詞の例が示すように、非対格動詞の唯一項も非能格動詞の唯一項も主語の特性を示すので、EPPの要請が存在すると考えられる。

(29) a. ジョン$_i$が自分$_i$の学校の体育館で踊った。　　　(非能格動詞)
b. ジョン$_i$が自分$_i$の部屋で{転んだ/倒れた}。　　　(非対格動詞)

「自分」はIPの指定部に存在する項を先行詞として取ることができることは、先に議論した。特に、非対格動詞は唯一項が内項であるので、もしEPPの要請が存在しないとすると、その項が主語の特性を示す理由がない。(29)のような例で、「が」格名詞句が主語の特性を示すのは、これらの項が主語位置に上昇するからである。

非対格仮説が捉えようとする最も重要な点は、(30)に示されるように、非能格動詞の唯一項(DP_A)がある環境において他動詞の主語(DP_S)と同じような振る舞いを示し、これに対して、非対格動詞の唯一項(DP_P)が他動詞の目的語(DP_O)と同じような振る舞いを示すという点である[3]。

(30)　　[IP | DP$_A$ |　　[V' V　　　　]]　　（非能格動詞）
　　　　[IP | DP$_S$ |　　[V' V　| DP$_O$ |]]　　（他動詞）
　　　　[IP　　　　　　 [V' V　| DP$_P$ |]]　　（非対格動詞）

このタイプの表示は、異なる理論では異なる名称で用いられることがある。例えば、(30)に相当する表示は、生成文法ではD-構造（D-structure）、そして関係文法（Relational Grammar）においては初期階層（initial stratum）ということになる（Perlmutter 1978, Perlmutter and Postal 1984などを参照）。非対格仮説は、非能格・非対格の区別を統語的な表示に還元できるとする統語仮説であり、自動詞が単に二つのクラスに分類されるというだけでは、非能格と非対格の区別が成立するわけではない。自動詞はいろいろな形で分類できるが、ある現象が非能格・非対格の区別を反映していると判断されるためには、少なくともある種の環境において、一つのクラスの自動詞の主語が他動詞の主語と同じ特性を持ち、もう一つのクラスの自動詞の主語が他動詞の目的語と同じような性質を持つということが確かめられなければならない。

　非対格性の取り扱いには、大きく分けて二つの可能性があると思われる。例えば、Perlmutter (1978), Burzio (1986)に代表されるような統語的なアプローチの場合、この非能格動詞・非対格動詞の区別は、上で見たような基底構造の違いとして捉えられることになる。また、Van Valin (1990)、影山 (1996)のように語彙意味論的な立場を取る場合、非能格・非対格の区別は動詞の語彙的な意味と相関しているということになる。ただし、非対格性を表示するのが項構造のような表示レベルであると仮定する理論では、項構造が直接的に基底構造に写像されるため、統語的な構造を仮定するのと実質上それ程変わらないことになる（cf. Levin and Rappaport Hovav 1995）。内項を持つ非対格動詞と外項を持つ非能格動詞という二種類の動詞の区別は、様々な言語において様々な形で出現することが報告されているが（例えば、Grimshaw 1987参照）、以下では、主に英語の結果構文を用いて、内項と外項の区別を表示する統語的なレベルを仮定することの妥当性を検討する[4]。

　英語の結果構文（resultative construction）は、非対格性を示す典型的な構文

3. 非対格性と結果構文

とされる。Simpson (1983), Carrier and Randall (1992), Levin and Rappaport Hovav (1995)などが詳しく議論しているように、結果述語(resultative predicate)が叙述できる対象は、(基底レベルでの)直接目的語(内項)に限られるという「直接目的語の制約(Direct Object Restriction)」があるという。ここでは、まず、その基本的な分布を見てゆく。第一に、結果述語は、他動詞の目的語を叙述できるが、主語を叙述することはできない。

(31) a. John broke the vase into pieces.
b. *John pounded the metal tired.

(31a)は、「花瓶が割れた結果、花瓶が粉々になった」という解釈が可能であるが、(31b)には、「ジョンが金属を叩いた結果、ジョンが疲れてしまった」という解釈はない。また、前置詞の目的語は、結果述語によって叙述することはできない。

(32) a. John pounded the metal flat.
b. *John pounded on the metal flat.

(Levin and Rappaport Hovav 1995:41)

(32a)の文には「金属を叩いた結果、平らになった」という解釈が存在するが、(32b)にはそのような解釈は存在しない。このような事実から、結果述語は、目的語のみを叙述できる述語であるということになる。この叙述の可能性は、(33)で示すように目的語が受身の主語となっても変わらない。

(33) The vase was broken into pieces.

このことは、結果述語の叙述の対象を表面的な文法関係で規定することができないということを物語っている。受身の場合、表面的に現れる主語は、動詞の目的語として生成されるので、結果述語の叙述可能なターゲットは基底レベルでの目的語、すなわち、内項であるとすることができる。

英語の自動詞は、結果述語の叙述の可能性を見た場合、二つのクラス、すなわち非能格動詞と非対格動詞に分かれることになる。非能格動詞は、結果述語の叙述において他動詞の主語と同じような振る舞いを示す。したがって、非能格動詞の唯一項は、結果述語の叙述を許さない。

(34) *John ran breathless.

(34)の文では、「ジョンが走った結果、息が切れた」という解釈はなく、breathlessが結果述語としては働かない。これに対して非対格動詞と呼ばれる動詞のクラスでは、(35)のように、結果述語の叙述を許す。

(35) The bottle broke open.

breakのような動詞の場合、自動詞用法の他に、他動詞用法も存在する。言うまでもなく、他動詞用法では、目的語が結果述語による叙述が可能である。

(36) John broke the bottle open.

breakのような自他交替のある動詞では、自動詞の主語と他動詞の目的語が同じ意味役割を持ち、この二つの項は両方とも内項と考えられるので、openのような結果述語の叙述が可能である。さらに、受身化された他動詞の場合、表層の主語として現れる項はもともと内項なので、結果述語のターゲットとなり得る。

(37) The bottle was broken open.

このような結果述語の振る舞いは、Levin and Rappaport Hovav (1995)が「直接目的語の制約」として記述している制約に従うもので、breakなどの自動詞の表面上の主語が基底レベルで目的語(内項)として生成されるのであれば、その主語が結果述語の叙述のターゲットとなることができるのも、この制約から当然予測されるわけである。ただし、厳密には、ここでの「直接目的語」の制約は、表層での文法関係を指しているわけではないので、「内項の制約」と言う方がより厳密ではある(cf. 影山 1996)。

さらに、Levin and Rappaport Hovav (1995)は、非能格動詞・非対格動詞の結果述語の叙述に関して、次のような一般化が成り立つと述べている。まず、先にも見たように、非能格動詞は、主語への直接の結果叙述を許さない。

(38) *John ran tired.

しかし下位範疇化されない項を目的語の位置に生起させる場合には、その項を結果述語で叙述することができる。

(39) a. Joggers often run themselves sick.
　　　b. The joggers have run the pavement thin.

(Carrier and Randall 1992: 217)

3. 非対格性と結果構文

下位範疇化されていない項は、もともと動詞が取る項ではないので、それを叙述する結果述語がなければ現れることができない。

(40) a. *Joggers often run themselves.
　　 b. *John ran the pavement.

興味深いことに、下位範疇化されない目的語であっても、受身化によって受身文の主語となることができる。

(41) The pavement has been run thin by all the joggers.

受身化の事実は、動詞によって下位範疇化されていない項でも、構文的には動詞の目的語として現れているということを示している。

これに対して、非対格動詞の場合には、唯一項である主語を結果述語で叙述することができるが、下位範疇化されない項を追加して結果述語で叙述することができない。

(42) a. *The bottle broke itself into pieces.
　　 b. *The snow melted the road slushy.
　　　　　　　　　　　　　(Levin and Rappaport Hovav 1995: 39)

非対格動詞の場合、非能格動詞とは異なり、たとえ結果述語が共起しても、下位範疇化されていない項を取ることができない。これは、結果述語で認可される項が目的語(内項)として統語的に具現化され、非対格動詞の取る内項と衝突を起こすからである。このような分布は、非対格動詞の唯一項が内項で、非能格動詞の唯一項が外項であるとする非対格仮説から当然予測されるものである。

しかし、他動詞の場合には、(43)の例のように、動詞が本来選択するはずの目的語が現れない場合には、下位範疇化されていない項が結果述語とともに生ずることがある。

(43) They drank the teapot dry.　　(Rappaport Hovav and Levin 1996)

(43)の目的語位置に現れている項は、下位範疇化されていないので結果述語なしで単独に現れることができない。

(44) *They drank the teapot.

ここで、もし内項を選択する他動詞がこのような下位範疇化されていない項

を目的語の位置に許すならば、内項を持つ非対格動詞に下位範疇化されない項が許されないとする主張と矛盾が生じることになる。しかし、Levin and Rappaport Hovav (1995) は、他動詞の中で、(43) のような下位範疇化されていない項が結果述語とともに現れるものは、eat, drink などの不定の目的語 (unspecified object) を許す動詞のみであるとし、矛盾は生じないとしている。また、Carrier and Randall (1992) は、このような結果叙述を許す動詞は自動詞用法を併せ持つ他動詞に限られるとしている。ただし、Hoekstra (1988) の提示している (45) のような例は、このような分析の問題となる。

(45) a. John washed the soap out of his eyes.
　　　b. He rubbed tiredness out of his eyes. 　　(Hoekstra 1988: 116)

Levin and Rappaport Hovav (1995) および Rappaport Hovav and Levin (1996) は、このような構文を純粋な結果構文と見なすべきでないと主張している。その主張を支持する理由として: 1) このような構文は、PPのみが結果述語と現れるので*I washed the soap slippery. のような文は容認されない; 2) 通常の他動詞では、例えば、The enemy bombed the city. の意味を保持しつつ、*The enemy bombed the residents homeless. のように下位範疇化しない項を取る結果構文を作れない、の二つを挙げている。しかし、Levin and Rappaport Hovav (1995) および Rappaport Hovav and Levin (1996) では、結果構文が本来持つべき性質がどのようなものかという議論が欠けているため、この主張の妥当性について評価することができないという問題がある (Kishimoto 1998)。また、もし (45) が結果構文でないとしても、なぜ下位範疇化しない項を取る (45) の構文が可能かという問題は残る。

Levin and Rappaport Hovav (1995) の「直接目的語 (内項) の制約」にはその他の問題もある。例えば、内項 (直接目的語) であっても、(46) の例で示すように、結果述語の叙述を許さない場合がある。

(46) a. *The appraisers felt the rug threadbare through their shoes.
　　　b. *The Loch Ness monster appeared famous.
　　　　　　　　　　　　　(Levin and Rappaport Hovav 1995:61)

(46) では、状態動詞 (stative verb) が主要述語 (main predicate) であり、この場

合、文は状態変化を含意しない。したがって、このような文では、目的語があっても結果述語による叙述はできなくなる。Levin and Rappaport Hovav (1995)によれば、限界のある状態は存在せず、状態動詞で表される事態(eventuality)は結果述語とは適合しないということになる (cf. Rapoport 1993)。なお、appearは動的な意味にも使うことができるが、Levin and Rappaport Hovav (1995)は、(46b)のような例を状態動詞の例として挙げている。

第二の問題点としては、非対格動詞の項でも結果述語を叙述できない例があるということが挙げられる。

(47) *Willa arrived breathless.

(Levin and Rappaport Hovav 1995: 51)

(47)のような結果述語の叙述が許されないのは、「直接目的語(内項)の制約」という点からは問題となる。Levin and Rappaport Hovav (1995)は、arriveを主題項と場所項の二項を持つ非対格動詞(dyadic unaccusative verb)と考えている。ここでは、arriveのような動詞をそのような非対格動詞と考えるべきかどうかについて議論しないが、arriveの表層の主語(主題項)は、基底においてもともと目的語(内項)なので、「直接目的語(内項)の制約」に違反せずに結果述語の叙述が可能なはずで、その意味で(47)は、例外的な振る舞いをしていることになる。もっとも、arriveは移動の終点を指す動詞であるため、着点(goal)表現を持つことができる。

(48) Willa arrived at the station.

影山(1996)やTortora (1998)は、arriveに現れる着点表現を結果述語とみなせば、arriveのような場合の例外がなくなるという提案を行っている。これはそれほど無理な仮定ではないと思われる。これと関連する分析として、Goldberg (1995)は、結果表現と移動表現をメタファーで関連づける分析を行っている。また、実際、場所表現が結果述語として扱われることもしばしばあるようである。

(49) a. Kim ran into the room.
 b. Robin danced out of the room.

(Rappaport Hovav and Levin 2001)

(49)のinto the roomやout of the roomのような表現は、厳密には、純粋な状態変化を表す結果述語ではなく、移動の結果状態を表す述語であるが、Rappaport Hovav and Levin (2001) は、結果述語とみなしている。

これと密接に関連する事実として、移動動詞は一般に着点表現を伴うことができるが、結果述語を許さないということが挙げられる。

(50) a. Mary brought Sharon to the station.
　　 b. *Mary brought Sharon breathless.

また、状態変化を表す述語には、結果述語が伴うことができても、着点表現を伴うことができない。

(51) a. The bottle broke open.
　　 b. *The bottle broke out of the room.

このような着点表現と結果述語の現れる条件を説明するために、Levin and Rappaport Hovav (1995) は、出来事の区切りを複数設定できないと主張している。位置変化 (change of location) を表すbringでは、位置変化が出来事の区切りを示すので着点表現、そして状態変化 (change of state) を表すbreakでは、状態変化を表す結果述語が許されるのである。しかし、(52)のような例は、状態変化とともに位置変化が同時に起こっていると解釈されるので、潜在的に問題となる。

(52) He broke the walnut into the bowl.

このような文にinto the bowlという表現が許されるという事実は、Goldberg (1995) によれば、「唯一経路の制約 (Unique Path Constraint)」という制約によって説明されることになる。唯一経路の制約は、一つの項に対して、複数の経路を設定できないとするものである。(52)のような場合には、状態変化に移動が伴う出来事を表すので、into the bowlによって経路を指定しても支障がないということになる。

これまで見てきた事実は、直接目的語の制約が満たされているのにもかかわらず、結果述語での叙述が許されない場合があるということを示している。しかし、基本的な結果述語の分布は、結果構文における下位範疇化されていない項がどのようにして目的語（内項）として働くようになるかという問

3. 非対格性と結果構文

題はあるものの、結果述語のターゲットが内項として具現化される項(基底のレベルで直接目的語として現れる項)を叙述の対象とするものであるということを示している。もしそうであれば、動詞の項が内項や外項といった基底構造の位置で区別される文法現象があるということで、基底のレベルにおいて規定できる内項と外項の二つの文法関係を仮定する強い動機づけになる。Levin and Rappaport Hovav (1995)は、動詞が非対格構文に現れるということは、その動詞が非対格動詞であるための「必要条件(necessary condition)」であって「十分条件(sufficient condition)」ではないと述べている。

当然、ここで問題となってくるのが、自動詞のどのような項が外項や内項として具現されるかということである。この問題に対して、Levin and Rappaport Hovav (1995)は、Smith (1970)の提案に従い、動詞が表す出来事が内的な因果関係(internal causation)で引き起こされるか、外的な因果関係(external causation)によって引き起こされるかによって動詞のタイプが分けられ、非能格動詞と非対格動詞の違いが出てくるという提案をしている。例えば、laugh, speak, play, blush, shudderなどの動詞は、表される出来事の生起が内的な因果関係によることになるので、その唯一項が外項として現れ、結果的に、動詞は非能格動詞に分類される。これに対して、break, freeze, sink, melt, burnなどが自動詞として使用される場合には、動詞の表す出来事が外的な要因で引き起こされていることになるので、その唯一項は内項として具現され、動詞は非対格動詞として分類されることになる。さらに、この非対格動詞に外項が付け加えられた場合には、項を二つ持つ他動詞となる。

しかしながら、このような取り扱いで非対格性を完全に説明することは、難しいであろう。Levin and Rappaport Hovav (1995)の提案では、動作主的な意味を表さないblushのような動詞も、内的に引き起こされた出来事を記述するため、外項を持つ非能格動詞として分類されるはずである。しかしながら、blushは、(53)のような表現が可能で非対格動詞となる。

  (53) John blushed red.   (Simpson 1983: 144)

そうすると、動詞が内的に引き起こされる出来事を表すか、外的に引き起こされる出来事を表すかという区別ではなく、動詞が状態変化を表すかどうか

で、非能格・非対格の区別をする方が良いように思える。しかし、実際には、このやり方でも問題が残る。例えば、英語のdieは、内的に引き起こされた状態変化を表すので、(54)のような結果述語のついた表現が可能であってもよいと予測されるが、実際には、そのような表現は不可能である。

(54) *John died honorable/disgraceful.

(54)のような事実は、英語のdieが非能格動詞として分類されるということを示している。自動詞が状態変化を表すかどうかで、非対格・非能格の区別をする取り扱いでは、dieの唯一項は内項となり、結果述語が内項を叙述できるはずであるが、実際にはそのような叙述はできない。

例文(54)が容認できないのは、意味的な理由よりも統語的な理由であるということが考えられる。その一つの現れとして、英語のdieは同族目的語の構文に現れることができるということが挙げられるであろう。

(55) John died a miserable death.

Hale and Keyser (1993, 2002)は、非能格動詞が他動詞と同じ構造を持っているという分析を行い、特に、非能格動詞laugh, sneeze, danceなどは、もともと抽象的な動詞Vが脱動詞化名詞を補部に取る構造[V [N]]を持ち、Nが主要部移動の結果、(見えない)動詞Vに編入されることになり、名詞から動詞が派生されるとしている。したがって、Hale and Keyserの分析では、dieのような動詞はもともと他動詞構造を持ち、目的語が編入し合成(conflation)された結果、自動詞が派生されたことになる。この分析では、dieに同族目的語が現れた場合には、移動の結果残されたコピーが音声形を持ったということで、dieは、表面上、項を一つしか取らないものの、実は項を二つ持つ他動詞ということになる。この分析では、dieの主語は、内項として働くことはなく、結果述語の叙述を許さないということになる。このことは、非対格性が意味では完全に決定することができないとするRosen (1984)の考え方を支持する一つの根拠ともなる。

日本語においても英語と類似する結果構文が存在する。Tsujimura (1990)は、日本語の結果構文を非対格性に関与する構文と見ている。日本語の結果構文も英語とほぼ同じような分布を示す。日本語でも、結果述語は、基本的

3. 非対格性と結果構文

に他動詞の目的語(内項)を叙述できる。

(56) a. ブルドーザーは、そのビルを粉々に破壊した。
　　　b. メアリーは、パンを真っ黒に焼いた。

日英語で結果述語の叙述の可能性に違いが出ることも事実である。例えば、日本語の「破壊する」の目的語は結果述語による叙述を許すが、英語のdestroyは完全な破壊行為を指し示すので(Levin and Rappaport Hovav 1995)、結果構文は*Harry destroyed the car into bits. (Jackendoff 1990: 117)の非文法性が示すように不可能となる(影山1996参照)。

　日本語の結果構文でも、非対格動詞と非能格動詞の違いが現れる。結果述語は、非能格動詞の主語の叙述は許さないが、非対格動詞の主語の叙述は可能である。

(57) a. *ジョンは、くたくたに走った。
　　　b. *メアリーは、裕福に働いた。

(58) a. ジョンは、くたくたに疲れた。
　　　b. 多くの動物が、{無駄に/無意味に}死んでしまった。
　　　c. 花が、からからに枯れてしまった。

ちなみに、日本語の「死ぬ」の唯一項は(58b)のように結果述語を許すと考えられるので、英語のdieとは異なり、「死ぬ」は非対格動詞に分類されることになる。自動詞・他動詞のペアのある文では、主題名詞句が結果述語の対象で、自動詞では主語、他動詞では目的語を叙述することになる。

(59) a. ジョンは、花瓶を粉々に割った。
　　　b. 花瓶が、粉々に割れた。

(59a)を受身化すると、他動詞の時に目的語として現れる項が主語として具現化されるが、結果述語の叙述が可能である。

(60) 花瓶が、粉々に割られた。

これに対して、(59a)のような「割る」という他動詞を含む文の主語を結果述語で叙述することはできない。

(61) *ジョンが、花瓶をくたくたに割った。

(61)では、「ジョンが花瓶を割って、その結果、くたくたになった」という解

釈は成り立たない。そうすると、日本語の結果述語も原理的には外項ではなく内項を叙述できるということになる。このような事実は、日本語の結果構文も英語の結果構文と基本的には同じような「直接目的語(内項)の制約」が課せられるということを示唆している。日本語の結果構文は、基本的に、1)他動詞の目的語, 2)非対格動詞の主語, 3)受身文の派生主語, という三つの異なる環境で結果述語の叙述が可能であるので、英語の結果構文と同様、非対格構文の一種であるということになるであろう。

　しかし、日本語の結果構文の分布は、英語の結果構文と比べるとかなり制限がきついのも事実である。例えば、日本語は、英語とは異なり、動詞に下位範疇化されない目的語を結果述語とともに付け加えることができない。

(62) a. *ジョンは、靴をぼろぼろに走った。

　　　b. *ジョンは、金属を平らに叩いた。

このことは、構文の拡張の可能性において、英語と日本語の結果構文がかなり異なる性質を示すことを示唆している。そして、ここで注目するのは、runのような活動動詞の現れる英語の文においては結果述語が伴うか伴わないかでアスペクトの解釈が異なることである。

(63) a. John ran.

　　　b. John ran his shoes threadbare.

(63a)の動詞が活動動詞(activity verb)として解釈されるのに対し、(63b)では、結果述語が伴った結果、同じ動詞が達成動詞(accomplishment verb)としての解釈を受ける (Vendler 1967, Dowty 1979)。このような動詞のクラスの違いは、例えば、in one hourのような副詞が付けられるかどうかの違いに現れる。

(64) a. *John ran in one hour.

　　　b. John ran his shoes threadbare in one hour.

このようなアスペクトの解釈の違いがJohn pounded the metal.のような文に対してflatという結果述語が伴うかと伴わないかで得られる解釈の違いと同じものであることは、(64)の文の容認性の違いが(65)と並行的であることからもわかる。

(65) a. *John pounded the metal in one hour.

3. 非対格性と結果構文

　　　　b. John pounded the metal flat in one hour.

副詞のin one hourの付いた(65)の二つの文の容認性が異なるのも、(65a)の動詞が活動動詞として解釈されるのに対し、(65b)の動詞が達成動詞としての解釈を受けるからである。英語では、統語上、結果述語を取り付けることによって、活動動詞を達成動詞として使うことが可能なので、いろいろな種類の結果構文を作ることができるということになる。

　これに対して、日本語が(62)のような結果構文を許さないのは、結局、統語操作として結果述語を付加し、活動動詞を達成動詞に変えることができないということによる。日本語において、このような動詞の語彙的なアスペクト(lexical aspect)を変える操作は、動詞の複合によってなされることがある。例えば、(66)で示すように、「叩く」は通常、活動動詞であるが「叩き割る」にすると達成動詞として働く。

　(66) a. ジョンは壁を{一時間/*一時間で}叩いた。
　　　　b. ジョンは壁を{?*一時間/一時間で}叩き割った。

(66)の時間副詞の修飾の可能性の違いは、動詞のアスペクトが複合によって変わることを示しており、このような場合には結果述語の付加の可能性が異なってくる。

　(67) a. *ジョンは壁を粉々に叩いた。
　　　　b. ジョンは壁を粉々に叩き割った。

日本語では、結果述語を加えるという統語操作によって動詞のアスペクト解釈を変えることは通常不可能で、結果述語の現れる環境が非常に制限されたものになる。日本語の結果構文は、この点において英語とは決定的に異なる。Washio (1997)は、このような結果構文の日英語の振る舞いを説明するために、結果構文のタイプにより「強/弱(strong/weak)の区別」を設ける。また、同じように、影山 (1996)は、「本来的な結果構文」と「派生的な結果構文」という区別を設けて日英語の違いを説明する。日本語で結果述語が許されるのは、動詞が何らかの状態変化を表している時に限られるので、英語の場合とは異なり、本来的な結果構文しか結果述語を許さないのである。

　少なくとも、英語の結果構文に関する事実は、非対格性が表層的な文法関

係ではなく抽象的な文法関係を規定する基底構造を仮定することによって把握できる一般化であるということを示唆している。結果構文の事実を見る限りにおいて、統語的に異なる位置に現れる内項と外項の区別を設定することは妥当であると考えられる。結果述語の叙述は、日本語でも可能であるが、日本語の結果構文は、それほど生産的に用いることができない。次節では、日本語の非対格性に関与していると考えられる、より生産性の高い他の非対格構文を二つ取り上げ、日本語においても動詞の項に、外項と内項の区別を設定する根拠が存在することを示す。

4.「かけ」名詞構文

　日本語の研究においても、非対格性の問題は、しばしば取り上げられ、多くの研究者が以前から議論をしている。例えば、Kageyama (1993)が様々な非対格構文を取り上げているのをはじめとして、Tsujimura (1989, 1990)は結果構文、Miyagawa (1989a)とTerada (1987)は数量詞遊離構文、竹沢 (1991)は「ている」構文(cf. 金田一 1976)を取り上げて、非対格性の議論を行っている。本節と次節では、このような非対格性の議論の中でもKishimoto (1996a)が「動詞由来名詞化構文(deverbal nominal construction)」と呼んでいた、動詞由来名詞の一種が名詞修飾に用いられる構文である「かけ」名詞構文と、数量副詞による名詞修飾の構文に現れる非対格性の現象について考察することにする。

　まず、最初に、Kishimoto (1996a)が議論した日本語の名詞化構文が、非対格・非能格の区別、つまり、動詞の外項・内項の区別に従って、その容認性が決まることを確認する。この名詞化構文では接辞の「かけ」を用いたものを使用して議論するので、以下では、「かけ」名詞構文と呼ぶことにする。動詞の連用形に「かけ」というアスペクト接辞を付加して動詞を名詞化した表現である「かけ」名詞は、(68)のように、名詞の修飾表現として使用することもできるし、名詞的述語として使用することもできる。

　(68) a. 飲みかけのビール
　　　 b. このビールは飲みかけだ。

4. 「かけ」名詞構文

(68a)の構文は、(68b)と同じ分布を示し、(68b)のような文を名詞修飾の形にしたものであると考えられる。この構文は日本語文法に関する論考ではこれまであまり体系的に触れられていなかった構文ではあるが、日本語においては比較的使用頻度が高いものであり、何種類かの変種が見られる。

(69) a. 炊きかけのご飯
  b. 焼きたてのパン
  c. 切りさしの大根

(69)の例でも、非対格性に関して基本的に「かけ」名詞構文と同じような分布を示すと思われるが、これらの接辞には、それぞれ共起できる動詞にかなりの制限がある。これに対し、「かけ」を用いた構文は、動詞との共起制限もほとんどないので、ここでの議論の中心は「かけ」名詞構文になる。(68a)のような名詞修飾の構文の場合、非対格性の現象は、「かけ」表現が修飾するターゲットの選択制限として現れる。まず、この「かけ」名詞構文の修飾のターゲットは基本的に目的語であるということは、下の例から明らかであろう[5]。

(70) a. ジョンが本を読んだ。
  b. 読みかけの{本/*ジョン}
(71) a. 受験生が問題を解いた。
  b. 解きかけの{問題/*受験生}
(72) a. お母さんが大根を切った。
  b. 切りかけの{大根/*お母さん}

(70)-(72)で示されるように、他動詞の「かけ」表現は、直接目的語にあたる名詞を修飾することが可能であるが、他動詞の主語に当たる名詞句を修飾することはできない。

さらに、「渡す」「あげる」「伝える」のような、二重目的語動詞について考えてみると、修飾可能な目的語は「に」でマークされた名詞句ではなく、「を」でマークされた名詞句に限られることがわかる。

(73) a. 郵便屋さんが主人に手紙を渡した。
  b. 渡しかけの{手紙/*主人}

また、「教える」は、次のように、「を」格でマークされた名詞句が二通り現れ

る可能性がある。このような場合、「かけ」表現の修飾の可能性は二通りあることがわかる。

(74) a. 木村先生がこの生徒にお金の計算法を教えた。
　　 b. 木村先生がこの生徒を教えた。
　　 c. 教えかけの{生徒/お金の計算法}

実際、目的語の交替を示す動詞では、一般に「かけ」表現の修飾に二つの可能性が出る。(75)は、目的語に主題あるいは場所を取ることができる「詰める」の例である。

(75) a. ジョンは、バッグにシャツを詰めた。
　　 b. ジョンは、バッグをシャツで詰めた。
　　 c. 詰めかけの{バッグ/シャツ}

「伝授する」の場合は、「教える」と同じように、三つの項を取るが、格パターンは一通りしかなく、「かけ」表現の修飾の可能性も一通りである。

(76) a. 師匠が弟子に秘伝を伝授した。
　　 b. *師匠が弟子を伝授した。
　　 c. 伝授しかけの{秘伝/*弟子}

このような事実はすべて、「かけ」名詞構文の名詞化表現が「を」でマークされた名詞句(直接目的語)を修飾できる表現であることを示している。

しかしながら、「を」でマークされた名詞句のみを「かけ」表現が修飾するわけではない。例えば、「閉める/閉まる」「沈む/沈める」「燃える/燃やす」などのように、使役交替(causative alternation)を起こし、自動詞と他動詞の両方の用法がある動詞がある。このような動詞では、他動詞用法の場合、目的語が「かけ」表現の修飾のターゲットとなる。

(77) a. ジョンが窓を閉めた。
　　 b. 閉めかけの{窓/*ジョン}

これに対して、自動詞用法の場合は、その唯一項である主語が修飾のターゲットとなる

(78) a. 窓が閉まった。
　　 b. 閉まりかけの窓

4. 「かけ」名詞構文

　この修飾の可能性は、(78a)の文が受身になった時に、その受身の主語が修飾できるのと同じような状況であると言える。

　　(79) a. 窓が閉められた。
　　　　 b. 閉められかけの窓

(78a)と(79a)の文の主語は、(77a)の文の目的語と同じ意味役割を持ち、内項として働くと考えられるので、「かけ」名詞構文の修飾のターゲットは、動詞の内項であると規定できる。(77a)の主語「ジョン」と(78a)および(79a)の主語である「窓」はともに、「が」格で表される主語であるのにもかかわらず、「かけ」表現の修飾の可能性が異なる。

　受身での主語の修飾の可能性は、使役交替をする動詞に限らない。(80)は自他交替を持たない動詞「破壊する」の例である。

　　(80) a. 去年、このビルが破壊された。
　　　　 b. 破壊されかけのビル

したがって、受身によって主語となった内項は、一般に「かけ」表現の修飾対象となると言うことができる。

　使役化の時も、受身の時と同様の一般化が可能である。(81)に示されるように、使役のベースとなる動詞の目的語に当たる名詞句が使役の「かけ」表現による修飾が可能である。

　　(81) a. ジョンはメアリーに窓を閉めさせた。
　　　　 b. 閉めさせかけの{窓/*メアリー}

「かけ」表現が修飾可能な名詞句は、もともと動詞の直接目的語(直接内項)に相当する名詞句になる。したがって、使役化や受身化という文法操作によって「かけ」表現の修飾可能性は影響を受けないのである。

　他動詞の目的語であっても、「に」格を取る目的語は「かけ」名詞構文に現れにくい。「触れる」「座る」「乗る」などがその例で、「に」格目的語を「かけ」表現が修飾することはできない。

　　(82) a. 当時の首相がこの壺に触れた。
　　　　 b. ??触れかけの壺/*触れかけの当時の首相

(82b)の容認性の低さは、「に」格名詞句がもともと構造格ではなく内在格が与

えられることと直接相関しているわけではない。なぜなら「に」格名詞句は受身化により主語となることができるからである。

(83) この壺が、当時の首相によって触れられた。

したがって、「触れる」の選択する「に」格名詞句は、項であると考えてもよいであろう。しかし、このような場合でも「かけ」名詞表現の容認性は低い[6]。

「かけ」表現の修飾対象は、動詞の項に限られ付加詞を修飾することはない。したがって、「かけ」表現によって次のような時間を表す付加詞を修飾することができない。

(84) a. 門が三時に閉まった。
　　　b. *閉まりかけの三時

(84)で示されているように、「閉まる時間が三時である」という意味の付加詞の「三時」は「閉まりかけ」という表現による修飾ができない。場所を表す付加詞も同様である。

(85) a. メアリーは図書館で本を読んでいる。
　　　b. *読みかけの図書館

ただし、「かけ」表現と被修飾名詞が同格の関係を持つ時には、容認可能になる場合もある。

(86) a. 笑いかけの表情
　　　b. 走りかけの体勢

この場合は、「かけ」名詞構文の主要部名詞が動詞の項ではなく、叙述の関係を持っていないので、上で見てきた制限が当てはまらないのである。

もし「かけ」表現が内項を修飾のターゲットとするという一般化が自動詞についても当てはまるものとすると、非能格動詞と考えられる動詞の唯一項は「かけ」表現で修飾することができないということになる。実際、「吠える」「叫ぶ」「働く」「踊る」「登る」「泳ぐ」「遊ぶ」「走る」「歩く」などのような自動詞については、「かけ」表現の修飾はできない。

(87) a. ジョンが大声で叫んだ。
　　　b.[?]*叫びかけのジョン
(88) a. 作業員が熱心に働いた。

4. 「かけ」名詞構文

      b. *働きかけの作業員

(87)-(88)のようなデータから、一般に自動詞の主語は「かけ」の表現によって修飾することができないと考えたくなるかもしれない。しかしながら、「溺れる」「腐る」のような非対格動詞の主語に対しては、(89)-(90)で示されるように「かけ」表現による修飾が許される。

(89) a. 野菜が腐ってしまった。
     b. 腐りかけの野菜
(90) a. プールで子供が溺れた。
     b. 溺れかけの子供

これと同じような振る舞いをする動詞には、この他に「死ぬ」「泣く」「枯れる」「眠る」「転ぶ」「倒れる」「生まれる」「燃える」などがある。(87)から(90)までのデータから、「かけ」名詞構文では、自動詞が非対格動詞と非能格動詞の二つのクラスに分類できることは明らかであろう。先に議論した他動詞の主語・目的語に対する「かけ」表現の修飾可能性の非対称性から、非能格動詞の主語は他動詞の主語と同じ特性を示し、非対格動詞の主語は他動詞の目的語と同じ特性を示すことがわかる。

  ここまでの議論で、少なくとも、1)他動詞の目的語、2)非対格動詞の主語、および、3)受身動詞の主語という三つの異なるタイプの名詞句に対して「かけ」表現が修飾可能であることがわかる。このような分布は典型的な非対格性のテストが示す分布である(cf. Levin and Rappaport 1989, Levin and Rappaport Hovav 1995)。

(91)
    [DP_A [V   ]]   (非能格動詞)
    [DP_S [V DP_O]]   (他動詞)
    [[V DP_P]]   (非対格動詞)

このことは、日本語においても(表層での主語・目的語といった文法関係以外に基底レベルでの区別となる)外項・内項の区別を設定しなければならないということを示している。「かけ」名詞構文の「かけ」表現の修飾対象は、表層での目的語ではなく、基底レベルで仮定される内項なので、日本語の非対格構

文の一種であることは明らかであろう。

　ここで問題になるのは、日本語の非能格動詞と非対格動詞がどのように区別されるかということである。Kishimoto (1996a)は、意図性(volitionality)が非対格動詞と非能格動詞を分ける意味的な変数(semantic parameter)になると主張している。その根拠にはいくつかあるが、「かけ」名詞構文では、一般に意図性を表している動詞の唯一項が「かけ」表現の修飾を許さず、そして、意図性を表さない動詞が「かけ」表現の修飾を許すからである。この結論をさらに補強する証拠として、ある環境においては意図性を表すことができると考えられる非対格動詞が「かけ」名詞構文で現れると意図性を表すことができなくなるということが挙げられる。

　(92) a.　女の子がわざと泣いた。
　　　 b.　泣きかけの女の子
　(93) a.　男の子は、必死に眠ろうとしていた。
　　　 b.　眠りかけの男の子

「泣く」や「眠る」は、もともと意図的な行為の意味を表さない動詞であると考えられるが、(92a)や(93a)のような文では、意図的な行為を行っているとして解釈ができる。しかしながら、(92b)や(93b)の「かけ」名詞構文では、意図的な行為を行っているとは解釈できない。

　もともと意図的な行為を表さない動詞がなぜ意図的な意味を表せるようになるかに関しては、Holisky (1987)が興味深い提案を行っている。Holiskyは、Tsova-Tushという言語の観察をもとに、ある種の意図的な意味を表す動詞は、もともと語の内在的な意味の一部として意図性の意味を含んでいるのではなく、語用論的な含意(implicature)——Holisky (1987)の用語では、語用論の原理(pragmatic principle)——により意図的な意味が派生されると提案をしている。もし「かけ」名詞構文の可否が動詞の本来的な意味に従って決められるのであれば、(92b)や(93b)が容認されるため、「泣く」や「眠る」には、本来、意図性の意味が備わっていないことになる。そして、これらの動詞の意図性は、語用論的な含意により成立することになる。Holisky (1987)の言うような語用論的な原理によって意味が決まるということは、Pustejovsky

4. 「かけ」名詞構文

(1995)が言うような「強制(coercion)」によって本来の意味とは異なる意味が付加された結果であると考えることもできる。このような分析を採用する場合にも、やはり、「かけ」名詞構文に現れる動詞の表すことのできる意味は、本来的な意味に限られるという制限を設ける必要がある。

また、移動主体としての「主題」を取る移動動詞の中には、時に動作主的な解釈も可能であるにもかかわらず、「かけ」表現の修飾のターゲットになることができるものがある。

(94) a. 学生が{帰ろう/動こう}としている。
　　　b. {帰りかけ/動きかけ}の学生

移動動詞の表す意図性については、Jackendoff (1972)、Kiparsky (1985)をはじめとして、基本的には意図性を表すものとそうでないものとで両義的であるとされている。しかし、もしHolisky (1987)の語用論的な意図性の規定がここでも当てはまるとすると、(94a)の移動動詞も意図性を本来的な意味として持っておらず、もともとは非対格動詞であるということになる。そうすると、(94b)のように、これらの動詞が「かけ」名詞構文に現れるのには問題がないことになる。ちなみに、Tsujimura (1999)は、「帰る」のような動詞は意図的な意味を表せるのでKishimoto (1996a)の非対格性の意味の変数の規定に問題があると論じているが、実際には、「帰る」は、もともと非意図的な意味を表す非対格動詞であることを後で論じる。

「かけ」名詞構文は、非対格性の診断テストとしてかなりの適用範囲があるが、ある一定の制約もある。例えば、「かけ」名詞構文に現れる接辞の「かけ」は、アスペクトの意味を表すので、完結性(telicity)という意味もその容認性の決定に関与する(Tsujimura and Iida 1999, Tsujimura 1999, Toratani 1997, 1998, 岸本 2000などを参照)。ここで「かけ」名詞構文に関するすべての制約について議論することはできないが、以下の点には注意しておく必要がある。非対格性をテストする「かけ」は、動詞を名詞に変える接辞で、形容動詞や形容詞などには、「*うつくしかけ」などが不可能であるように、この接辞を用いることができない。また、「かけ」は、具体的な意味のない文法項目(grammatical item)ではなく、起動相の意味を表すので、始点を含意しない

動詞——例えば、状態動詞など——とは相性が悪い。

(95) a. *要りかけのお金
　　 b. *ありかけの本

日本語の非対格性の区別に意図性が関与するのであれば、状態動詞は非対格動詞に分類されることになるはずであるが、「かけ」名詞構文ではこのような動詞が現れた場合には容認されない。しかしながら、状態動詞を含む(95)の例は、非対格性とは独立の要因で排除される。

(96) a. *孝にお金が要りかけた。
　　 b. *あそこに本がありかけた。

(95)と(96)が非文法的であることは、状態動詞はそもそも「かけ」のようなアスペクトを表す接辞と共起できないということを示している[7]。そして、このことは、すなわち、「かけ」名詞構文では、状態動詞の非対格性を調べられないということを示唆している。

5. 数量副詞の意味的な修飾

「かけ」名詞構文では状態述語の非対格性を調べることができないが、他のテストを用いれば、状態動詞においても、その非対格性を調べることができる。このようなテストの一例として、以下では、数量副詞「いっぱい」を取り上げる。以下の議論では、まず、この副詞の「いっぱい」は、内項を意味的に修飾できる——すなわち、内項になる名詞句の表す量を規定できる——非対格構文であることを示す。次に、この構文を用いて、「かけ」の構文では調べられなかった状態述語の非対格性を調べることができることを示してゆく。

数量副詞の「いっぱい」は、統語範疇としては動詞を修飾する副詞として分類されるが、ある特定の統語位置に現れる名詞を意味的に修飾する——すなわち、意味的に数量を指定する——ことができるという特性を持つ。

(97) 学生が、プラモデルを部屋でいっぱい作った。

(97)において、「いっぱい」は目的語(内項)の「プラモデル」の数を指定することができ、「学生が多くのプラモデルを作った」という解釈が可能である。しかし、この文に「多くの学生がプラモデルを作った」という解釈はない。この

5. 数量副詞の意味的な修飾

事実は、他動詞の目的語(内項)の数量指定はできるが、他動詞の主語(外項)の数量指定はできないということで、「いっぱい」が意味的に修飾できる対象が統語的に決まるということを示唆している。

数量副詞の「いっぱい」は、一般的に、直接目的語の数量を指定することができる。しかし、「に」でマークされる二重目的語動詞の間接目的語の数量を指定することはない。

(98) 郵便屋さんが、学生に手紙をあそこでいっぱい渡した。

(98)では、直接目的語の数量を指定した「学生に多くの手紙を渡した」という解釈は可能であるが、間接目的語の数量を指定した「手紙を多くの学生に渡した」という解釈は不可能である。

さらに、「いっぱい」が直接目的語の数量を指定することができるということは、(99)のような目的語の交替をおこす動詞によっても確認することができる。

(99) a. 木村先生は、学生に学校の秘密を内緒でいっぱい教えた。
　　　b. 今年、先生は学生をいつもよりいっぱい教えた。

(99a)では、「を」格名詞句を「いっぱい」が修飾する「多くの秘密を学生に教えた」という解釈は可能であるが、「に」格名詞句を修飾する「秘密を多くの学生に教えた」という解釈はない。「教える」という動詞は、「学生」を「を」格でマークすることも可能である。(99b)のように「学生」が「を」でマークされた場合には、(99a)では不可能であった「学生」が「いっぱい」によって修飾されることが可能になり、「先生が多くの学生を教えた」という解釈が得られる。

数量副詞の「いっぱい」は「を」格でマークされた目的語の数量だけを意味的に指定するわけではない。例えば、使役交替を起こす「壊す/壊れる」の例を考えてみるとそれがはっきりする。

(100) 学生が、花瓶を教室でいっぱい壊した。

他動詞の「壊す」の場合には、「いっぱい」は「を」格でマークされた目的語の数量を指定することになる。しかし、自動詞の「壊れる」が用いられた場合には、「いっぱい」が主語の数量を指定することになる。

(101) 花瓶が、地震のためいっぱい壊れた。

(100)を受身文にした時にも、「いっぱい」は、受身の主語の数量を指定することになる。

 (102) 花瓶が、学生によっていっぱい壊された。

(101)においても(102)においても、「が」格でマークされた主語の「花瓶」の数量が「いっぱい」によって指定されて、「多数の花瓶が壊れた/壊された」という解釈が得られる。受身文では、動詞の直接目的語が主語になった時に、主語の数量が「いっぱい」によって指定できるようになるが、間接目的語が受身の主語になった場合はその限りではない。

 (103) a. 小学生には、お菓子があそこでいっぱい与えられた。
    b. 小学生が、お菓子をあそこでいっぱい与えられた。

(103)の文は両方とも「いっぱい」が「お菓子」を意味的に修飾する「多くのお菓子」という解釈が可能であるが、「小学生」を修飾する「多くの小学生」という解釈は不可能である。このような事実は、「いっぱい」が動詞の「直接内項」の数量を指定することを示している。

 さらに、付加詞は「いっぱい」によって数量の指定ができない。(104)の二つの文では、「いっぱい」が付加詞を意味的に修飾する「多数の図書館」「多数のホテル」という意味は得られない。

 (104) a. ジョンが、図書館から本をいっぱい借りた。
    b. ジョンが、ホテルでいっぱい騒いだ。

当然のことながら、付加詞は内項でないので「いっぱい」での意味的な修飾はできないのである。

 次に、自他交替のない非能格動詞と非対格動詞の現れる節での「いっぱい」の意味的な修飾の可能性について考えてみる。まず、非対格動詞の主語は、「いっぱい」が離れた位置に存在しても、「いっぱい」による数量の規定ができる。

 (105) a. 鈴虫が、この虫かごでいっぱい死んだ。
    b. 野菜が、長雨のせいでいっぱい腐った。
    c. 生徒が、日射病でいっぱい倒れた。

非対格動詞を使った上の文では、それぞれ、「いっぱい」が主語の数量を規定する「多くの鈴虫」「多くの野菜」「多くの生徒」という解釈が得られる。

5. 数量副詞の意味的な修飾

これに対して非能格動詞は、非対格動詞とは異なる振る舞いをする。(106)の文は非文法的ではないものの、非対格動詞とは異なる解釈が得られる。

(106) a. 学生が、ステージでいっぱい踊った。
　　　 b. 昨日は、子供が公園でいっぱい遊んだ。
　　　 c. この会社では、従業員が日曜日もいっぱい働いた。

(106)の文は、主語の数量を指定するという解釈はなく、「いっぱい」は、動詞を意味的に修飾し、それぞれの文は、「たくさん踊った」「たくさん遊んだ」「たくさん働いた」の意味になる。すなわち、「いっぱい」は内項の数量を指定する機能があるが、それが可能でない場合には、動詞の記述する動作の分量を指定することになるのである。

ここで議論している数量副詞のテストは、影山(1993)がごく簡単に記述している「たくさん」の例と基本的に同じである。影山(1993)は、数量詞遊離よりも簡単に非対格性を調べる方法として「たくさん」のテストを提示しているが、ここでは「いっぱい」を使用する。その理由は、「いっぱい」は、「たくさん」とは異なり名詞句を直接修飾する用法がないからである。

(107) *ジョンは、いっぱいのリンゴを食べた。

「たくさん」や「少し」のような場合は、「たくさんのリンゴ」や「少しの塩」という言い方が可能なので、分析の可能性として、「三人」「一冊」などの数量詞の場合と同じ、数量詞遊離がかかわる派生を考えることができるかもしれない。しかし、数量副詞の「いっぱい」が名詞から遊離した数量詞ではないということは、(107)より明らかである。実際、「いっぱい」は、数量詞とは異なり、それが現れる位置により意味的な修飾の可能性が特に変わるわけではない。

(108) a. いっぱい、ジョンは本を読んだ。
　　　 b. ジョンは、いっぱい、本を読んだ。
　　　 c. ジョンは、本をいっぱい読んだ。

もちろん、「いっぱい」が、「一杯のビール」のように類別詞の「一杯」として使われた場合は統語的に名詞修飾も可能であるが、その場合には、「たくさん」とほぼ同じ意味では使えない。また、「かごにいっぱいのリンゴ」という表現も可能であるが、これは、「いっぱい」が述語的(predicative)に使われた「リン

ゴはかごにいっぱいだ」が、全体として名詞を修飾する節として使用されているもので、単独で限定的(attributive)に使われる場合とは異なる。

　数量副詞の「いっぱい」は、1)他動詞の目的語、2)非対格動詞の主語、および、3)受身動詞の主語という三つの異なる統語位置の項の数を指定することができる。すなわち、「いっぱい」によって数量が指定できる項は、動詞の直接内項である。そうすると、「いっぱい」による意味的な修飾の可能性は、動詞あるいは動詞が補語として選択する内項に限られるということで、これは、非対格性の現象の一種であるという結論になる[8]。

　ここで、先ほど問題とした「帰る」などの移動動詞について再度考えてみる。「いっぱい」のテストでも、これらの動詞が非対格動詞となることは(109)の例からも明らかであろう。

　　(109) a. たいくつな授業なので、学生が今日もいっぱい帰った。
　　　　　b. 観客がステージの方へいっぱい行った。

(109)のような例では、「いっぱい」が主語を修飾する解釈が可能なので、移動動詞は基本的には、意図性が動詞の内在的な意味として存在しない非対格動詞であるということになる(cf. Dowty 1991)。

　非能格・非対格の区別は、日本語においては、動的な意味を持つ動詞に対して考察されることが多い。しかし、先にも述べたように、もし意図性が非能格・非対格の区別の規準となるのであれば、状態を表す動詞は非対格動詞に区別されるはずである。状態動詞の非対格性は、「かけ」名詞構文によってテストすることができなかったが、数量副詞の「いっぱい」を使えば、このような状態述語の非対格性について検討することができる。

　　(110) a. 本棚には、本がいつもいっぱいある。
　　　　　b. 地上には、未知の生物がまだいっぱい存在する。

(110)の動詞はともに項を一つ取る自動詞であるが、主語を「いっぱい」が意味的に修飾でき、それぞれ、「多くの本」「多くの未知の生物」という解釈が可能である。そうすると、状態性を表す自動詞は、予測通り、非対格動詞のクラスに入ることが確認できる。また、項を二つ取る状態述語でも内項が現れるということは、(111)の例から確認できる。

5. 数量副詞の意味的な修飾

(111) a. 私には、研究費がいっぱい要る。

b. ジョンには、私のできないことがいっぱいできる。

(111)のような状態動詞を含む文で「いっぱい」はそれぞれ「研究費」「私のできないこと」の数量を指定することができる。このことにより、「要る」や「できる」が主語以外に内項（目的語）を持つ「二項述語」であることがわかる。

さらに、この「いっぱい」を用いたテストは、「かけ」の接辞の付加ができなかった「必要だ」などの動詞以外の述語にも適用することができる。

(112) a. 私には、研究費がいっぱい必要だ。

b. 私は、お小遣いがいっぱい欲しい

(112a)の「いっぱい」は、(111a)の「いっぱい」と同じ解釈、すなわち、「多くの研究費」という解釈が得られる。(112b)も同様に、「多くのお小遣い」の解釈が得られる。ここでも「が」格でマークされた名詞句が「いっぱい」の修飾を許すので、この名詞句が内項として働いていることがわかる。

ここで、生成文法で、内項と外項の区別がどのように規定されるかについて考えてみる。生成文法においては、内項と外項の区別について、(113)のような「意味役割付与の均一性仮説（Uniformity of Theta Assignment Hypothesis）」が仮定されることが多い（Baker 1988: 46）。

(113) 同一の意味役割を担う項は基底構造において同一の統語構造で表示される（Identical thematic relationships between items are represented by identical relationships between those items at the level of D-structure）。

もちろん、これが生成文法での唯一の提案というわけではないが、議論を簡潔にするために、ここでは、意味役割付与の均一性仮説についてのみ議論することにする。この仮説は、(114)のような二つの文において主題名詞句である「コップ」が基底では内項として目的語の位置に生成されるということを保証する根拠となるものである。

(114) a. ジョンがコップを割った。

b. コップが割れた。

この仮説は、厳密な意味では、非能格動詞の主語が外項として、そして非対

格動詞の主語が内項として具現されることを規定しているわけではないが、一般に意図的な意味を持つ自動詞は動作主項を、そして非意図的な意味を表す動詞は主題項を選択するので、前者は外項の位置、後者は内項の位置で生成されるものと考えられている。

また、自動詞の状態動詞は主題名詞句を主語として取るので非対格動詞のクラスに入る。実際、例えば、(110b)においては「いっぱい」が「が」格名詞句「未知の生き物」を意味的に修飾する解釈が可能なので、この名詞句は動詞の内項であることがわかる。意味役割付与の均一性仮説に従えば、(110)のような状態性を表す動詞が非対格動詞になることは正しく予測される。

しかしながら、意味役割付与の均一性仮説は、自然言語において観察されているすべての述語の項の具現化の可能性を説明するわけではない。例えば、動詞「教える」が現れる(115)のような文においては「主題」と「目標」の両方が直接内項として働く可能性があるということを示している。

(115) a. 谷垣先生は、小学生に漢字を授業中にいっぱい教えた。

　　　b. 谷垣先生は、小学生を塾でいっぱい教えた。

(115a)においては、「いっぱい」が「漢字」を、そして、(115b)においては、「小学生」を意味的に修飾し、「多くの漢字」、「多くの小学生」の解釈が得られることになる。しかし、同じ「小学生」でも(115a)のような場合には、「いっぱい」の意味的な修飾はできず、「多くの小学生」の解釈は得られない。そうすると、(115)の二重目的語動詞は、<動作主、目標、主題>と<動作主、目標>という項構造を持つ場合があり、前者の場合には「主題」、後者の場合には「目標」が内項として現れるということを示している（岸本 2001b, Kishimoto 2001b)。

また、いわゆる「壁塗り構文」と呼ばれる、動詞の項の交替が起こるような構文においても同様の現象が観察できる。

(116) a. ジョンは壁を青いペンキでいっぱい塗った。

　　　b. ジョンは青いペンキを壁にいっぱい塗った。

(116a)では、「いっぱい」が場所名詞句の「壁」の数量を指定できるが、主題名詞句の「青いペンキ」は指定できない。他方、(116b)では、「青いペンキ」の量

5. 数量副詞の意味的な修飾

を指定できるが、「壁」の量は指定できない。この場合も、動詞は、<動作主、場所、主題>および<動作主、場所>という二つの異なる項構造を持つことが可能で、それぞれ、最も右側に現れる項が内項として具現化されるということを示唆している (Pinker 1989, Kageyama 1980, 岸本 2001a, Kishimoto 2002 などを参照)。

このような「いっぱい」の意味的な修飾は、異なる意味役割を持つ項に対して内項としての役割の付与が可能であり、格の交替が可能な動詞の場合には、項の統語的な具現化の仕方が異なってくることを示している。当然、意味役割付与の均一性仮説は、このような現象を説明することはできない。格交替を許す動詞を見る限り、直接内項の具現化に関する要因を規定するには、Tenny (1987, 1994)が提案する「境界性の条件(delimitedness condition)」を用い、出来事の変化・境界を規定する境界設定表現(delimited expression)が直接内項として現れるとする方がより説明力が強いであろう。例えば、(116a)においては境界設定が「壁」によってなされ、(116b)においては「ペンキ」によってなされると考えられるので、(116a)では「壁」、(116b)では「ペンキ」が内項として具現化されるのである。

意味役割付与の均一性仮説によって内項・外項の振り分けがすべて説明できるわけでないということは、形容詞述語の例をみるとよりはっきりとする。例えば、英語においては、動詞では内項として具現化される項も、形容詞においては外項として生成されることがあることが議論されている (Wasow 1977, Bresnan 1982, Levin and Rappaport 1986)。この提案は、形容詞受身(adjectival passive)の主語となる項が、統語における名詞句移動により生成される主語よりもかなり制限されていることが大きな動機となっている。例えば、通常の動詞の受身では、二重目的語動詞には二種類の受身形が可能である。

(117) a. The car was sold to the first customer.
　　　b. The first customer was sold the car.

これに対して、形容詞受身では、主語として現れることのできる項の種類に制限がある。

(118) a. The car remained unsold.

　　　　b. *The first customer remained unsold.

Levin and Rappaport (1986) は、動詞受身と異なる形容詞受身の様々な特性は、動詞では内項として具現化される主題項が形容詞受身では語彙的な派生操作によって外項となり、統語的な名詞句の移動を経ずに直接主語位置に写像されることに由来するとしている。もしこの議論が正しいとすると、形容詞では、動詞とは異なる項の具現化のパターンが観察されるということで、意味役割付与の均一性仮説には問題となる。

　日本語においては、動詞の内項に当たる項が形容詞では外項として具現されることが英語より明確な形で観察できる。

　　(119)　a.　子供が紙を部屋の中でいっぱい丸めた。
　　　　　　b.　紙がなぜかいっぱい{丸まった/丸くなった}。

(119)のような文では、主題名詞句に当たる「紙」の数量を「いっぱい」によって指定することができるので、この名詞句は内項として働いていることになる。「丸める・丸まる・丸くなる」は形容詞の「丸い」から派生されている。もし意味役割付与の均一性仮説がここでも当てはまるならば、形容詞の「丸い」の取る主題名詞句の「紙」も、(119)と同じように、内項として働くと予測される。しかしながら、(120)のような形容詞文は成り立たない。

　　(120)　*紙がなぜかいっぱい{丸い/丸かった}。

(120)では、「いっぱい」が「紙」の数量を指定することができない。また、「いっぱい」が丸さの程度を表すこともできないので、文としても非文となる。「楽しい」「楽しむ」のような形容詞・動詞のペアでも同じパターンが観察できる。

　　(121)　a.　短編映画をいつもよりいっぱい楽しんだ。
　　　　　　b.*短編映画がいつもよりいっぱい{楽しい/楽しかった}。

(121)では、「楽しむ」の取る主題名詞句「短編映画」は、「いっぱい」が意味的に修飾できるが、これに対応する「楽しい」の主題名詞句はこの修飾が不可能である。これらの事実は、形容詞の取る項を「いっぱい」で全く修飾できないということを示しているのではない。なぜなら、先にも議論したように、形容詞が選択する項に対して「いっぱい」の意味的な修飾を許すものがあるからで

5. 数量副詞の意味的な修飾

ある。

(122) a. この実験には、器具がいっぱい必要だ。
b. おもちゃがいつもよりいっぱいほしい。

(122)の事実は、形容詞述語が内項を持つことが可能であるということを示している。したがって、(120)や(121b)のような場合には、「が」格名詞句が外項として具現化されるために、「いっぱい」による意味的な修飾ができないということになる。このような形容詞・形容動詞の選択する項に対する内項・外項の区別は、(120)と(121b)のような述語が「が」格の主題名詞句の属性・特性・性質を表すのに対して、(122)のような例では、述語が「が」格名詞句の性質を叙述していないことに起因すると考えられる(時枝 1950, Kuno 1973 などを参照)[9]。

英語においても、形容詞の項がどのような形で現れるかについても、日本語とは異なる分布はあるものの、状況はよく似ている。

(123) a. That book is necessary for me.
b. I need that book.

(123b)のような文においては、that bookは動詞の目的語(内項)として現れるが、対応する意味を表す(123a)の形容詞文では主語(外項)として現れる。(123)のような例も、形容詞と動詞では、同じ意味役割を表す項でも常に同じ統語的位置に現れるわけではなく、品詞によって項の現れ方が違ってくるということを示している。動詞ならば内項となるはずの項が形容詞においては外項として具現化されるという事実は、英語のみならず、例えば、イタリア語においても観察されている。また、イタリア語においては、内項として具現化される項を持つ形容詞述語が少数存在することが知られている(Cinque 1984)。したがって、日本語で観察された現象はかなり普遍的な言語現象であると言えるであろう。

当然のことながら、形容詞の項の具現化に関する事実は、意味役割付与の均一性仮説によって説明することができない。本来なら、同一のタイプの項として同一の統語位置に生成されるはずの項が、多くの場合、動詞では内項になり、形容詞では外項となるからである。結論としては、日本語において

も他の言語においても、項の現れ方を支配する原理は品詞によって異なっているということになる。

　これまでの議論で、数量副詞の「いっぱい」は、かなり広範に述語の非対格性を判断するテストとなることがわかるであろう。しかし、このテストにも制限がないわけではない。例えば、感情などの内的なプロセスが関与する「愛する」「信じる」「眠る」「泣く」のような述語の場合は、内項であっても「いっぱい」による数量の指定はできない。

　　(124)　a.　ジョンは、子供をいっぱい愛した。
　　　　　　b.　感動のあまり、聴衆はいっぱい泣いた。

「愛する」の「を」格名詞句は、「メアリー(のこと)を愛する」のように、形式名詞を入れることができるので、目的語として働くことがわかる。しかし、(124a)では、「いっぱい」が「愛する」の目的語の数量を指定し、「多くの子供を愛した」という解釈を得られない。また、「かけ」名詞構文では非対格動詞に分類される「泣く」が使われている(124b)も「多くの観客が泣いた」という解釈は得られない。

　しかしながら、「いっぱい」のテストにも、ある程度の独自の制限はあるものの、非対格性の現象として満足すべき規準が満たされているので、非対格性のテストとなることが分かる。ここでのテストもまた、動詞の非対格性を見るための必要条件とはなるが、十分条件ではないということが分かる。

6.　「を」格名詞句の役割

　非対格動詞の主語は基底構造で内項として働き、非能格動詞の主語は基底構造で外項として働くという非対格仮説の特徴づけが正しいとすると、自他交替を起こす動詞に対して一定の予測をすることができる[10]。すなわち、非対格動詞は内項を持つので、内項をさらに追加するような他動詞化ができないが、非能格動詞は内項を追加した他動詞化ができるというものである。日本語では、基本的に非対格仮説の予測が正しいが、一見、例外に見える現象も存在する。

6. 「を」格名詞句の役割

　ここで再度、英語の結果構文について確認する。Simpson (1983) やLevin and Rappaport Hovav (1995) は、非能格動詞によって下位範疇化されない直接目的語を、結果述語が叙述できるということを観察している。

　(125)　a.　Dora shouted herself *(hoarse).
　　　　b.　Sylvester cried his eyes *(out).

(Levin and Rappaport Hovav 1995:35-37)

これに対して、非対格動詞は、たとえ結果述語が現れたとしても下位範疇化されていない直接目的語を許さない。

　(126)　a.　*The snow melted the road slushy.
　　　　b.　*The door rolled itself open.

(Levin and Rappaport Hovav 1995)

非能格動詞と非対格動詞の直接目的語の追加についての可能性は、動詞が外項を取るか直接内項を取るかによって決まる。非能格動詞は外項を取るので、結果構文でさらに直接内項の位置に下位範疇化されない項を入れることができる。これに対して、非対格動詞はもともと直接内項を持つ動詞なので、結果構文においてもこの直接内項の位置に下位範疇化されない要素を入れることができないのである。

　ここで、日本語の非対格動詞・非能格動詞にも英語と同じような一般化が成り立つかどうかを検討する。日本語は、英語とは異なり、非能格動詞が下位範疇化されない目的語を取ることは、たとえ結果述語が伴っていても不可能なので、(127) のような文は非文法的である。

　(127)　a.　*子どもがかくれんぼを遊んだ。
　　　　b.　*イヌが通行人を吠えた。

しかし、非能格動詞の中には、「を」格の目的語を選択して他動詞的に使われるものがある。この代表的な例は、(128) のような「笑う」「叫ぶ」である。

　(128)　a.　ジョンは(子供を)笑った。
　　　　b.　ジョンは(何事かを)叫んだ。

「笑う」の場合は、「を」格名詞句に形式名詞「こと」の挿入が可能で、受身化も可能である。

(129) a. ジョンは子供(のこと)を笑った。
　　　 b. 子供が笑われた。

(128)のような例では、動詞が他動詞として使われても、主語は自動詞として使われる際に現れる主語と同じ意味役割を持つことになる。これは、非能格動詞が外項を持つため、内項の位置に目的語を入れることが原則的に可能であることを示唆している。また、非能格動詞の中には、比喩的な意味を持つと「を」格の目的語を取ることのできる「働く」や同族目的語に相当するような目的語を取ることのできる「踊る」などもある。

(130) a. その人は(悪事を)働いた。
　　　 b. 会長は(盆踊りを)踊った。

このことから、日本語の非能格動詞には、すべてではないにしても、主語の「が」格名詞句の他に、独立に目的語(「を」格名詞句)を取る動詞が存在することがわかる。非能格動詞の唯一項は直接内項でなく外項なので、動詞が目的語(直接内項)を伴った他動詞用法を持つことは十分に予測できる。

　これに対して、非対格動詞の場合は、その唯一項として直接内項を取るので、非能格動詞と異なる分布を示すことが予測される。「腐る」や「眠る」のような非対格動詞は、その唯一項は直接内項で、(131)のような文は非文となる[11]。

(131) a. *野菜が根を腐った。
　　　 b. *ジョンは良い眠りを眠った。
　　　 c. *ジョンがメアリーを泣いた。

このような動詞は、主語が直接内項として働くので、直接内項を追加して他動詞を作れない。非対格動詞は、自他の用法が存在する時には、一般に使役交替(causative alternation)が起こっていると考えられる。他動詞化した場合、主語として外項(使役者(causer))が現れ、直接内項は「を」格の目的語として現れる。

(132) a. ドアが開いた。
　　　 b. 政夫がドアを開けた。

自動詞「開く」の唯一項は、他動詞「開ける」の目的語と同じ「主題」の意味役割

6.「を」格名詞句の役割

を持つ[12]。「開く」の主語は内項なので、(133)の非文法性が示すように、内項を追加した形で動詞を他動詞化することはできない。

(133) *ドアが部屋を開けた。

これまでの非能格動詞・非対格動詞の分布は、いわゆる主語に当たる名詞句が自他対応に関して均一な振る舞いを示さないということで、これは、非対格動詞の主語が内項で、非能格動詞の主語が外項であるということから予測されることである。

非対格仮説に従えば、非対格動詞は目的語を追加した形の他動詞用法を持たないという予測ができるが、日本語の非対格動詞の中には「を」格名詞句を追加できるクラスの動詞がある(Martin 1975)。このタイプの典型的な動詞は移動動詞で、(134)で示すように、一般に経路を表す「を」格名詞句を取ることができる。

(134) a. ボールが坂道を転がった。
b. 溶岩が山肌を流れている。

問題は、このような動詞がなぜ「を」格でマークされる経路表現を取ることができるかである。このような移動動詞は、主語に「かけ」表現の修飾を許すので、主語が内項になることが分かる。

(135) a. 転がりかけのボール
b. 流れかけの溶岩

Kishimoto (1996a)では、境界設定表現として働かない(場所を表す)「を」格名詞句は被動者(undergoer)でないので、(134)のような「を」格表現は内項とならないという提案を行った。そうすると、この名詞句は「かけ」表現の修飾のターゲットとなり得ないことを予測するが、この予測が正しいことは、(136)のような例が容認されないことで確認できる。

(136) a. *転がりかけの坂道
b. *流れかけの山肌

また、先に見た数量副詞「いっぱい」のテストでも、「いっぱい」の数量を指定する対象が主語となり、主語が内項であることが分かる。

(137) a. ボールが坂道をいっぱい転がった。

　　　　b. 溶岩が山肌をいっぱい流れた。

(137)のような例で、「いっぱい」は、「を」格名詞句が存在するにもかかわらず、意味的に「が」格名詞句の主語の数量を規定する。もし(134)の「を」格名詞句が内項として働くならば、「いっぱい」によってこの名詞句の数量が規定されてもよいはずであるが、そのような解釈はない。したがって、(134)では、「を」格名詞句が内項として働いていない。もし経路を表す「を」格名詞句が内項として働かないならば、(134)のような例で、「を」格名詞句が内項とともに現れてもかまわないことになる(場所や経路を表す「を」格表現が目的語として見なすべきかどうかに関するその他の詳しい議論は、例えば、Haig 1981を参照)。

　ここで注意する必要があるのは、移動を表す動詞であれば、非対格動詞に限らず非能格動詞でも、経路を表す「を」格表現を追加できるということである。

　　(138) a. ジョンは散歩道を歩いた。
　　　　　b. 水が水道管を流れている。

しかしながら、三宅(1996)が指摘しているように、「を」格表現は、非能格動詞(意志動詞)と非対格動詞(無意志動詞)で異なる性質を示す場合がある。

　　(139) a. ジョンが車を降りた。
　　　　　b. *涙が眼をこぼれた。

(138)と(139)で観察される違いは、「を」格名詞句が経路を表すか起点を表すかの違いに起因している。したがって、意味を変えずに(138a)の経路句の「を」を「から」に置き換えることはできないが、(139a)の起点句の「を」はあまり意味を変えずに「から」で置き換えることが可能である。

　　(140) a. *ジョンは散歩道から歩いた。
　　　　　b. ジョンは車から降りた。

三宅(1996)によれば、「意志的にコントロールされない移動は起点を対格で標示できない」という一般化が成り立つという。それでは、なぜこのような制限が意志性の違いによって起こるのであろうか。

6. 「を」格名詞句の役割

　起点表現は、移動の始点を表し移動動作の境界を決めるいわゆる境界設定表現とみなすことができる。そうすると、起点表現の「を」格名詞句はTenny (1987, 1994)の言う「境界性の条件」を満たすと考えることができる。そして、このような境界設定表現が直接内項として働くことができると仮定すれば、「を」格名詞句の振る舞いの制約は自然に導かれる。実際、(139a)のような例は、「車に乗っている」状況から「車外に出ている」状況に変化が起こっているので、「を」格名詞句は一種の境界を設定していると考えられる。「降りる」のような意志動詞は非能格動詞で、その主語は外項であるため、起点表現を「を」格名詞句(直接内項)として取ってもよいのである。しかしながら、「こぼれる」のような無意志動詞は非対格動詞であり、その主語が直接内項であるために、境界設定表現と解釈される起点表現をさらに追加した「を」格名詞句(直接内項)を取ることができないのである。

　この分析の妥当性は、非能格動詞では、「を」格名詞句が内項として働くという点から、確認できる。例えば、「のぼる」のような意志動詞では、(141)で示すように、場所を表す項が「かけ」表現の修飾のターゲットとなる。また、「いっぱい」で「を」格名詞句の数量を指定することも可能である。

　　(141) a. のぼりかけの石段
　　　　　b. ジョンが石段をいっぱいのぼった。

(141)の事実は、意志動詞に現れる場所表現——ここでは「石段」——が終点のある境界を設定していると解釈でき、直接内項として働くことができるということを示している(Kishimoto 1996a)。これとは対照的に、無意志動詞では、(136)や(137)で見たように、経路を表す「を」格名詞句は、直接内項ではなく、「かけ」表現のターゲットともならないし、「いっぱい」による数量の指定も受けない。

　そうすると、この経路や場所を表す「を」格名詞句の統語的な振る舞いの違いは、結局、動詞の表す意図性によって主語が外項として生じるか内項として生じるかによって決まってくるということを示している。それぞれのタイプの動詞が取ることができる「を」格名詞句の性質の違いは、非対格性に意図性という要因が絡まっているという証拠となる。また、このことにより、非対格動詞

には、直接内項をさらに追加する他動詞用法がないという一般化が、英語とは異なる形ではあるが、日本語にも保持されていることが分かる。

なお、これと関連すると思われる現象として、影山(2002a)は、非対格構造を持つ他動詞文の存在を指摘している。(142)のような構文は、動詞が他動詞であるものの、動作主項がないという点で、非対格構文の特性を持っている。

(142) a. 納豆が糸を引く。
　　　 b. 火山が火を噴く。

もし(142)の文に現れる二つの項がともに直接内項であるとすると、上で述べた内項に関する一般化に反することになるが、「が」格名詞句と「を」格名詞句がともに直接内項として働いているのではないことは(143)の例から確認できる。

(143) a. 納豆が糸をいっぱい引いた。
　　　 b. 火山が火をいっぱい噴いた。

(143)では、「いっぱい」が、「が」格名詞句の数量を指定せずに、「を」格名詞句の数量を指定することになる。そうすると、この構文での直接内項は「を」格名詞句のみで、直接内項が二つあるのでないことになる。したがって、(142)のような例は、上で述べた直接内項の追加に関する一般化に対しての反例とはならない。

7. 非能格性

前節までに議論した基底の文法関係に関わる構文はすべて、直接内項を取り出すことができる非対格構文であった。もし外項と内項の区別が自然言語にあるとすると、内項ではなく外項を取り出すような構文(いわゆる非能格構文)があってもよさそうである。

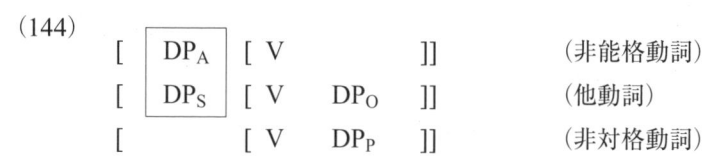

(144)
　　　[DP_A 　 [V 　　　　]]　　　(非能格動詞)
　　　[DP_S 　 [V 　DP_O 　]]　　　(他動詞)
　　　[　　　　[V 　DP_P 　]]　　　(非対格動詞)

7. 非能格性

しかし、外項を取り出すとされる非能格構文は、多くの言語を見渡してみてもそれほど多く存在しないと思われる (Grimshaw 1987)。英語に関しては、Levin and Rappaport Hovav (1995)が、同族目的語 (cognate object) 構文とWay-構文が非能格構文であると主張している (cf. Hale and Keyser 1993)。ここでは、まず、これらの構文がどのような構文であるかを概観し、非能格性の見地から見た場合のそれぞれの構文のステータスについて考える。

Levin and Rappaport Hovav (1995)は、同族目的語構文が非能格構文であるので、英語では、非能格動詞と非対格動詞の間で、(145)-(146)のような文法性の対比が得られるとしている。

(145) a. Malinda smiled her most enigmatic smile.
  b. Louisa slept a restful sleep.
(Levin and Rappaport Hovav 1995:40)

(146) a. *The glass broke a crooked break.
  b. *The actress fainted a frightened faint.
(Levin and Rappaport Hovav 1995:40)

(145)のように同族目的語を取ることのできる動詞は、この他、dance, dream, die, breathe, liveなどがある。Levin and Rappaport Hovav (1995)は詳しく議論していないが、Massam (1990)やJones (1988)によると同族目的語を取る構文は同族目的語の示す性質により、二つのタイプに分かれるとされる。第一のタイプの同族目的語はMassamが「他動詞化目的語 (transitivizing object)」と呼ぶクラスである。

(147) a. Bernadette danced the Irish jig.
  b. Tosca sang an aria. (Massam 1990: 163)

このようなタイプの同族目的語は通常の目的語と同じような振る舞いを見せ、受身の主語となる、WH疑問化が可能、代名詞での置き換えが可能、などの特徴がある。

(148) a. The Irish jig was danced by Bernadette Dooley.
  b. What did Tosca sing?
  c. I sang the aria, then Tosca sang it. (Massam 1990: 163-164)

もう一つのクラスの同族目的語は、Massam (1990)が「真の同族目的語(true cognate object)」と呼ぶもので、(149)のような同族目的語構文がそれに当たる。

(149) a. Henleigh smiled a wicked smile. 　　(Massam 1990: 164)
　　　 b. John died a gruesome death. 　　(Jones 1988: 89)

(149)に挙げられている同族目的語構文は、第一のクラスの同族目的語構文とは異なり、同族目的語を受身文での主語にする、代名詞で置き換える、WH疑問化する、などの統語操作ができない。

(150) a. *A silly smile was smiled.
　　　 b. *Maggie smiled a silly smile, then her sister smiled it.
　　　 c. *What did he die? 　　(Massam 1990: 164)

ちなみに、WH疑問化に関しては、同族目的語の形式が保持されるものは可能である。

(151) What sort of a death did he die? 　　(Jones 1988: 92)

したがって、Jones (1988)が指摘するように、このタイプの同族目的語構文は、一般に受身やWH疑問化などの文法操作ができないとされるkick the bucket (「死ぬ」の意味を表す)のようなイディオムとは異なる振る舞いをすることになる。

(152) a. John kicked the bucket.
　　　 b. *The bucket was kicked.
　　　 c. *What sort of bucket did John kick? 　　(Jones 1988: 92)

なお、前節で日本語の同族目的語を取る構文として扱った「踊りを踊る」「舞を舞う」「歌を歌う」などの表現は、通常の目的語と同じ振る舞いを示し、受身化・WH疑問化・代名詞での置き換え、などが可能である。

(153) a. その踊りはメアリーたちによって踊られた。
　　　 b. メアリーは何を踊ったの？
　　　 c. メアリーはそれを踊った。

したがって、Massam (1990)の分類に従えば、このような日本語の同族目的語表現は、「他動詞化目的語」のタイプに属すると考えられる。

7. 非能格性

　Levin and Rappaport Hovav (1995)の観察が正しいとすると、この同族目的語構文は、非能格動詞が構文に現れるということになるが、Massam (1990)が指摘するように、このような構文は他動詞が現れることができず、(154)のような文は容認されない。

(154) a. *Mordred killed a terrible kill (to the knight).
　　　 b. *Meg broke her break.
　　　 c. *Beth destroyed a destruction. 　　(Massam 1990: 175-176)

上で述べた二つのタイプの同族目的語構文の同族目的語が統語的に目的語であるかそれとも付加詞であるかに関してはさまざまな見方があり、意見の分かれるところであるが、少なくとも同族目的語は一種の境界設定表現として働くので(155)のようなコントラストが観察できる。

(155) a. Mayflies live their lives {in a day/for a day}.
　　　 b. Mayflies live {for a day/*in a day}. 　　(Massam 1990: 178)

これは、活動動詞が同族目的語構文に現れると達成動詞としての解釈が得られるようになるということで、少なくとも、同族目的語が境界設定が可能な内項としての振る舞いを示すということである。

　非能格構文であるかどうかに関しては、この構文自体が外項を取り出しているわけではないので、非能格構文としての性質をすべて満たしているわけではない。ちなみに、Hale and Keyser (1993, 2002)が観察しているように、同族目的語構文に現れる動詞は、もともとは名詞から派生されている(Baron 1971)。Hale and Keyser (1993, 2002)によると、このような動詞は他動詞構造を持つが、内項として現れる名詞が、合成(conflation)の結果、動詞と一体となり全体として自動詞として働くということになる。そうすると、このような構文に現れる動詞が非能格動詞であり、基本的には他動詞が許されないという事実は説明できることになる。しかし、同族目的語構文では、非能格性の規準は必ずしもすべては満たされないので、厳密な意味での非能格構文として認めるには問題が残る。

　Levin and Rappaport Hovav (1995)がもう一つの非能格構文と主張しているのは、Way-構文である。Levin and Rappaport Hovav (1995)は、非能格

動詞と非対格動詞の間で、(156)-(157)に見られるような容認性の対立が得られるとしている。

(156) a. John groped his way to the door.
　　　b. Mary sang her way out of the room.
(157) a. *The apples fell their way into the crates.
　　　b. *She arrived her way to the front of the line.

この構文は、Goldberg (1995), Jackendoff (1990, 1992), Marantz (1992), 影山・由本 (1997) などでも議論されている。Way-構文に現れることができる動詞は、典型的には様態を表す移動動詞 (walk, jump, push, dance, pierce, dig, crawl など) や音声などを出すことを記述する放出動詞 (shout, yell, sneeze, belch) などである[13]。Jackendoff (1992) でも議論されているように、この構文の特徴として、副詞が動詞とwayの間に挟めないということが挙げられる。

(158) a. Bill belched his way noisily out of the restaurant.
　　　b. *Bill belched noisily his way out of the restaurant.
　　　　　　　　　　　　　　　　　　　　　(Jackendoff 1992: 162)

また、wayは目的語と共起できず、他動詞がこの構文で使用される時には、目的語が表出されない。

(159) The boy pushed his way through the crowd.　　(Levin 1993: 99)

pushのような他動詞は、通常、John pushed *(this cart).のように目的語を省略できないが、Way-構文では、(160)のように目的語を表出すると、非文法的になる。

(160) *John pushed this cart his way through the crowd.

なお、way-表現は形容詞で修飾が可能なため、意味のない文法要素として機能しているわけではない。

(161) Sam joked his insidious way into the meeting.
　　　　　　　　　　　　　　　　　　　　　(Jackendoff 1992: 167)

これらの特性から、way-表現は目的語の位置に現れるような振る舞いをしているということができる。しかし、Jackendoff (1992) が指摘しているように、通常の他動詞構文とは異なりWay-構文では受身文を作ることはでき

ない。

(162) *His way was belched out of the restaurant by Bill.

(Jackendoff 1992: 167)

Way-構文は、ある種の移動が起こり動詞がその様態を叙述していると解釈できる場合に可能な構文となる。Way-構文は、かなり生産性が高く、典型的には移動の様態を叙述する非能格動詞と他動詞がこの構文に現れることができるので、非能格性の見地から見ると、非能格性のテストとなるようにも見えるが、構文的な意味要因が整えば、非対格動詞でもWay-構文に現れることもできる。実際、(163)でも示されるように、非対格動詞がWay-構文に現れる例を見つけるのはそれほど難しくない。

(163) a. The barrel rolled its ponderous way up the alley.

(Jackendoff 1992: 162)

b. The water gurgled its way into the drain.

(影山・由本 1997: 177)

c. Rainwater trickles its way to the underground pool.

(高見・久野 2002: 89)

このような事実から、Levin and Rappaport Hovav (1995)が主張するようにWay-構文を非能格構文とするのにも問題が残る。

　本章の最初に議論したように、非対格性・非能格性は、自動詞の項が他動詞のどの項と同じ振る舞いをするのかというのが最も直接的な判断規準となる。しかしながら、上で見た英語の非能格構文は、この基本的な分布を直接検証することができない。いずれにせよ、たとえ、Levin and Rappaport Hovav (1995)の言うように、実際に同族目的語構文とWay-構文が非能格構文であったとしても、英語においては、(他動詞を含む)非能格的な性質を示す動詞を広範に選び出すことはできないということになる。

　日本語においても、これまでに、非能格動詞を選び出すことができるテストがいくつかあるという主張がなされている。例えば、影山 (1993, 1996)では、被害受身が非能格と非対格の区別に関係していると述べている。

(164) a. 強盗は、人質に騒がれたのが原因で、警察に捕まった。

b. 町中で子供に叫ばれて、困った。

非対格動詞の「転ぶ」が現れる(165)は、(164)に比べると容認性が低い(判断は影山1993による)。

　　(165) *私は、おじいさんに転ばれた。

(164)と(165)の対比は、三上(1972)も「所動詞」と「能動詞」の違いとして指摘するものであるが、この構文に現れる動詞は非能格動詞に限らない。松本(1998)や高見・久野(2002)が議論しているように、実際には、この構文に現れることができる動詞は非能格動詞に限らない。

　　(166) a. 友人に死なれた。
　　　　　b. 先生は授業中に生徒に眠られた。

影山(1993)の主張は、これらの構文が非能格動詞を選び出すことになるということで、この規準に従えば、「死ぬ」や「眠る」は非能格動詞ということになる。しかし、本章でこれまで述べてきた規準によると、「死ぬ」や「眠る」は、非対格動詞である。ここで重要な点は、これらの動詞が表している行為が意図的な行為でなかったとしても、(166)の文は容認されるということである。これまでの議論から、非対格・非能格の意味的な区別は、動詞が意図性を表すかどうかが重要で、非能格動詞は意図的な意味を表す動詞である。しかし、この構文では、非意図的な意味を表す動詞も現れることになるので、非能格動詞のみを選択する構文ではないことになる。

　影山(1993)は、使役受身もまた、非対格・非能格動詞の区別に関与する構文であるとしている。

　　(167) a. 子供が働かされた。
　　　　　b. 生徒たちは無理矢理歩かされた。

上のような非能格動詞に対して、影山(1993)は、(168)のような非対格動詞では容認性が低いとしている。

　　(168) a. *野菜が腐らされた。
　　　　　b. *水が蒸発させられた。

しかし、松本(1998)が指摘し、そして影山(1993)自身も指摘するように、この構文でも「眠る」や「死ぬ」が現れることができる。

7. 非能格性

(169) a. 患者は麻酔で眠らされた。

b. 戦争のために、無理矢理、大勢の人が死なされた。

これらの動詞は、影山 (1993) の規準では、非能格動詞になることになる。しかし、(169) で記述されている事態は、経験者が意図的な行為を行ったという含意はないので、ここで使われている動詞は、本章で議論している意図性の規準では、非対格動詞になる。そうすると、被害受身と使役受身の二つの構文は、必ずしも非能格動詞のみを選択する非能格構文ではないということになる。

これまで議論されてきたほとんどの非能格構文は、意図性を表す自動詞を許し、そうでない自動詞を排除する構文であると考えられる。しかし、非能格性を最も直接に判定できる構文は、動詞の外項を選び出すことができるものであると考えられる。しかし、実際には外項のみを取り出す非能格構文はあまりない。例えば、コントロールPROや随意解釈のPROに変えられる要素は意志的な行為が可能な存在物を指していないといけないが、先に議論したように、それが外項であるとは限らない。

(170) a. ジョンは、メアリー$_i$に[PRO$_i$晩餐会に招待されて]ほしいと思った。

b. [PRO晩餐会に招待される]ことはいいことだ。

(170) のようなデータは、PROになる要素は外項でなくてもよいということを示しており、このような構文は、非能格構文ではないということになる。

他の可能性として、副詞の「わざと」や「意図的に」などを用いた文や、「しようとする」のような意志を表す動詞句の補部に現れることができる動詞を調べるということも考えられる。しかし、このような方法も動詞の項が外項として働いているかどうかを調べるのには、あまり有用なテストとはならない。

(171) a. ジョンは、(わざと) 叱られた。

b. ジョンは、倒れようとした。

「わざと」や「しようとした」が用いられる構文の主語位置に現れる項は、意図的な行為を行える存在物でなければならないが、(171) で示されるように、必ずしも動詞が外項を持っている必要はない (後者はコントロール述語なので上の「ほしいと思う」と同じ分布になる)。語用論的に、意図的な行為が可能なも

のであれば、動詞の内項と考えられるものであってもよいのである。

　そうすると、日本語において、はたして外項を特定できるような非能格構文が存在するのであろうかという疑問が起こる。しかし、先に定義したような非能格性を示す現象は、日本語において存在する。ここで議論する非能格構文は、田窪 (1984) で簡単に議論されている (172) のような文である[14]。

　　(172) 私たちでこれをやります。

(172) の文では、「で」格で主語がマークされている。この「で」格の主語は、動作主と解釈され、「が」格でマークされる時のものと意味役割は変わらないと考えられる。

　　(173) 私たちがこれをやります。

田窪 (1984) は、この構文を議論する際に、「で」が場所の概念と関係しているとしているが、「で」は道具格でもあり、他の言語でも、主語が道具格でマークされることはしばしばある。したがって、ここでの議論では、「で」格主語を「道具格主語」として言及することにする。

　ちなみに、主語に当たる項を「が」格以外でマークすることは、「で」以外にも可能である。

　　(174) {私が/私から}、メアリーに手紙を送ります。

(174) の場合、主語は起源 (source) を表し、「が」格以外に「から」でマークすることが可能である。道具格主語構文は、主語に当たる項を「が」格以外のものでマークするという点において、(172) に類する現象である[15]。

　田窪 (1984) は、「で」でマークされる道具格主語が動作主をマークするとしている。そうすると、非対格・非能格の区別が意図性によって規定される日本語においては、「で」格主語は、動詞の外項をマークすることになると予測される。以下では、実際に、道具格主語構文が (動作主をも含む) 外項を選び出しているということを示す。

　その議論に入る前に、日本語のこの構文には、興味深い意味的な制約が見られることを述べておく。田窪 (1984) も指摘しているように、「で」格主語構文では、複数の人物が行っている行為を表し、「で」格名詞句は、意味的に複数の行為者を指す表現でなくてはならない。したがって、単数の行為者を示

7. 非能格性

す名詞句を「で」格で表す(175)の文は非文法的になる。

(175) *私でこれをやります。

ただし、道具格主語は必ず複数表現にならなければならないわけではなく、意味的に複数の行為者が含意されていればよいので、(176)のような表現は可能である。

(176) 学生でこの仕事をやることになります。

また、道具格主語を取る構文は、語用論的にかなり限定した文脈で使われることに注意する必要がある。この構文では、言及する行為が(複数の行為者によって)しばしば継続的に繰り返されるものであるという含意がある。このような含意が満たされれば、動作主主語(外項)を「で」でマークすることができるようになる。

(177) a. 昨日は、絵理ちゃんと瞳ちゃんでゲームをした。
b. この後は、私たちで話します。
c. 今度は、私たちでこの石段をのぼります。

このような文の場合には、外項が「が」でマークされたのと同じ意味で使うことができる。

(178) a. 昨日は、絵理ちゃんと瞳ちゃんがゲームをした。
b. この後は、私たちが話します。
c. 今度は、私たちがこの石段をのぼります。

しかし、少し観察を広げると、「で」格でマークできる項は、動作主と限ったわけではなく、意志的な行為である限り、経験者であっても「で」でマークすることができる。

(179) a. 今度は、{私たちで/私たちが}小説の朗読をします。
b. {あの人たちで/あの人たちが}この代案を考えた。

また、(180a)のような使役動詞を含む例も意志的な行為が可能なので、(180b)のように使役者を「で」でマークすることができる。

(180) a. 今朝は、ジョンとメアリーが犬を散歩させた。
b. 今朝は、ジョンとメアリーで犬を散歩させた。

非能格と非対格の区別は、これまでの議論で意図性の有無に関与していること

とが明らかなので、「で」は、動詞の外項をマークすることができると考えられる。もちろん、外項は、狭い意味の動作主だけを指すのではなく、経験者や使役者を含む行為者(actor)を指す(cf. Foley and Van Valin 1984, Van Valin 1990, 1993, Van Valin and LaPolla 1997)。

これに対して、意志的な行為を表わさない動詞の主語は「で」でマークすることができない。(181)は、内項を持つ非対格動詞の例である。

(181) a. *暑さのため、今度は、ジョンとメアリーで倒れた。
　　　 b. *昨日の戦いでは、この兵士たちで死んだ。
　　　 c. *今日は、ジョンたちで目的地に着いた。

もちろん、(181)の文の主語を「が」格でマークすることには、(182)で示すように、何の問題もない。

(182) a. 暑さのため、今度は、ジョンとメアリーが倒れた。
　　　 b. 昨日の戦いでは、この兵士たちが死んだ。
　　　 c. 今日は、ジョンたちが目的地に着いた

このような「で」格でマークする主語の文法性の対比は、他動詞においても観察できる。他動詞の表す行為が意志的な行為の場合、その主語が外項となり、「で」でマークできる。

(183) a. 体育の先生たちで、運動会の指示をします。
　　　 b. 子供たちで、絵を描くそうだ。

これに対して、(184)のような例は、文中に現れている動詞が意志的な行為を表さないので、その主語は「で」でマークすることができない。

(184) a. *この学生たちで、大量に単位を落とした。
　　　 b. *昨日は、先生たちで非難を浴びた。
　　　 c. *私たちで風邪を引いた。
　　　 d. *今回は、役員の人たちで被害を受けた。

このような例においても、主語が通常の「が」格でマークされることには何の問題もない。

(185) a. この学生たちが、大量に単位を落とした。
　　　 b. 昨日は、先生たちが非難を浴びた。

7. 非能格性

      c. 私たちが風邪を引いた。

      d. 今回は、役員の人たちが被害を受けた。

ちなみに、非意志的な行為を表す他動詞は、外項を持たず、このような文から直接受身を作ることはできない。

  (186) a. *単位が学生たちによって落とされた。

      b. *非難が先生たちによって浴びられた。

      c. *風邪が引かれた。

      d. *被害が役員の人たちによって受けられた。

(186)の事実は、以下のように説明できるであろう。外項でない項が表層で主語として現れた場合、その項は、もともとは主語でないが、派生により主語となっていることになる。このような派生主語を持つ文を受身化しようとすると、Perlmutter and Postal (1984)の言う、主語昇格唯一性の法則(1-Advancement Exclusiveness Law)——具体的には、主語への昇進は一度だけに限るという制約——に抵触することになり、容認されない文となる。

  道具格主語の振る舞いをさらに観察すると、能動文と受身文で(187)のような違いが見つかる。

  (187) a. あの人たちで、こちらの人たちを叱った。

      b. *こちらの人たちで、あの人たちに叱られた。

「叱る」は意志的な行為を表すので、能動文の主語は、「で」でマークすることができる。しかしながら、受身の主語は「で」マークすることができない[16]。(171a)で見たように、「わざと叱られる」という言い方は可能なので、受身文は主語の意志的な行為を表すことも可能であるが、動詞の項としては内項となるので、受身の主語を「で」でマークすることができないのである。

  受身文の場合は、動詞の意味上の主語が「に」あるいは「によって」でマークされ、付加詞として現れる。このような場合、動詞の意味上の主語を「で」でマークすることができない。

  (188) a. 今度は、{あの先生たちが/あの先生たちで}ジョンを叱った。

      b. 今度は、ジョンが{あの先生たちに/*あの先生たちで}叱られた。

田窪 (1984)が述べているように、もし「で」が単に動作主をマークするのであれば、(188b)でも(188a)と同様に「あの先生たち」を「で」でマークできるはずである。しかしながら実際には、(188b)の「あの先生たち」を「で」でマークできない。このことは、「で」でマークされる名詞句は付加詞でなく項でないといけないということで、道具格主語を標示する「で」は「外項」をマークすると言う方がより適切な一般化となる。

また、ここで、(189)のような被害受身の被影響者項(affectee argument)も「で」でマークできないことに注意する必要がある。

(189) a. {ジョンたちが/*ジョンたちで}雨に降られた。
　　　 b. {メアリーたちが/*メアリーたちで}泥棒に車を盗まれた。

被害受身の「主語」は、被害を受ける被影響者であって意志的行為を行うわけではないので外項とはならない。したがって、この主語を「で」でマークすることはできない。

(179)で、経験者項を「で」でマークできることを見たが、経験者と考えられる項でも、(190)のような場合は容認されない。

(190) {あの人たちが/*あの人たちで}和田先生をこわがっている。

意図的な行為を表さない時は、たとえ主語として現れても外項ではないので「で」でマークできないのである。

最後に、非対格構文で問題にした移動動詞についてもう一度考えてみることにする。「動く」「帰る」「戻る」などの移動動詞は、非対格動詞として容認されることはすでに見たが、もし、Jackendoff (1972)などが言うように、移動動詞が意図性に関して曖昧で、動詞が意図性の意味を内在的に持っている場合とそうでない場合があるのであれば、(前者の意味で使われる場合には)主語を「で」マークできるはずである。これに対して、移動動詞の意図性がHolisky (1987)の規定するような語用論的な含意の結果で、動詞の内在的な意味として表されないとすれば、主語を「で」でマークできないことになる。(191)の例は、後者の予測が正しいことを示唆している。

(191) a. 5時前には、{ジョンたちが/?*ジョンたちで}家に帰った。
　　　 b. その後、{ジョンたちが/?*ジョンたちで}席に戻った。

7. 非能格性

「帰る」や「戻る」の主語は移動主体を表す主題役割を持っていると考えられる。この場合、主語を「で」でマークすると容認性が低くなる。「戻る」という動詞に関しては、「戻す」という他動詞形も存在するが、この場合には、主語は動作主となり、問題なく「で」でマークすることができる。

(192) その後、{ジョンたちが/ジョンたちで}本をもとのところに戻した。

そうすると、主題項を一つ取る移動動詞は、意図性の意味に関しては曖昧なのではなく、もともとは意図性を表さない非対格動詞で、意図性は語用論的な含意から派生するということになる。なお、「帰る」はTsujimura (1999)が意図的行為を表す非能格動詞と考えているが、実際には、内項を持つ非対格動詞であることがここでも確認できる。

移動動詞のなかには、「歩く」や「登る」などもともと意図的な行為を指すものがある。このような動詞は、主語を「で」でマークしても問題がない。

(193) a. 今度は、私たちで、ここを歩きます。
b. 子供たちで、木に登る方がいいでしょう。

このような動詞は、外項を持ち、無生物主語を取ることができない。

(194) a. *今度は、荷物が歩きます。
b. *風船が階段を登った。

これに対して、上で問題にした意図性に関して曖昧となる移動動詞「帰る」「動く」「戻る」は、(195)のように無生物主語を許す。

(195) ようやく、彼の遺品が故郷に帰った/戻った。

ただし、移動動詞の中でも「行く」は、少し異なる振る舞いを示す。まず、(196)で示されるように、「行く」は無生物主語を許す。

(196) 手紙が彼のところに行った。

「行く」のような例では、(お見舞いのように)同じ人に対して繰り返し行われる意図的な行為を指す場合には、「で」でマークしても比較的容認性が高い。

(197) 明日は、私たちで病院にお見舞いに行きます。

これは、「行く」が意志動詞(非能格動詞)と無意志動詞(非対格動詞)の両方の用法があり、環境に応じて区別して使用され、その結果、無生物主語の許容

性と道具格主語の可能性に関してこの動詞が異なる振る舞いを示すということではないかと思われる(cf. Kiparsky 1985)。

これまでの議論で、道具格の「で」でマークできる動詞の主語は、外項であるということを見てきた。日本語の道具格主語構文は、外項をターゲットとするという点で、英語の非能格構文とは異なる。英語のWay-構文や同族目的語構文では、自動詞がその構文中に現れるかどうかで非能格・非対格の区別をするので、外項・内項の区別に直接言及しない。しかし、日本語においては、道具格主語の可能性が外項の有無によって変わってくる。日本語では、内項をターゲットとする非対格構文とともに外項をターゲットにする非能格構文も存在する。このような日本語の事実は、表層の文法関係と共に基底の構造で仮定されるような外項や内項の区別が文法において必要であるということを示している。

8. まとめ

本章では、Perlmutter (1978), Burzio (1986)などによって提案された自動詞の二分類の仮説(非対格仮説)をもとにして、日英語において、外項や内項といった基底構造での文法関係を仮定することの妥当性について議論した。英語においては内項をターゲットとする結果構文があり、内項・外項の区別が必要であるということが分かるであろう。日本語においては、これがさらに鮮明になる。なぜなら、内項を選び出す文法操作と外項を選び出す文法操作の両方が存在するからである。本章で見た文法現象から、表層の文法関係以外に、基底構造で規定される内項・外項の区別を文法理論において設定する必要があることは明らかであろう。

注

1. それぞれの主語テストはいろいろな特性を持つので、ここで議論するほどは、直接的でない場合もある。特に、「自分」の振る舞いに関する特徴については、Aikawa (1999)を参照。
2. 形式名詞の「こと」が挿入された場合には、「よ」や「ぞ」などの要素が文末に付

8. まとめ

いた方が容認性が高くなる。しかし、このような要素がなくても、非文法的であると判断されるわけではないので、ここでは、そのような文末要素を付けずに例文を提示する。

3. 生成文法においては「意味役割付与の均一性仮説(UTAH)」を用いて、非対格動詞と非能格動詞の違いを予測する。UTAHにおいては、項の意味役割を基準にして各動詞の基底構造が決められる。非能格動詞では外項は、主に動作主であり、非対格動詞では内項が被動者あるいは主題であることが多いが、それだけに限られるわけではない。関係文法におけるUTAHに相当する制限の取り扱いについてはPerlmutter and Postal (1984)参照。

4. 非対格のテストは、必ずしも同じクラスの動詞を選び出すわけではないことはしばしば報告されている。また、動詞が意味的な予測と異なる振る舞いをすることもある。この種の議論に関しては、例えば、Zaenen (1993), Levin and Rappaport (1989)などを参照。

5. Tsujimura and Iida (1999)では、項が「かけ」表現内に現れる構文も視野に入れて議論を行って、「かけ」の用いられる構文に関与する意味的な要因は「完結性」であるという議論を行っている。

　　(i) a. 本を読みかけの男の子
　　　　 b. ジョンが読みかけの本

しかしながら、岸本 (2000)でも議論しているように、このような構文は非対格構文としての分布を示さないので、ここではこのような構文の議論はしないことにする。

6. Haig (1982)が観察しているように、「に」格でマークされた名詞句の中には、数量詞遊離を許すものがあり、「触る」も数量詞の遊離が可能である。

　　(i) ジョンは壺に三つ触った。

項・付加詞の区別と数量詞遊離との関係については、Miyagawa (1989b)を参照。

7. Tsujimura (1999)では、「信じる」「知る」のような動詞を状態動詞として扱っているが、実際には、達成動詞であると考えられる(cf. Toratani 1997, 1998)。したがって、(i)の非文法性は「ある」「要る」の非文法性とは別の要因

によることになる。

(i) a. ?*信じかけの噂

b. ?*知りかけの事実

Kishimoto (1996a) では、(i) の容認性の低さは、心理状態がどの時点で変化しているか容易にわからないためとしていた。実際、「かけ」名詞構文に現れる動詞は、目の前で起こっている出来事を描写していると解釈できる場合には容認性が高くなる。同様の観察は姫野 (1999) にもある。(95) が (i) とは異なる条件で排除されているという事実は、(ii) で示すように、このような動詞が「かける」と共起できることからも明らかであろう。

(ii) a. 孝は噂を信じかけた。

b. 孝江は事実を知りかけた。

8. ここでは、「いっぱい」が統語構造上どこに付加されるかという詳しい議論を行わないが、「いっぱい」の修飾の可能性から、目的語と動詞を含む動詞句にこの数量副詞が付加されて、ここで述べたような意味的な修飾が可能となると仮定できる。なお、非能格動詞に「ている」が付いた場合は主語の数量の指定ができるが、これは「ている」が上昇述語として振る舞うためであると思われる。上昇述語は、補文中の動詞の主語を主文に移動させる。「いっぱい」が「ている」の動詞句に付加されるとすると、補文動詞の主語は「いっぱい」の修飾可能な領域内にあったことになり、数量の規定が可能になると考えられる。これと異なる分析については、影山 (1993) を参照。

9. すべての形容詞・形容動詞に対してこのような数量を表す副詞でテストができるわけではないが、少なくとも、形容詞と動詞のあるペアで、動詞の内項に対して数量副詞の意味的な修飾ができるものに対しては、このようなテストが可能である。

10. 外項・内項の区別は、Role and Reference Grammar の行為者 (actor)・被動者 (undergoer) の区別に相当する。外項・内項の区別は厳密には行為者・被動者の区別と必ずしも一致しないところがあるが、理論内の問題もあるので、本論では、外項・内項が行為者・被動者のマクロロールを持つ項に相当するものとして議論を進めることにする。

8. まとめ

11. 英語では、「眠る」や「泣く」の意味を表す動詞は、非能格動詞である。しかし、このような身体動作に関わる動詞は、言語によって非対格に分類される場合と非能格に分類される場合がある(Levin 1983, Kishimoto 1996a)。

12. 厳密に言うと、このような動詞の自動詞用法は、他動詞の反使役化(anti-causativization)によってもたらされていると考えることができるが、詳細についてはここでの議論には余り関係がないので深く立ち入らないことにする。

13. この構文に現れる動詞も、基本的に自動詞である。また、blushのような動詞は結果構文とともに、同族目的語構文やWay-構文にも現れることができる。結果構文は非対格構文、同族目的語構文とWay-構文は非能格構文なので、この動詞は非能格と非対格の区別については両義的であることになる(Levin and Rappaport Hovav 1995: 160)。

14. 「で」でマークされた主語を「は」でマークすると容認性が低くなる。

    (i) ??私たちでは、これをやります。

15. (174)のような場合には、「から」句と「が」格名詞句が共起することが可能であるが、この場合は無生の場所(起点)表現でなければならない。

    (i) ジョンは、{オフィスから/?*彼の奥さんから}メアリーに手紙を送った。

16. なお(ia)の受身文の(ib)は比較的容認性が高い。

    (i) a. あの人たちでこの計画を進めた。
        b. ?(?)この計画がジョンたちで進められた。

(iib)の容認性が比較的高いのには、「動作主」としてではなく、「あの人たちの手で」という解釈が可能であるからであると思われる。

第3章　存在・所有構文

1. はじめに

　前章の議論では、(表層レベルでの主語や目的語以外に)基底構造での「外項・内項」という区別を設定することが必要な統語現象について見てきた。本章では、前章の議論を踏まえた上で、非対格動詞の一種である存在・所有動詞——英語ではbe動詞そして日本語では「ある」「いる」がそれに相当する——を使った日英語の存在・所有構文について考えてゆく。英語では、be動詞で存在・場所の意味を表す時には、虚辞のthereを使ういわゆるThere-構文と虚辞のthereの現れない構文が使われる場合がある。There-構文では、虚辞のthereが主語位置を占め、動詞の内項が目的語の位置に現れる。虚辞が現れない場合には、動詞の内項は表層において主語として具現化される。

　(1)　a.　The old man is in the garden.
　　　　b.　There is a book on the desk.

日本語で構造的に対応する構文は、英語のbe動詞に相当する「ある」「いる」が用いられる文で、次のような意味を表すことができる。

　(2)　a.　テーブルの上に本がある。　　(存在)
　　　　b.　メアリーは公園にいる。　　　(場所)
　　　　c.　ジョンには兄弟がいる。　　　(所有)

本章では、英語のThere-構文が統語的には日本語の所有文に相当することを見る。もちろん、(1)のThere-構文は、意味的に(2a)あるいは(2b)にほぼ相当するものと考えられる。しかしながら、英語のThere-構文において観察される現象が日本語の所有文に観察できるので、英語のThere-構文と日本語の所有文は、統語的に同じ構造を持っているということが以下の議論で明らか

になる。

　日本語の所有文と英語のThere-構文との間に見られる統語構造の共通性は、両者とも特殊な存在・所有動詞が使われており、共通の構文パターンが存在するということから確認できる。日英語の存在・所有動詞はともに典型的には項を一つしか取らない自動詞であると考えられるが、ある統語環境のもとでは項を二つ取ることができ、表層の文法関係で目的語となる項がいわゆる定性の効果(definiteness effect)を示す。そして、このような日英語に共通に観察される現象から、存在・所有動詞の普遍性に関する特徴が浮き彫りになってくる。

2. 英語の There- 構文の特徴

　Bach (1967)、Verhaar (1967, 1968a, 1968b, 1969)、Clark (1978)などの研究で、英語のbe動詞に相当する動詞(日本語では「ある」「いる」)を用いて、多くの言語で存在(existence)・所有(possession)・場所(location)の意味を表すことができるということが広く観察されている(cf. Bickerton 1990)。英語の場合は、存在・場所の意味を表す基本的な動詞はbe動詞で、この動詞がThere-構文に現れる。Hornstein et al. (1996)でも観察されているように、There-構文は、存在・場所の意味を表すだけでなく所有関係(possessive relation)を表すこともできる。

(3)　a.　This car has a very powerful engine.
　　　b.　There is a very powerful engine in this car.

(3b)の文は、単にエンジンの存在を表すのではなく、所有関係の一つとして、車とエンジンの部分・全体関係(part-whole relation)を表す。この文の表す意味は、(3a)とほぼ同義である。このような事実は、英語においても、存在・所有・場所の意味と構文の関係が必ずしも一対一の対応関係にあるわけではないということを示している。

　英語のThere-構文は、それ自体に特に意味のない虚辞(expletive)のthereが主語位置に現れるかなり特殊な構文である。There-構文は、英語の文法研究において、さまざまな形で取り上げられ議論されている(Jenkins 1975,

Bolinger 1977, Milsark 1974, 1977, Hannay 1985, Lakoff 1987, Lumsden 1988など)。本節では、このThere-構文の特殊な現象の一つとしての定性の制約(definiteness restriction)について観察し、それが特定の統語位置に現れる名詞句に適用される制限であることを見る。そして、定性の制約によって現れる効果は、There-構文において、虚辞のthereが主語を占めることにより、be動詞の選択する唯一項である内項が表層構造で目的語の位置に留まることになることから生じることを論じる(なお、There-構文には、be動詞以外の動詞が現れる場合があるが、これについては、次章で取り扱うことになる)。

　その議論の第一段階として、Lyons (1975)、Traugott (1992)、Huddleston and Pullum (2002)などをはじめ多くの学者によって考えられている仮定——すなわち、虚辞のthereは歴史的にもともと場所を表す付加詞(locative adjunct)であったのが、この構文ではもとの意味がなくなり主語として再分析され主語位置に現れるようになったという仮定——に着目すると、(4a)と(4b)の文に派生関係があると考えることができる。

　(4)　a.　An old man is in the garden.

　　　b.　There is an old man in the garden.

be動詞は、もともと内項として働く名詞句を一つ取る動詞なので、虚辞のthereの現れない(4a)では、内項の位置に生成されたan old manが表層で主語位置に移動することになる (cf. Freeze 1992)。

　(5)　a.　[$_{IP}$　[$_{VP}$ is an old man in the garden]].

　　　b.　[$_{IP}$ an old man$_i$ is$_j$ [$_{VP}$ t_j t_i in the garden]].

(5b)で示されるようにbe動詞のisは、主要部移動の結果、表層ではIPの主要部に入ることになる。もし場所を表す付加詞から虚辞として再分析されたthereが主語位置に導入されると、(6b)のように、an old manはVPの補部に留まったままになるので、(4b)のような文が作られることになる。

　(6)　a.　[$_{IP}$　[$_{VP}$ is an old man in the garden]].

　　　b.　[$_{IP}$ there is$_i$ [$_{VP}$ t_i an old man in the garden]].

上のような分析で、(4a)と(4b)の統語上の重要な違いは、主語位置を動詞の項が占めるかそれとも虚辞のthereが占めるかの違いである。ただし、(4a)と

2. 英語のThere-構文の特徴

(4b)のペアに対応する文が常に存在するとは限らない。

(7) a. There is space in the manger.
   b. *Space is in the manger.

(8) a. There is corn in the manger.
   b. Corn is in the manger.

Kimball (1973)は、(7)と(8)のような例の容認性の違いから、譲渡不可能所有(inalienable possession)を表す場合にはThere-構文にならなければならないと述べているが、Breivik (1981)やJenkins (1975)なども議論しているように、譲渡不可能所有を表している構文が常にThere-構文になるというわけではないので、この定式化はそれほどうまくいかない(cf. Milsark 1974)。もちろん、(4a)と(4b)の二つの形式は、情報構造的にはかなり異なるので、例えば、(4b)のThere-構文の動詞の後には、典型的には不定名詞句(indefinite noun phrase)が現れるが、(4a)の文の主語位置には不定名詞句が現れにくいという傾向が観察される(Lumsden 1988などを参照)。

虚辞のthereは、場所の意味を表す付加詞のthereから派生した結果、付加詞とは異なる性質を持つようになった。Jespersen (1909-49)は、虚辞のthereが場所副詞のthereと異なる特徴として、1)強勢(stress)が置かれることがない、2)場所の意味がない、3)準主語(quasi-subject)となる(典型的な主語位置に現れる)、4)複数主語でも動詞が単数形になる傾向がある(例えば、There's some cookies on the table.のような文(cf. Celce-Murcia and Larsen-Freeman 1983))、5)特殊な語順を作る、などを挙げている。事実、虚辞のthereは、本来の意味を失って機能語のように機能しているため、There-構文では、場所副詞のthereをさらに追加した(9)のような文が可能である。

(9) There are a lot of books there.

There-構文において、意味のないthereが主語位置を占めているということは、前章で議論したいくつかの主語テストによって確認することができる。

(10) a. There is likely to be a riot in this city area.
    b. There seems to be a riot in this city area.
    c. Was there a riot in this city area?

(10)に挙げた名詞句移動や主語・助動詞倒置の文法操作は、IPの主要部を占めている要素、すなわち、主語に対して可能な文法操作である。

(11) a. John is likely to be in the garden.
b. John seems to be in the garden.
c. Is John in the garden?

ちなみに、英語の場合、動詞の数の一致は、虚辞のthereに対してではなく、通常、動詞の後に現れる名詞句に対して起こる。

(12) a. There {is/*are} a book on the table.
b. There {are/*is} books on the table.

英語の動詞の一致は主語に対して起こると仮定されるので、There-構文では、主語の性質が二つの要素——thereと動詞の後の名詞句——に分裂しているということになる。このような事実は、動詞の後に現れる名詞句が論理形式で主語の位置に移動するという統語分析(Chomsky 1993, 1995, Lasnik 1992, 1995など)の動機の一つとなるが、ここでは論理形式のことについては議論しないので、この点については、事実だけを述べるにとどめる。

There-構文に現れるbe動詞はもともと非対格動詞なので、虚辞のthereが現れなかった時に主語となる項は内項である。There-構文においては、thereが主語位置を占めるので、内項は目的語の位置に留まったままになる。実際、その名詞句は目的語の特性を示す。英語の目的語の一つの特性として、隣接性の条件(adjacency condition)がかかるということが挙げられる。

(13) a. John still loves Mary.
b. *John loves still Mary.

(13)に示すような動詞と目的語の隣接性は、一見、英語のThere-構文には必要がないように思える。

(14) There are still some problems with this solution.

しかし、(14)が容認可能なのは、英語のbe動詞がVPの主要部からIPの主要部に主要部移動が起こっているためで、一般に、IPの主要部にある動詞と目的語との間には隣接性の条件が働かない。(14)のbe動詞がIPの主要部にあることは、主語・助動詞の倒置の起こっている(15)の例からも確かめられる。

2. 英語のThere-構文の特徴

(15) Are$_i$ there t_i many problems with this solution?

主語・助動詞の倒置は、IPの主要部の動詞がCPの主要部に上昇する統語操作である。(15)ではbe動詞が先頭に現れるので、(14)のような例ではbe動詞がIPの主要部にあることがわかる。

英語のbe動詞は、補語(complement)に項を選択しても主要部移動を起こす動詞である。be動詞が(項が二つ現れる)コピュラ動詞(copular verb)として用いられている(16)の例は、be動詞が統語上存在する位置、すなわち、IPの主要部かVPの主要部かにより容認性に違いが見られることを示している。

(16) a. English is still a nuisance.

　　 b. *English has been still a nuisance.

(16a)では、isとa nuisanceの間にstillが入っているが問題はない。しかし、(16b)では、beenとa nuisanceの間にstillが入るため非文となる。(16a)のisと(16b)のbeenが異なる統語位置を占めることは、(17)に示された動詞移動の可能性の違いにより明らかである。

(17) a. Is$_i$ English t_i a nuisance?

　　 b. Has$_i$ English t_i been a nuisance?

　　 c. *Been$_i$ English has t_i a nuisance?

このことから、隣接性の条件は、表層において動詞が動詞句(VP)の主要部に留まっている時に、動詞と目的語(補語)の間に当てはまる制約であると言うことができる。

そうすると、There-構文においても、もしbe動詞がVPの主要部に留まっていれば、動詞と動詞のあとに現れる項の間で隣接性の条件が働くはずである。(18)の例は、その予測が正しいことを示している。

(18) a. There have still been some problems with this solution.

　　 b.?*There have been still some problems with this solution.

上のようなデータから、英語のThere-構文は、thereが主語位置を埋めているためにもともとの動詞の内項が補語(目的語)の位置に留まった構文であると結論づけることができるであろう。

Milsark (1974, 1977)などによって観察されたもう一つのThere-構文の特

異な現象は、動詞の後ろに現れる名詞句の定性の効果である[1]。

(19) a. There are {many/some/no} books on the table.
　　 b. *There are {most/all} books on the table.

There-構文の動詞の後に現れる名詞句は、いわゆる定性の制約により、通常、many, some, a few, noなどの弱決定詞(weak determiner)が現れる名詞句や冠詞を伴わない名詞句がその構成員となる不定表現(indefinite expression)であり、every, most, allなどの強決定詞(strong determiner)が現れる名詞句や代名詞・固有名詞などに代表される定表現(definite expression)は許されないことがよく知られている[2]。

　このような定性の効果は、後で詳しく議論するように、There-構文に現れるbe動詞がもともと項を一つしか取らないのに、虚辞のthereが主語位置を占め、動詞の項が内項の位置(動詞句の補部)に留まるために生ずると考えられる。Belletti (1988)によれば、このような名詞句は、非対格動詞の表層の目的語として現れるために、通常の対格(accusative Case)ではなく、部分格(partitive Case)が与えられることになる。そして、部分格を与えられた名詞句は、定表現と整合しないために、定性の効果が現れることになる。定性の効果に関しては、これ以外の説明も可能であるが、日本語と比較すると、部分格の分析が最も妥当であることを次節以降で議論することにする。

3. 日本語の存在・所有文の文法関係

　日本語の場合、典型的に所有の意味を表す英語のhaveに相当する動詞はなく、英語のbe動詞に相当する「ある」と「いる」という動詞が、(20)(=(2))のように、存在・所有・場所の三つの意味を表すことになる。

(20) a. テーブルの上に本がある。　　(存在)
　　 b. メアリーは公園にいる。　　　(場所)
　　 c. ジョンには兄弟がいる。　　　(所有)

もちろん、例えば、所有の意味は、英語のownや日本語の「持つ」などのような動詞を用いて表すこともできる。しかし、存在・場所・所有の三つの意味を表す最も中立的な語は、be動詞や「ある」「いる」であり、この動詞が本章の

3. 日本語の存在・所有文の文法関係

議論の中心となる。

　存在・場所の意味と所有の意味は関連するものの、日本語では表される形式が異なることは後で議論するが、ここで、「存在・場所・所有」の意味についてすこし考えておくことにする。まず、「存在・場所」は、最も典型的に、物理的な空間・存在関係を指す。「存在」は、事物の存在を断定し、しばしば、存在場所が明示される。「場所」の場合には、事物と場所の空間関係を指定することになる。この両者の文は、意味的にも密接に関連し、後で見るように、統語構造として自動詞文の構造を持つ存在文となる。

　これに対して、「所有」の意味は、抽象的な依存関係を示し、「存在・場所」とは、統語構造上明確に区別される。日本語では、最も典型的に、譲渡不可能所有となる関係が「所有」関係を表すことになる。ここで言う「所有」の範疇に入る関係は、(20c)に挙げられているような親族関係に代表される「人間関係」の他、「に」格名詞句が有生名詞(animate noun)の場合には、本来的な所有・被所有を規定する「所有関係」、また、「に」格名詞句が無生名詞(inanimate noun)の場合には、空間関係とともに抽象的な所属関係を規定すると考えられる「部分・全体の関係」が入る。このような「所有」の概念を表す所有文は、統語的には他動詞文となる。

　(20)の日本語は意味的には、それぞれ、(21)の英語に対応する。

　　(21) a. There is a book on the table.
　　　　 b. Mary is in the park.
　　　　 c. John has a brother.

しかしながら、後で議論するように、日本語の(20)と英語の(21)の意味的な対応関係と、その文の持つ統語的な特徴には、必ずしも密接な対応関係がない。これは、Bickerton (1990)が述べているように、存在・所有の意味関係をどのような形式で表すかについては、言語によって比較的恣意的に決まるからであろうと思われる。事実、前節で見た英語の例が示すように、一つの構文が一つの意味に必ずしも対応しているわけではない。

　日本語の場合、所有文と存在文の形式は表面上同じ格配列を持つ。しかし一方で、存在文と所有文には意味と構文との間にかなり直接的な対応関係が

見られ、この二つの構文は容易に区別できる。存在文と所有文の意味の違いは、部分・全体の関係が入らなければ、物理的な関係を表しているか抽象的な関係を表しているかで区別できる。例えば、「テーブルの上に本がある。」の場合、本とテーブルは、物理的に接触していなければならない。もし物理的な接触関係がないと、文の表す命題は偽となる。これに対して所有関係を表す「ジョンにはお金がある。」や「ジョンに子供がいる。」などの場合は、所有者の「ジョン」と被所有物の「お金」あるいは「子供」との間に空間的な隣接関係は必要がない。所有者に抽象的に何かが属しているという関係が成り立てば、所有関係が成立する。なお、部分・全体の関係は、空間関係と所有関係がともに成立する場合であるが、この場合、日本語では、統語的には他動詞的な所有文として具現化される。

「ある」「いる」が意味の違いによって他動性が異なるという分析は、これまでの研究でもしばしば提示されている（Kuno 1973, 柴谷 1978）。その分析によれば、所有文は他動詞文で、所有者の「に」格名詞句が主語となり、被所有物の「が」格名詞句が目的語となる。存在文は自動詞文で、主題の「が」格名詞句が主語で、「に」格名詞句が場所を表す付加詞となる。この分析は基本的に正しいと思われるが、これまでの分析においては、どのような文が所有文あるいは存在文とみなされるかという点に関しては、これまであまり定義がされておらず、存在文と所有文の振り分けに関して大きな混乱が生じていると思われる。特に、古典的なKuno (1973)や柴谷 (1978)の分析で問題となるのが (22)の二つの文で他動性が異なるという主張であろう。

(22)　a.　ジョンには子供がある。
　　　b.　ジョンには子供がいる。

Kuno (1973)によれば、(22a)は、「に」格名詞句が主語となる他動詞文の所有文である。しかし、(22b)は「が」格名詞句が主語となる自動詞文の存在文となる。したがって、古典的な提案では、(22a)は所有の意味を表すのに対して、(22b)は (「私」に関して)「子供」が存在するという存在の意味を表すと分析されることになる。

日本語の「ある」と「いる」という動詞は、「が」格名詞句の有生・無生の区別

によって動詞が交替する。この「ある」「いる」の動詞の交替(alternation)は、かなり特殊な振る舞いをする。Kuno (1973)・柴谷 (1978)では、「兄弟」のような名詞が「が」格名詞句として現れた場合、「ある」と「いる」の両方が許容されるということを問題とし、さらに、「ある」「いる」と「が」格名詞句の共起関係が主語との一致(agreement)であると考えて、交替を起こす動詞は存在動詞のみで、所有動詞は「ある」しかないと主張されている[3]。

(23) a. 所有文: [主語-に　目的語-が　ある]
　　　b. 存在文: [場所-に　主語-が　{ある/いる}]

そうすると、Kuno (1973)・柴谷 (1978)の分析では、(22b)は所有文ではありえなくなる。(22a)は「に」格名詞句が主語で「が」格名詞句が目的語となる他動詞文で所有の意味を表すが、(22b)は、「に」格名詞句が付加詞で「が」格名詞句が主語となる自動詞文で、存在の意味が表されるというわけである。したがって、Kuno (1973)・柴谷 (1978)では、(22)に代表される二つの文は、文のタイプ(他動性)が異なることになる。

しかしながら、(22)の文では、ともに「ジョン」と「子供」が譲渡不可能な「親族関係」を表しているのであって、「ジョン」と「子供」の空間関係を指定しているわけではない。実際、「ジョン」と「子供」は物理的に離れた状態であっても、親子の親族関係が成立していれば、文は正しい意味を表していることになる。その意味おいて、(22)の二つの文は所有関係を規定しており、Kuno (1973)・柴谷 (1978)の提案するような意味の違いは存在しないということができるであろう。

Kuno (1973)・柴谷 (1978)では、(22)の文に対して、動詞の交替あるいは動詞の一致がどうあるべきかなど統語的な特徴に基づき文法形式を規定し、その後で、構文の意味を決定しているが、構文の分析自体に問題があり、誤った意味が付加されたために、このような問題が生じたと考えられる。本節では、日本語において存在・所有文の文法形式には存在・所有の概念化が直接的に反映され、(22)の文は共に他動詞文の所有文となるという従来とは異なる分析を提案し、この分析が経験的事実から見ても妥当であることを示す。

その第一段階として、どのような意味が所有(あるいは存在)として概念化

されるかについて考えてみる。細かい分類は考え方によって変わる可能性もあるが、Chappell and McGregor (1996)によれば、1)本来的な所有関係(possessive relation)、2)親族関係(kinship relation)およびその拡張である人間関係(human relation)、3)部分・全体の関係(part-whole relation)、4)空間関係(spatial relation)、などが所有表現で表される可能性があるという。ちなみに、Heine (1997a, 1997b)によると、所有の概念は、場所の概念の意味拡張によって派生されることになる。これらは、日本語で「ある」と「いる」で表される関係である。日本語の場合、所有文と存在文は表面上同じ形式で表されるが、その統語構造は異なる。先にも少し議論したが、日本語では、1)、2)および3)は、[X has Y]という所有関係として、そして、4)は[Y is at X]という存在関係として概念化され、それぞれが、所有文(他動詞文)、存在文(自動詞文)になる。そうすると、(22)の二つの文は、所有が概念化されるので統語構造としては、ともに他動詞文となるはずで、実際、そうみなすべき根拠が存在する。

「ある」「いる」は、能格型(ergative)の格パターン(「に-が」の格パターン)を取る状態動詞であり、他動詞として使われた場合には、「に」格名詞句が主語になる動詞のクラスに属する。「ある」「いる」のような能格の格パターンを取る動詞は、表面上は、他動詞であっても自動詞であっても同じ格形式を持つので、表面上の形式だけでは他動性の区別はできない。しかし、このような動詞の他動性は、「に」格名詞句が他の複雑な場所表現と置き換えることができるかどうかによって、比較的簡単に見分けることができる。

(24) a. テーブルに本がある。
  b. テーブルの上に本がある。

問題なく存在文であると考えられる(24a)では、「に」格表現を(24b)のような「の上に」という複雑な形態を持つ後置詞表現に置き換えることができる。日本語においては、実際の置き換えは、どのような空間関係を叙述しているかによって変わってくるが、一般に、このような後置詞表現の置き換えが可能である。(25)は、「に」でマークされた場所表現を取る「置く」の例である。

(25) a. ジョンがテーブルに本を置いた。

3. 日本語の存在・所有文の文法関係

   b. ジョンがテーブルの上に本を置いた。

存在文は物理的な空間関係を指定するため、多くの場合、文本来の表す空間的な意味を変えずに別の場所表現に置き換えることができるのである。これに対して、所有文の場合は、「に」格名詞句が所有者(possessor)として働く(cf. Freeze 1992, Seiler 1983)。特に、所有者が人間を指す場合には、この名詞句を場所表現で置き換えることはできない。(26)は、「いる」の所有文の例である。

 (26) a. ジョンには、子供がいる。
    b. ジョンのところには、子供がいる。

(26a)は、親族関係を表す所有文であるが、この所有文の「に」格名詞句を(26b)のように置き換えることはできない。このようにすると、文は空間関係を指定する存在文になり、所有関係を表さなくなる。したがって、(26b)の「子供」は誰の子供でもあっても構わなくなり、(26a)と同義とはならない。Kuno (1973)・柴谷(1978)の古典的な分析では(26a)を存在文と分析するが、(26a)は実際には譲渡不可能所有の関係を表すので、存在文でなく所有文である。

 ちなみに、このようなテストを「ある」の所有文(27a)に当てはめると、(27b)のような非文が生じる。

 (27) a. ジョンには、子供がある。
    b.＊ジョンのところには、子供がある。

(27b)が容認されないのは、この文が存在文であるにもかかわらず「が」格名詞句と動詞が一致していないと判断されるからである。(27a)の意味が(27b)の文で表すことができないのは、所有文と存在文で動詞の一致の可能性が異なるためである。これは、以下でも議論するように、所有文では「が」格名詞句と動詞が必ずしも呼応しなくてもよい場合があるからである。(27a)は、(26a)と同様に親族関係を表すので、所有文となる。

 存在・所有文での後置詞表現への置き換えの可能性の違いは、結局、存在と所有の概念が、関連はするものの、異なる概念領域(conceptual domain)に言及する概念であることに起因すると思われる(cf. Jackendoff 1983, 1990)。まず、(24a)の存在文で表される関係は、物理的な空間関係なので、この関係

をより具体的な表現で置き換えることができる。この場合、置き換えが起こっても、空間関係を捉える視点が少し変わっただけで、基本的には同じ関係を表すことができるのである。これに対して、所有文の表す関係は、抽象的な所有関係で、(部分・全体の関係を表す場合を除いて)所有者は人間に限られる[4]。したがって、もし(26a)の「に」格名詞句が(26b)のように人間の所有者を指さない表現に置き換えられた場合には、所有関係は表されず、空間関係の解釈しか許されなくなるのである。

　所有と存在の概念化が文法形式と直接関わっているという事実は(28)のような例からも確認できる。

　(28)　a.　ジョンにはペットがいた。
　　　　b.　ジョンにはシラミがいた。

(28a)と(28b)は、一見よく似た文であるが、表す意味が異なる。(28a)は、「ペット」が「ジョン」と空間的な接触関係を持つ必要はなく、「ジョンがペットを飼っていた(所有していた)」という意味を表し、所有が概念化される。(28b)は、「シラミがジョンに寄生していた」という空間関係を表し、存在が概念化される。この場合、「ジョン」と「シラミ」には物理的な接触関係が必要で、もしそのような関係が成立しないならば、(28b)の文は偽となる。そうすると、(28a)は所有文、(28b)は存在文ということになる。なお、文脈により、(28a)に存在文(空間関係)の解釈を与えたり(28b)に所有文(所有関係)の解釈を与えたりすることも可能ではあるかもしれないが、ここでは、通常得られる解釈のみを扱う。これらの文では、後置詞表現の置き換えの可能性に差が出る。

　(29)　a.　*ジョンの体にペットがいた。
　　　　b.　ジョンの体にシラミがいた。

所有関係を含意する(28a)は、本来の意味を保持したまま(29a)のような表現に置き換えることはできない。これに対して、空間関係を表す(28b)の文を本来の意味を保持したまま(29b)のような表現にすることは可能である。柴谷 (1978)は、(28b)を所有文として扱っているが、実際には、この文は存在文であることがわかる。

3. 日本語の存在・所有文の文法関係

　これまでの議論から、「ある」も「いる」もともに存在文と所有文に現れることができる動詞であるということがわかる。古典的な分析では、(26a)のような「いる」の所有文を存在文と分析することにより、「いる」は存在の自動詞用法しかなく、所有は「ある」のみで表されるため、所有文には動詞の交替がないとしている。しかし、実際には、存在文と所有文の文法形式は存在・所有の概念化により決まるため、「ある」「いる」はどちらの構文でも用いることができ、動詞の交替は存在文だけでなく所有文でも起こる。もし存在文が自動詞文で、所有文が他動詞文であるとすると、動詞の交替と動詞の項の文法関係の分布は(30)のようになる。

(30) a. 所有文: [主語-に　目的語-が　{ある/いる}]
　　　b. 存在文: [(場所-に)　主語-が　{ある/いる}]

ただし、ここで示していることは、「ある」「いる」がともに存在文と所有文に現れることができるということで、動詞の交替の分布が同じということではない。

　先に述べたように、「ある」「いる」は能格型の格パターンを取る状態動詞である。このような動詞では、「が」格は主語もマークできるし目的語もマークできる。このタイプの状態動詞は、「が」格名詞句が主語となる場合、自動詞で、「に」格名詞句が主語となる場合は、他動詞となる。柴谷（1978），Shibatani（1990）も議論しているように、日本語の場合、状態述語の他動性は、格配列を見て直接見分けることはできないが、どの名詞句が主語あるいは目的語としての働きを持つかを調べれば、その文法関係を決定できる（Kishimoto 2000）。

　「ある」「いる」が他動詞か自動詞かを決定するために、ここでは、日本語の三つの主語テスト——再帰代名詞（reflexivization）・コントロールPRO（controlled PRO）・随意解釈のPRO（arbitrary PRO）——を用いてテストすることにする。なお、通常、主語テストの一つと考えられる主語尊敬語化に関しては、所有文において複雑な振る舞いを示すので別のセクションで議論することにする。

　第一に、存在文で、再帰代名詞がどのような名詞句を先行詞に取ることが

できるかを考えてみる。再帰代名詞の「自分」は一般に主語指向性があるので、どのような名詞句が「自分」の先行詞となることができるかを調べることによって、どの名詞句が文の主語として働いているかを調べることができる。

(31) a. 自分$_i$の部屋にジョン$_i$がいる(こと)

b.$^{?*}$ジョン$_i$に自分$_i$のシラミがいる(こと)

存在文の場合、(31)が示すように、「が」格名詞句のみが「自分」の先行詞となることができるので、この名詞句が主語であることがわかる。なお、「自分」の束縛の可能性は、「自分$_i$の部屋にジョン$_i$がいる(こと)」のように語順が変わっても変化しない。これに対して、所有文では、「に」格名詞句だけが再帰代名詞の先行詞となることができる。

(32) a. ジョン$_i$に、自分$_i$のお金が ある(こと)

b. *自分$_i$の友達に親戚$_i$がある(こと)

したがって、所有文では「に」格名詞句が主語であることがわかる[5]。なお、以前に議論した「ジョンにペットがいる」は、「ジョン$_i$に自分$_i$のペットがいる(こと)」が容認可能なので、所有文と判断できる。このテストを、本節の最初で問題にした(22)の二つの文に当てはめると(33)のような結果が出る。

(33) a. ジョン$_i$に、自分$_i$の子供が {いる/ある}(こと)

b. *自分$_i$の友達に子供$_i$が {ある/いる}(こと)

(33)のような文では、動詞の選択にかかわらず、再帰代名詞が「に」格名詞句のみを先行詞とすることができる。Kuno (1973)・柴谷 (1978)によれば、「いる」を用いた他動詞文は存在しないはずであるが、(33)の事実は、「ある」と同様に「いる」も他動詞としての用法があることを示している。

次に、PROの分布について考えてみる。PROの現れる位置は、主語位置に限られており、目的語がPROとなることはない。日本語では、例えば、「ほしいと思う」に埋め込まれる動詞の意味上の主語が「に」でマークされると、その埋め込み節はコントロール節になる。

(34) a. 私は、ジョン$_i$に[PRO$_i$花子をほめて]ほしいと思った。

b. *私は、メアリー$_i$に [ジョンが PRO$_i$ ほめて]ほしいと思った。

このテストを、存在文に当てはめてみると、存在文では、場所を表す「に」格

3. 日本語の存在・所有文の文法関係

名詞句の右側に現れる主題名詞句の「が」格名詞句がPROになることができることがわかる[6]。

(35) 私は、ジョン$_i$に[ここにPRO$_i$いて]ほしいと思った。

このことは、「が」格名詞句が存在文の主語であるということを示している。これに対して、所有文では「に」格名詞句がPROに置き換えられる[7]。

(36) a. 私は、ジョン$_i$に[PRO$_i$子供があって]ほしいと思った。
b. *私は、子供$_i$に[ジョンにPRO$_i$あって]ほしいと思った。

したがって、所有文では「に」格名詞句が主語である[8]。ちなみに、「いる」を用いた所有文もPROに置き換えることのできる名詞句は「に」格名詞句であって「が」格名詞句ではない。

(37) a. 私は、ジョン$_i$に[PRO$_i$子供がいて]ほしいと思った。
b. *私は、子供$_i$に[ジョンにPRO$_i$いて]ほしいと思った。

ここでも、(22)のような文で、「ある」「いる」の動詞の違いによって容認性に違いが見られないことがわかる。(37)の事実も、「いる」に所有を表す他動詞としての用法があることを示している。

「ある」「いる」のような動詞は「に-が」の格パターンを取るので、(36a)と(37a)の「に」格名詞句は埋め込み節にあるとも考えられる。しかし、(38)のように受身化すると、このような曖昧さはなくなる。

(38) a. ジョン$_i$が、その人たちに[ここにPRO$_i$いて]ほしいと思われている。
b. ジョン$_i$が、その人たちに[PRO$_i$子供が{いて/あって}]ほしいと思われている。

(38)のような受身はコントロール節を取る構文でのみ可能であるということは、(39)の例が容認されないことから確認できる。

(39) ?*お湯が、その人たちに沸いてほしいと思われている。

前章でも議論したように、「お湯が沸く」のような文は、主語が無生物なのでコントロール節として埋め込むことができない。

(40) a. 私は、[お湯が沸いて]ほしいと思う。
b. ?*私は、お湯$_i$に[PRO$_i$沸いて]ほしいと思う。

(39)の受身文が(40b)と同じように非文法的になるということは、受身文の主語が従属節の中から取り出せないということで、(39)の受身文の従属節はコントロール節でなければならないということである。

随意的な解釈を持つPROも同様な分布を示す。随意的解釈を持つPROは、コントロールPROと同様に、主語位置にしか現れることができない。

(41) a. [PRO人をほめる]ことはいいことだ。

b. *[みんながPROほめる]ことはいいことだ。

存在文においては、随意的な解釈を持つPROは「が」格名詞句の位置に現れることができる。

(42) [ここにPROいる]ことはいいことだ。

これに対し、他動詞文の所有文では「に」格名詞句が随意解釈を持つPROで置き換えることができ、所有文の主語は、「に」格名詞句であって「が」格名詞句ではないことがわかる。

(43) [PROお金がある]はいいことだ。

ここでまた、(22)の二つの文において、随意解釈のPROに置き換えられる要素は、「に」格名詞句だけであることが(44)の例から分かる。

(44) a. [PRO子供が{ある/いる}]ことはいいことだ。

b. *[ジョンにPRO{ある/いる}]ことはいいことだ。

(44)に示されているように、「ある」「いる」の選択にかかわらず、随意解釈を受けるPROの分布は同じである。このこともまた、「いる」に所有を表わす他動詞としての用法が存在することを示している。

最後に、他動詞的な所有文の「が」格名詞句は、目的語となることが予測される。この予測が正しいことは、「いっぱい」のような内項を調べるテストと主語テストを組み合わせてみると容易に確認できる。まず、(45)の「いっぱい」は、「兄弟」が内項と見なすことができるということを示している。

(45) 私のいとこには兄弟がいっぱいいる。

(45)においては、「いっぱい」が「が」格名詞句の「兄弟」の数を指定し、「たくさんの兄弟」という意味になる。しかし、「いっぱい」は「に」格名詞句の数量を指定することはない。そうすると、(45)では、「兄弟」が内項として働いている

ということになる。しかし、このような「いっぱい」の振る舞いだけで、(45)の「が」格名詞句が目的語かどうかを断定することはできない。

 (46) a.　ジョンには、お金がいっぱいある。
   b.　あそこには、子供がいっぱいいる。

(46a)は、「ある」を用いた所有文、(46b)は「いる」を用いた存在文である。両文とも「が」格名詞句が「いっぱい」の数量指定のターゲットとなる内項であることが分かる。しかし、(46a)のような文では、「に」格名詞句が主語の特性を示すので、内項である「が」格名詞句は、表層で目的語として現れることになる。これに対して、(46b)のような文では、「が」格名詞句が主語の特性を示すので、もともと目的語の位置に生成される内項が、表層で主語位置に上昇して主語として現れているということになる。

 なお、第2章では、形式名詞の「こと」が導入できる名詞句が目的語とみなすことができることを見た。しかしながら、所有関係を表す(47)の文の「が」格名詞句に形式名詞「こと」の導入は許されない。

 (47)　ジョンには、子供(*のこと)がいる。

これは、「が」格名詞句が目的語ではないということではなく、意味的な制限があるからであると考えられる。例えば、笹栗(1999)は「こと」が挿入できる場合には、目的語の名詞句が指示的(referential)でなければならないことを観察している。そして、(47)のような場合には、抽象的な所有関係が規定されている。このような時には、たとえ「が」格名詞句が目的語であっても、「こと」の導入が許されないという制限が存在すると考えられる。実際、「メアリーは夫(*のこと)を持つ身だ。」の例が示すように、所有関係を表す文では他動詞の目的語である「を」格名詞句に対して「こと」を挿入することができない。いずれにせよ、(45)の「が」格名詞句が「いっぱい」で意味的に修飾することができるという事実があり、(45)のような文の「に」格名詞句が主語の特性を示すという事実があることからも、この「が」格名詞句は、表層では目的語として現れているということが確認できるであろう。

 結論として、(22)のように所有関係の意味が表されている文は、「ある」が使われていても「いる」が使われていても、「に」格名詞句が主語の特性を持

ち、「が」格名詞句は内項として働く。内項は、表層において主語位置に現れなければ、目的語となるため、(22)のような文は、両方とも主語と目的語をもつ他動詞文であることがわかる。もし「ある」や「いる」の文が空間関係を表していれば、内項が表層の主語として現れ、「が」格名詞句が主語となる自動詞文となる。そうすると、日本語においては、所有・存在の意味と構文の他動性に直接的な写像関係があるということになる。

　これまでの議論から、「ある」「いる」の交替に関する基本的なパターンは、以下のようにまとめることができる。「ある」「いる」の動詞の交替は一致(agreement)の一形態と考えられ、存在文でも所有文でも、動詞の選択が「が」格名詞句の有生・無生の区別によって決められる。

(48) a. あそこに本が{ある/*いる}。
　　 b. 公園に男が{いる/*ある}。

存在文では、動詞が「ある」の場合、「が」格名詞句は無生でなければならない。また、動詞が「いる」の場合、「が」格名詞句は有生でなければならない。つまり、(48)の事実は、「が」格名詞句と動詞との一致が、存在文の場合、義務的であるということを示している。したがって、存在文では、(49)のように、それぞれの動詞の選択する「が」格名詞に句は重なりが起こらない。

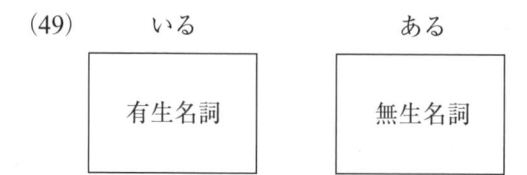

(49)　　　　いる　　　　　　ある

　　　　| 有生名詞 |　　| 無生名詞 |

所有文の場合は、少し状況が異なり、所有文の動詞が「ある」の場合には、「が」格名詞句は有生であっても無生であってもよい。

(50) a. ジョンには子どもがある。
　　 b. ジョンにはお金がある。

所有文の動詞が「いる」の場合は、「が」格名詞句は常に有生でなければならない。

(51) a. ジョンには子どもがいる。
　　 b. *ジョンにはお金がいる。

3. 日本語の存在・所有文の文法関係

このように動詞と「が」格名詞句との共起関係が「ある」と「いる」では相補分布を示さないため、「子ども」のような有生名詞が所有文の「が」格名詞句として現れた場合には「ある」と「いる」の両方が許容されることになる。その結果、「ある」の所有文では、(52)のように、「ある」「いる」の選択する名詞句に重なりが見られることになる。

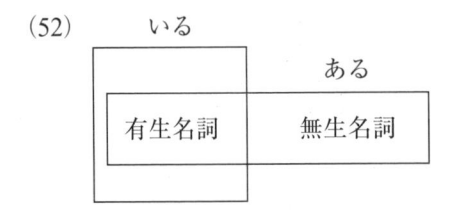

(52)

```
        いる
            ある
  ┌─────────┬─────────┐
  │ 有生名詞 │ 無生名詞 │
  └─────────┴─────────┘
```

以上が存在文・所有文における「ある」「いる」の一致のパターンの一般化となる。これは、所有文には動詞の交替がないのではなく、動詞が「が」格名詞句と一致する場合と一致しない場合があるため存在文と異なる交替現象を示すということで、柴谷(1978)などが主張するように所有動詞は「ある」しかないということではない。さらに言えば、存在・所有文に見られる一致は、古典的な分析で主張されているような主語との一致ではなく、実際には内項との一致の現象ということになる。

なぜ存在文と所有文でこのような一致のパターンが観察できるかに関しては、Kishimoto (2000)、岸本(2002)での提案が参考になるであろう。ここでは、細かい理論的な議論に入ることはできないし、多少修正を施した説明を行うことにするが、要するに、この二つの構文に複雑な一致のパターンが起こるのは、「が」格名詞句が動詞との一致を引き起こす位置(動詞句内で目的語の転移(object shift)により目的語が移動してゆく位置)が、基底で動詞の内項が生成される位置の他に存在することに起因する。日本語の場合、所有文の「いる」は、常に、一致の要求が起こる位置に「が」格名詞句を転移させる素性を持っているが、「ある」にはそのような素性がないために、「が」格名詞の転移の必要がない。したがって、「が」格名詞句が目的語として機能する所有文では、「いる」の場合のみ一致が要求される。しかし、存在文では、「ある」と「いる」がとも一致を要求する位置まで「が」格名詞句を転移させる素性を持っ

ているので、どちらの動詞でも一致が要求されることになるのである(より詳しい一致のパターンの理論的な説明に関しては、Kishimoto 2000, 岸本2002を参照)。

4. 定性の制約の構造的特性

前節において、日本語の所有文と存在文の構文的な他動性がその表す意味と直接相関することを見た。そこでは、「ある」は所有動詞として使えず、存在動詞は「ある」と「いる」の両方があるとするKuno (1973)・柴谷 (1978)の分析が誤りであるということを論じた。日本語の所有文と存在文を意味的に区別することが可能であるということがわかったので、ようやくここで、英語のThere-構文と日本語の所有文の構造的な並行性について議論できることになる。本節では、英語のThere-構文で観察されるのと同等の定性の制約が日本語の所有文において観察できることを示し、定性の制約が統語的な制約であることを示す。

第2節でも議論したように、英語のThere-構文の一つの大きな特徴として、動詞の後ろに現れる名詞句が定性の効果を示すということが挙げられる。(53)で示されるように、There-構文の動詞の後ろに現れる名詞句としては、no, some, a few, manyなどの決定詞を含む不定名詞句 (indefinite noun phrase) が許されるが、every, most, all, などの決定詞を伴う名詞句および代名詞・固有名詞からなる定名詞句(definite noun phrase)は許されない。

(53) a. *There are {most/all} books in the library.
　　 b. *There is {every/that/his} book in the library.
　　 c. There are {many/a few/some} books in the library.

Prince (1992), Birner and Ward (1998)なども議論しているように、見かけ上は定表現であっても意味的には不定表現となるものが何種類かある。例えば、(54)のような例の場合には、定冠詞のtheが用いられていても、文法的な要請で現れ、意味的には必ずしも特定の個体を指す定表現とはならないので容認されるThere-構文となる。

(54) a. There is the most curious discussion in the paper.

　　　　b.　There is the {usual/same} crowd at this party.
その他にも、be動詞のあとの名詞句がeveryのような強決定詞を含む表現であっても(55)のような例は、容認されることになる。

　(55)　There is every reason to believe that his theory is wrong.

(55)の場合のevery reasonは、意味的にはgood reasonに近く、普遍量化子(universal quantifier)としての意味を表していないので、There-構文で容認される。このような場合には、あたかも定性の効果が見られないように見えるのである(その他の一見例外になるような場合の議論については、Prince 1992, Ward and Birner 1995, Birner and Ward 1998, Huddleston and Pullum 2002などを参照)。

　ここで日本語に目を向けると、(53)に意味的に対応する日本語の存在文は、「が」格名詞句に「ほとんど」や「すべて」のような強決定詞表現を含む定表現が現れても「たくさん」「いくらか」などの弱決定詞表現を含む不定表現が現れても問題がないので、定性の効果を示さないことがわかる。

　(56)　a.　テーブルの上には、(その){ほとんどの/すべての}本がある。
　　　　b.　テーブルの上に、{たくさんの/いくらかの/三冊の}本がある。

ちなみに、(56a)のような文は、基本的に容認可能な文であると思われるが、その際には文脈上、ある一定の本の集合の存在が前提されている必要がある。強決定詞表現は、ある特定の集合の割合を指す表現なので、集合の存在の前提が満たされないと、解釈がしにくいが、例文にあるように、「その」のような文脈である特定の個体あるいは集合を指すことができる表現が伴うと解釈が容易になる。このような制限は、意味的/語用論的な制限の一種であると考えられるが、ここでの議論において重要な点は、(56)のような存在文には構造的な制約から来ると考えられるような、英語のThere-構文に観察される種類の定性の効果がないということである[9]。

　日英語でこのような違いがあること——特に、英語のThere-構文において見られる効果が日本語の存在文において見られないこと——は、一見、不思議なことと思えるかも知れないが、日英語で対応する構文の統語構造を考えると納得がゆく。まず、先に述べたように、英語のThere-構文では、thereが

主語位置を占め、動詞の内項が動詞の後に現れる。これに対して、日本語の存在文においては、「に」でマークされた句は場所を示す付加詞であると考えられ、「が」格名詞句が動詞の唯一の項となる。

　　(57)　公園に老人がいる。

動詞に項が一つしかない場合には、その項は主語位置を占めることになる。そうすると、日本語の(57)のような存在文は、結局、統語的には(58)のような文と同等な構造を持っていることなる。

　　(58)　a.　An old man is in the park.
　　　　　b.　That old man is in the park.

もちろん、英語においても、項が主語位置にある文では、その項には定性の制約がかからない。したがって、英語のThere-構文とは異なり、日本語の存在文の「が」格名詞句が、たとえ内項として機能していても、IPの指定部という主語位置に現れるので、その名詞句に定性の効果が出ないのは当然のこととなる。なお、「に」格名詞句は付加詞なので、「が」格名詞句よりも左に現れた場合には、主語位置にある「が」格名詞句の外側に付加されていると考えることができる。

　もしこのように構造に依存した定性の効果の説明が正しければ、定性の効果は、「ある」「いる」が二つの項を取る時に現れるという予測が成り立つ。項を二つ取るような文は、日本語においては所有文であり、実際に所有文では「が」格名詞句に定性の効果が現れる(Kishimoto 1996b, Muromatsu 1996)。

　　(59)　a.＊ジョンには、(その){ほとんどの/すべての}兄弟がいる。
　　　　　b.　ジョンには、{たくさんの/何人かの/三人の}兄弟がいる。

(59)における文法性の対比は、英語のThere-構文の動詞の後に現れる名詞句に見られるものと同じである。日本語の名詞句には一般に冠詞が付かないため、日本語での定性の効果が英語と同じ現象であることを確かめるのには、少し難しい面もあるが、例えば、(60)が容認できることがその一つの証拠になるであろう。

　　(60)　a.　ジョンにはあらゆる種類のおもちゃがある。
　　　　　b.　ジョンには両方のタイプの親戚がいる。

4. 定性の制約の構造的特性

(60)は「あらゆる」や「両方」という強決定詞表現が現れているが、容認できる文である。これは、これらの数量詞が個体の数を指定しているのではなく、属性(種類)を指定しているからである(影山2003)。英語においても同様の現象が観察できる(McNally 1997)。

(61) a. There were both kinds of students in the class.
　　 b. There are all sorts of toys in this playroom.

(61)のような文が容認されるのは、Ward and Birner (1995)によれば、決定詞が必ずしも普遍量化の意味で使われていないからであるということになる。いずれにせよ、(60)や(61)の事実は、英語のThere-構文で見られる定性の効果と日本語の所有文で見られる定性の効果が同じ種類のものであるということを示唆している。

もし英語のThere-構文と日本語の「ある」「いる」の所有文が(62)のように基本的に同じ統語構造を持つのであれば、この二つの構文に全く同じ定性の効果が現れるということも当然予測されることである。

(62) a. [IP there [VP be DP]]
　　 b. [IP DP-に [VP DP-が {ある/いる}]]

日本語の所有文の「が」格名詞句に現れる定性の制約は、「が」格名詞句が表層で目的語の位置(VPの補部)に現れているためである。すなわち、英語のThere-構文のbe動詞の後に現れる名詞句と日本語の所有文の「が」格名詞句は表層でVPの補部という同じ構造位置に現れることになるので、この両者で同じ定性の効果が観察されるのである。ただし、たとえ、英語のThere-構文と日本語の所有文の基本的な統語構造は同じであるにしても、この二つの構文では大きな違いが見られる。英語のThere-構文の場合、主語位置がthereで占められるのに対し、日本語の所有文では「に」格名詞句がこの位置を占めるからである。

ここで行っている統語的な説明では、定性の制約を受ける名詞句がbe動詞や「ある」「いる」の取る内項で、その項が表層で目的語位置に留まった場合に起こることになる。そうすると、英語のThere-構文の虚辞のthereや日本語の所有文の「に」格名詞句にはそのような効果が現れないと予測される。英語の

There-構文では、虚辞のthereが主語位置を占めるため、主語位置を占める要素が定性の効果を示すかどうかを調べることができない。しかしながら、日本語では虚辞ではなく通常の名詞句が現れるため、主語が定性の制約を受けるかどうかを調べることができる。

事実としては、日本語の所有文の「に」格名詞句には定性の効果が現れない。したがって、(63)で示されるように、所有文の「に」格名詞句が定表現であっても不定表現であっても、文法性には影響がない。

(63) a. (その){すべての/ほとんどの/彼の}いとこに、兄弟が{いる/ある}。

b. {たくさんの/三人の/何人かの}いとこに、兄弟が{いる/ある}。

これに対して、存在文の「が」格名詞句では定性の効果が現れない。(64)に示すように、存在文の「が」格名詞句に定表現が現れても不定表現が現れてもその文法性は変わらない。

(64) a. 神戸大学に、(その){すべての/ほとんどの/両方の}客員教授がいる。

b. 大学に、{たくさんの/三人の/何人かの}客員教授がいる。

存在文の場合も、所有文と同様に、「に」でマークされた名詞句には、定性の効果は認められない。

(65) a. (その){すべての/ほとんどの/あの/彼の}大学に、客員教授がいる。

b. {たくさんの/三つの/いくつかの}大学に、客員教授がいる。

もちろん、日本語の「ほとんど」「すべて」「いくつか」などの表現が英語のmost, all, someなどの決定詞と同じ統語的な機能を持っているかどうかについては十分にわかっていない点も多いが、英語と日本語でこれらの要素は少なくとも意味的には同じ働きをしており、英語のThere-構文の動詞の後に現れる名詞と日本語の所有文の「が」格名詞句が同じ効果を示すことは注目に値する。

この定性の制約を説明しようとする試みは幾つかある。英語の定性の制約の分析では、定表現がThere-構文の表す意味と適合しないために起こるという、Barwise and Cooper (1981) などによる意味的な分析もあるが、日本語

4. 定性の制約の構造的特性

の所有文においては、存在でなく所有の意味を表すため、このような説明を適用することができない。日本語の所有文とThere-構文に共通する特性は、意味的な説明のみでは捉えられず、統語的な環境に言及する必要があるので、ここでは、統語的な分析についてのみ触れることにする(cf. de Jong 1987)。

統語的な定性の制約の説明には、大きく分けて三つの可能性が示唆されている。一つは、Safir (1985, 1987)による不均衡連鎖(unbalanced chain)による分析で、定性の効果を虚辞のthereと動詞の後の名詞句との関係で説明しようとするものである。もう一つは、Moro (1997)による名詞上昇(NP-raising)による分析で、定性の効果は名詞上昇の後に残った決定詞がそれ自体で述語になることができるかどうかによって説明しようとするものである。最後にBelletti (1988)による部分格(partitive Case)による分析は、動詞の与える格の性質による説明である。なお、de Hoop (1996)の弱格(weak Case)と強格(strong Case)の区別による定性の制約の説明もあるが、この説明は基本的にはBelletti (1988)の説明と同じである。

Safir (1985, 1987)の「不均衡連鎖」の分析は、There-構文の定性の効果をbe動詞の直後に現れる名詞句と虚辞のthereが、(66)のインデックスで示されているような、不均衡連鎖を作るということで捉えようとするものである。

(66) [there$_i$ [be DP^i]]

不均衡連鎖では、移動によって作られる通常の連鎖とは異なり、連鎖の尾(tail)の部分に名詞句が現れる。これが、Safirによると、定性の制約の起源となるというのである。しかし、日本語の所有文では、主語位置に虚辞が現れず、さらに、主語位置に現れる名詞句は定性の効果を示さないので、英語のThere-構文の定性の効果を説明するための「不均衡連鎖」の分析は、日英語の定性の効果の共通性を捉えることができない。そうすると、定性の効果に関しては、部分格の分析か名詞上昇の分析のいずれかが妥当であるということになる。

Moro (1997)の分析は、定性の効果は、DP内の名詞部分(NP)が論理形式で移動を受け、後に残された決定詞が述語として成り立つかどうかで決定さ

れると提案している(Higginbotham 1987)。

(67) a. [$_{IP}$ there is [$_{DP}$ DET NP]]
b. [$_{IP}$ NP$_i$ [$_{IP}$ there is [$_{DP}$ DET t_i]]]

具体的には、(68)の二つの文は、(69)のような論理形式を持つことにより、その容認性の違いが出ると主張している。

(68) a. There are many books.
b. *There are most books.

(69) a. [books$_i$ [there are [many t_i]]]
b. *[books$_i$ [there are [most t_i]]]

数量詞のmanyはHis friends are not many.のように述語的に用いることができるが、mostの場合には*His friends are not most.のように述語的に用いることができない。Moro (1997)によると、(69)の論理形式ではまさにそのような形ができるので、定表現と不定表現で定性の効果に違いが出てくるとしている。しかしながら、この分析には矛盾が生じてしまう。なぜなら、(70)の例が示しているように、すべての弱決定詞表現が述語的に用いることができるわけではないからである。

(70) a. There are {no/a certain/φ} students (in the room).
b. *Students are {no/a certain/φ}.

Moro (1997)自身は、ある種の決定詞は述語として現れるのが許されないので、(70)のような場合が生じるとして問題を避けようとする。しかしながら、(70)のような事実は、結局、定表現と不定表現の種類と述語として使用可能な決定詞との間に一対一の対応関係がないことを示しており、(69)のような名詞上昇のあとに生じる論理構造をもって定性の効果を説明することができないということを意味する。

Belletti (1998)の分析では、定性の効果が「部分格(partitive Case)」が与えられる名詞句に現れるとする。Belletti(1988)は、フィンランド語のような言語に現れる部分格の表現が不完全性(incompletiveness)を表したり、部分解釈(partitive interpretation)しか与えられないなど、特殊な解釈を必要とするという事実をもとに、部分格を持つ名詞句は、定表現が許されず、不定表現の

4. 定性の制約の構造的特性

みが可能であると述べている(cf. Vainikka and Maling 1996)。Belletti (1998)は、なぜ部分格を持つ名詞句が意味的に定性の制約を受けるのかについて詳しい考察はしていないが、統語的な主張として重要な点は、部分格の与えられる統語環境が規定できるということである。

Belletti (1988)の提案する部分格は、構造格の目的格(objective Case)を与えることができない動詞、すなわち、非対格動詞あるいは受身形の動詞に何らかの理由で(表層で)目的語が現れた場合に、動詞がその目的語に与える格であると考えられる。日本語や英語の場合、部分格と関係づけられるような動詞は、非対格動詞——最も典型的にはbe動詞——に限られる。英語の場合、虚辞のthereが主語位置を占めるため、be動詞の内項は表層でも目的語の位置(VPの補部)に留まる。この名詞句は、動詞から目的格を受けることができないので、代わりに動詞から部分格を受け取る。そのために、There-構文の動詞の後に現れる名詞句には、定性の効果が観察されることになる。

日本語の場合も同じ説明が適用できる。Kishimoto (2000)でも示唆されているように、通常の二項を取る状態動詞(他動詞)は、「に-が」の格パターンを取り、どちらの項も構造格(structural Case)を持つことになる。すなわち、主語として機能する「に」格名詞句は、形態的には「に」格を取るが、主語位置(IPの指定部)を占め、抽象的な構造格である主語格を時制から受ける。そして目的語となる「が」格名詞句は、目的語の位置(VPの補部)に留まり、構造格の目的格を動詞から受けることになる。これに対して、「ある」「いる」は基本的には非対格動詞であるため、この動詞の項には時制によって認可される構造格しか与えられない。「ある」「いる」が自動詞(存在文)として使われた場合には、「に」格名詞句は付加詞で内在格(inherent Case)を持っているので、唯一項の「が」格名詞句がこの構造格を持つことになる。存在文に現れる唯一項は内項であるが、節には主語が必要というEPPの要請があるために、表層で主語位置まで引き上げられ、主語として機能することになる。存在文の「が」格名詞句は、唯一項で構造格を時制から受け取るため、定性の効果は現れないのである。

これに対し、所有文では、動詞が「に」格名詞句と「が」格名詞句を項として

選択する。そして、所有文では、「に」格名詞句が主語として働く。このことは、「に」格名詞句が主語位置に移動して、主語として機能するということを示しており、時制が与えることのできる唯一の構造格を「に」格名詞句が受け取ることになる。一方、「が」格名詞句は内項であり、「に」格名詞句が主語位置に移動するために、表層では目的語として現れることになる。この場合、「が」格名詞句は、動詞が非対格動詞であるために動詞から構造格の目的格を受け取ることができない。したがって、「が」格名詞句は（日本語では形態的には「が」格として具現化される）部分格を動詞から受け取る。その結果として、所有文の「が」格名詞句は、定性の効果を示すようになるのである。

　Moro (1997) の名詞上昇とBelletti (1988)の部分格の二つの分析のうち、どちらが優れているかについては次章でも取り扱うことになるが、Belletti (1988)の部分格の分析は、定性の効果がある種の非対格動詞に対して得られるという統語環境を説明することができる。しかしながら、Moro (1997)の名詞上昇の分析では、定性の効果が現れる統語環境を予測することができないので、Belletti (1988) による部分格の分析の方が説明力があることは明らかであろう。

　ここで、さらに、日英語で観察される定性の効果が全く並行的な現象であることを、経験的な事実に基づいてさらに検証することにする。英語のThere-構文の動詞の後に現れる名詞句と日本語の所有文の「が」格名詞句が等価な定性の効果を示すことは、様々な現象において確認することができる。定性の効果による文法現象は、上のような決定詞の選択の例の他にも、例えば、(71)に見られるようにWH疑問文でのWH句の種類により文法性が変わってくるということにも現れてくる。

　　(71) a. *{Whose brother/Which man} is there in the room?

　　　　 b. {What bottles/How many bottles} are there in the basement?

記述的には、(71a)に現れる疑問詞whose, whichを含む疑問表現は定表現の部類、そして、(71b)に現れる疑問詞what, how manyを含む疑問表現は不定表現の部類に入ることになる。

　まったく同様の効果は、日本語の所有文でも起こる。(72)で示されている

4. 定性の制約の構造的特性

ように、所有文の「が」格名詞句をWH疑問詞にした時には、(71)の英語のThere-構文で観察されたのと同じ文法性の違いが観察できる。

(72) a. *ジョンには、{どの/誰の}兄弟が{ある/いる}の？

　　　b. ジョンには、{どんな/何人の}兄弟が{ある/いる}の？

(72)を見ると、疑問詞の「誰の」「どの」を含む表現は、定性の効果という観点からは、英語と同様に、定表現に入り、そして「どんな」「何人の」含む表現は、不定表現に入ることになることがわかる。

疑問詞の選択に関する定性の効果もやはり、所有文の「が」格名詞句にのみ現れるのであって、その他の環境においては現れない。例えば、所有文でもこのような制限は、(73)で示すように、「に」格名詞句には現れない。

(73) a. {誰に/どの人に}、兄弟が{ある/いる}の？

　　　b. {何人の/どんな}人に、兄弟が{ある/いる}の？

また、存在文では、「に」格名詞句に対しても「が」格名詞句に対しても、所有文の「が」格名詞句で観察されたようなWH句の制限は見られない。(74)は、存在文の「が」格名詞句の例である。

(74) a. この学校には、{誰の/どの}友達がいるの？

　　　b. この学校には、{どれくらいの/どんな}友達がいるの？

「に」格名詞句にも同じことが言える。

(75) a. どの学校に、友達がいるの？

　　　b. 誰の部屋に、本があるの？

ここで特に注目すべき点は、存在文では「が」格名詞句にどのような種類の疑問詞が現れてもよいので、存在文の「が」格名詞句は定性の効果という点で明らかに所有文の「が」格名詞句と異なるということである。

ここで、定性の効果は、WH疑問詞が名詞句の性質を決める決定詞として働いている時に起こるということに注意する必要がある。したがって、(76)のような文は容認性が高い。

(76) a. ジョンには[誰から譲り受けた]財産があるの？

　　　b. ジョンには[誰と知り合いになった]いとこがいるの？

(76)の例の「誰」は定表現のクラスにはいるが、定性の効果を示さない。(76)

のような例では、WH句が「が」格名詞句の修飾要素の関係節に埋め込まれていて、その名詞句の性質を決定しているわけではないので、定性の効果は出ないのである。Moro (1997)が議論しているように、これと同じことは英語においても言える。

(77) a. *Which wall$_i$ do you think there was t_i in the garden?
　　　b. 　Which wall$_i$ do you think there was a picture of t_i?

(77a)の疑問詞のwhich wallはThere-構文の動詞の後に現れる名詞句の決定詞要素である。しかしながら、(77b)ように、文頭にある疑問詞which wallが前置詞句の中から取り出されている場合には、which wallは決定詞要素とはならないので定性の効果が現れず、(77b)は容認可能な文となる。

　その他の定性の効果として考えられる現象は、関係節化についても見られる。例えば、日本語では、所有文の「が」格名詞句を関係節の主要部にすることができない。

(78) a. *[ジョンに{いる/ある}]兄弟
　　　b. *[ジョンにある]お金

日本語の場合、このような所有関係を表すためには、「ある」「いる」という動詞を用いず、(79)のように、二つの名詞句を「の」で結び付けなければならない。

(79) a.　ジョンの弟
　　　b.　ジョンのお金

英語の場合も、There-構文の動詞の後にくる不定名詞句を関係節化できないという制限が存在する(cf. Heim 1987, Jenkins 1975)。

(80) a. *a book which there is on the table
　　　b. 　a book (which is) on the table

英語の場合、(80b)のように、be動詞を用いて関係節を作ることは可能であるが、be動詞を使う場合でも、(80a)の非文法性が示しているように、There-構文を用いることはできない。

　日本語の関係節化における定性の効果は、所有文の「が」格名詞句に限られる。したがって、所有文の「に」格名詞句は、関係節の主要部になることに関

4. 定性の制約の構造的特性

して何ら問題がない。

(81) [弟が{いる/ある}]人

存在文の場合、関係節化に関しても、所有文のような制限はない。したがって、存在文では、「が」でマークされた名詞句も「に」でマークされた名詞句もともに関係節の主要部になることができる。

(82) a. [本棚にある]本
      b. [本がない]本棚

このような関係節化の可能性の違いについては、前節で議論した次のような文についても観察できる。

(83) a. ジョンにペットがいた。
      b. ジョンにシラミがいた。

(83a)は、「が」格名詞句を関係節の主要部に置くことができない。これに対して、(83b)では、そのような操作が可能である。

(84) a. ?*[ジョンにいた]ペット
      b. [ジョンにいた]シラミ

(83a)は、所有が概念化される所有文、そして、(83b)は、存在が概念化される存在文であることがここでも確認できる。

なお、英語において、There-構文の動詞の後に現れる名詞句を関係節化することにより容認性が一律に下がるわけではない。Safir (1985: 153)などでも指摘されているように、関係節の主要部となる名詞句にall, most, everyなどの決定詞が付く時には容認される場合がある。

(85) All of the men that there were in the room suddenly began eating guavas.

ちなみに、日本語でも、(86)のような文は容認性が高い。

(86) ジョンは、自分にあるお金をすべて寄付してしまった。

ここでも英語と日本語の間で定性の制約に関して並行性が観察できる。(85)のような事実に対して、Heim (1987)は、Carlson (1977)の観察に基づき、関係節の主要部の名詞句の決定詞として現れるallやeveryは、定表現となる普遍量化子として解釈されるのではなく、むしろas many asとほぼ同じ意味の

程度表現として解釈されるということを示唆している。そうすると、(85)の関係節は、「部屋にいる人数と同じだけの男性の数」という解釈が得られるために、主要部の名詞句にallのような強決定詞があっても容認されることになるのである。

さらに、ここで注意しなければならないのは、例えば、所有文の「が」格名詞句が（焦点位置が文末にある）擬似分裂文の焦点の位置に現れてもその文法性は落ちないということである[10]。

(87) [あの男の子に t_i いる]のは、弟だけ$_i$だ。

英語においても、動詞の後に現れる名詞句を焦点位置に持ってくることは可能である。

(88) What there is (on the table) is a very expensive book.

英語と日本語は(87)や(88)のような文でも、同じような振る舞いをする。このような事実も、英語のThere-構文の動詞の後に来る名詞句と日本語の所有文の「が」格名詞句は同じ統語環境にあると考えられるため、同一の定性の効果が現れるということを示している。

ここで見た定性の効果は、日本語の「に-が」の格パターンを取る述語すべてに観察されるわけではない。「に-が」の格パターンを取る多くの述語は、もともと二項述語であると考えられる。

(89) a. ジョンにはお金が必要だ。

b. メアリーにはフランス語が話せる。

(89)の述語「必要だ」や「話せる」は、もともと二つの項を取るので「ある」「いる」とは状況が異なる。このような述語では、「が」格名詞句として生起する名詞句には「ある」「いる」の所有文に見られるような定性の制約がかからない。このことは、(90)の例において示されているように、「が」格名詞句には定表現も不定表現も許されることからも明らかであろう。

(90) a. ジョンには、(その){すべての/ほとんどの}お金が必要だ。

b. メアリーには、(その){すべての/両方の}言葉が話せる。

さらに、「必要だ」や「話せる」の選択する「が」格名詞句は、関係節の主要部になることができる。

4. 定性の制約の構造的特性

  (91) a.　[ジョンに必要な]お金
    b.　[メアリーに話せる]言葉

(91)の「が」格名詞句が関係節の主要部になることが許されるという事実によっても、「必要だ」や「話せる」の取る「が」格名詞句が定性の制約がかからない名詞句であるということが確認できる。

 このように「話せる」や「必要だ」の選択する「が」格名詞句に定性の制約がかからないのは、この述語が構造格を二つの項に持たせることができる二項述語であるからで、これらの述語がもともと二項を持つということは、例えば、(92a)のような文が省略的(elliptical)であることによって示される。

  (92) a.　お金が必要だ。
    b.　英語が話せる。

さらに、このような述語に自動詞用法がないということは、「が」格名詞句をターゲットとした主語尊敬語化ができないということでも確認できる。

  (93) a.＊ジョンに山田先生がご必要だ。
    b.＊ジョンに山田先生がおわかりになる。

他動詞的に使用される二項述語は目的語に対して構造格の目的格を「が」格名詞に与えることができると考えられるので、二項述語の「が」格名詞句が定性の制約を受けないということは、十分予測できる。

 ここまで来たところで、WH疑問詞化と関係節化の際に所有文の「が」格名詞句で観察される定性の効果から、移動操作の後に何が残されるかということについて検討してみることにする。GB理論(Government and Binding theory)や原理と変数のアプローチ(Principles and Parameters Approach)では、名詞句が移動した場合、そのもとの位置には、痕跡が残されると仮定されている。ミニマリストプログラムでは、移動によって残されるものは、痕跡ではなくコピー(copy)であるとされる。移動により生じる痕跡の性質に関しては、機能的な確定(functional determination)の視点から議論され、WH移動で残される痕跡はその束縛の性質からJohnのような名詞句と同じR-表現(R-expression)であると考えられたこともあった(Chomsky 1982)。しかしながら、もしWH移動による痕跡がこのようなR-表現であれば、There-構文の

動詞の後に現れる名詞句をWH句にしたWH疑問文は一律に排除されるはずであるが、このような疑問文は、実際には、WH移動が起こらなかった時と同じように定表現と不定表現に分かれるので、取り扱いとしては、ミニマリストプログラムで仮定されているようにコピーが残されているとする方がよいと思われる。

　しかし、関係節においては事情が異なる。関係節においては、通常、関係節の主要部とインデックスが共有される空演算子が移動されると仮定される。もし関係節の主要部と同じインデックスを持つ演算子が基底で生成される位置に痕跡あるいはコピーを残すならば、関係節は、奇妙な振る舞いをしていることになる。Murasugi (1991) が議論しているように、もし関係節化の移動で残されるものが痕跡やコピーではなく、空の代名詞 (null pronoun) であるとすると、関係節の振る舞いは自然に予測されることになる。なぜなら、代名詞は、定性の効果という点において、定表現になるため、そのような要素は、定性の制約がある位置には現れることができないからである。実際、Keenan (1985) が観察しているように、関係節化においては、通常、空所となる関係節内の位置に代名詞を使うというストラテジーを使う言語は少なくない。日本語や英語の関係節化にも同じような代名詞のストラテジーが使われていると仮定するのにも、定性の効果を見る限り十分な理由があるものと思われる。

　なお、次章でも議論するように、代名詞は、それが聞き手にとっての新情報を表す場合には、「が」格名詞句として現れることができる。しかしながら、関係節の空所の位置は、もともと発音される要素がないので情報構造には関与しない。したがって、もし空所が代名詞である場合には、通常の定性の効果が現れると考えることができるであろう[11]。また、Kuno (1976) が議論しているように、話題化 (topicalization) と関係節化 (relativization) には深い関連がある。そうすると、もう一つの可能性として、関係節化の前に主要部は一旦話題化されて、この話題化のために、容認性が低くなると考えることができるかもしれない (cf. Schachter 1977)。しかしながら、次節でも検討するように、定性の効果に関しては、関係節化は話題化と異なる分布を示す

ので、このような説明の可能性は排除される。

5. 類別詞と動詞の交替

　第3節の議論で、所有文の「が」格名詞句が「お金」などの無生名詞の場合、動詞は「ある」のみが許されるのに対して、「兄弟」のような有生名詞の場合、「ある」「いる」の両方の動詞が許されるということを見た。このような事実は、「が」格名詞句の性質を中心に考えると、所有文は有生の「が」格名詞句に対しては「ある」「いる」のどちらもが起こるが、無生の「が」格名詞句に対しては「ある」しか許されないというように捉え直すことができる。

　　(94) a.　ジョンには、兄弟が{ある/いる}。
　　　　 b.　ジョンには、お金が{ある/*いる}。

これに対して、存在文では、「が」格名詞句と動詞との間で一致が常に起こることになるので、(95)で示すように、「が」格名詞句が有生の場合、動詞の選択は「いる」、無生名詞の場合は「ある」になる。

　　(95) a.　あそこに、ジョンが{いる/*ある}。
　　　　 b.　あそこに、ベンチが{ある/*いる}。

しかしながら、自動詞文として用いられる存在文においては、「ある」は常に無生の「が」格名詞句と共起し、「いる」は有生の「が」格名詞句と共起するはずなのにもかかわらず、一見、この一般化に反するような例が存在する。(96)のような例では、同じ「が」格名詞句に対して「ある」「いる」の両方の動詞が許されることになる。

　　(96) a.　東京に、ジョンの親戚が{ある/いる}。
　　　　 b.　駐車場に、{タクシー/車}が{ある/いる}。

(96)の文は、「に」格名詞句が「が」格名詞句の存在場所を表しているので、ともに存在文と考えられる。しかしこれらの文では、「ある」と「いる」の両方が許容されるので、「ある」か「いる」のどちらかが一致を起こしていないように見える。(96)は、一見、本論での主張の例外のように見えるが、実はそうではない。(96)のような動詞の選択が許されるのは、「親戚」や「車」のような名詞が有生・無生の区別に関して曖昧であり、有生名詞であるとも無生名詞で

あるとも考えられるからである。

　この主張の妥当性を検証するためには、有生・無生の区別に関して、名詞のクラスを判定する適切な規準がなくてはならない。日本語は通常、名詞のクラスを形態的に反映しないので、判定の手段として数量詞として使用される類別詞（classifier）を用いることにする。英語には厳密に類別詞と呼べるものは存在しないが、a piece of furnitureやtwo heads of cabbageのような表現のa piece ofやtwo heads ofといった不可算名詞につく計数表現がそれにほぼ相当するものと考えられる。日本語の類別詞には様々なものがあるが、以下で議論するように、有生名詞句としか共起しないものと無生名詞句としか共起できないものがある。

　日本語の数ある類別詞のなかでも「つ」は無生名詞句とのみ共起できる類別詞である（Downing 1986, 1996）。「つ」は、通常、小さい物体を指すのに使われることが多いが、類別詞の中でもっとも広く使用でき、話者によりどのような大きさまでを許容するかについて個人差が見られるものの、共起する名詞句が計数可能な無生名詞であれば原則的に容認される。

(97)　a.　私は、昨晩、絵本を二つ読み終えることができた。
　　　b.　木がそこに三つ植えられている。
　　　c.　カードを三つほど私に渡してください。

しかしながら、この類別詞が有生名詞句と共起することは、名詞が指すものの大小にかかわらず、できないと考えられる。

(98)　a.＊人が三つ歩いている。
　　　b.＊ジョンは、犬を三つ散歩させた。

無生名詞句と共起できる類別詞は他にも「本」「枚」「件」「軒」など特定の種類の名詞と関係することができるものが日本語には多数存在する。

(99)　a.　ジョンは、三日で論文を三本書いた。
　　　b.　本が三冊あそこに置いてある。

これらの類別詞もやはり、有生名詞句とは共起しない。

(100)　a.＊人が三本歩いている。
　　　 b.＊ジョンは、犬を三冊を散歩させた。

5. 類別詞と動詞の交替

次に、有生名詞句に付くことができる類別詞には、無生名詞句と広範に共起できる「つ」のように、有生名詞句と広範に共起できるようなものはない。しかしながら、「人」「匹」「頭」などの類別詞は、有生名詞句の一部と共起できる。

(101) a. 人が三人歩いている。

　　　 b. 馬が三頭草を食べていた。

当然のことながら、これらの類別詞は、無生名詞句とは共起しない。

(102) a. *ジョンは、三日で論文を三人書いた。

　　　 b. *本が三頭あそこに置いてある。

これらの類別詞の生起の可能性が名詞の有生・無生の区別に依存しているとすると、その振る舞いは、「ある」と「いる」の交替と密接に関係することになる。特に、存在文では一致が義務的なので、この両者には、特に密接な対応関係が見られると予測される。(103)の例は、この予測が正しいことを示している。

(103) a. テーブルの上に本が三冊{ある/*いる}。

　　　 b. 大きなポプラの木が一本公園に{ある/*いる}。

　　　 c. ここにコピー用紙が三枚{ある/*いる}。

存在文では、無生名詞句とだけ共起できる類別詞を伴う「が」格名詞句は、「ある」とのみ共起できる。これに対して、「人」や「頭」を伴う名詞句は、「いる」とのみ共起できる。

(104) a. あそこに、人が三人{いる/*ある}。

　　　 b. 牧場に、馬が二頭{いる/*ある}。

ここで注意しておかなければならないのは、類別詞の中には、「組」「列」のように名詞の有生・無生の区別には無関係のものもあるということである。

(105) a. この番組には、三組の夫婦が出演した。

　　　 b. ジョンは、三組の大工道具セットを買った。

当然のことながら、このような場合には、類別詞の修飾する「が」格名詞句と存在文の「ある」「いる」の組み合わせには制限がない。

(106) a. あの控え室に、三組の夫婦が{いる/*ある}。

　　　 b. あの棚には、三組の大工道具セットが{ある/*いる}。

これは、名詞の有生・無生の区別が類別詞によって限定されないためで、そのような場合、「ある」「いる」のいずれもが許容される。

このような類別詞の特性を念頭に置いて、有生・無生の区別をつけることができる類別詞のいくつかを用いて、(96)の文を考えてみることにする。無生名詞句に付くことができる類別詞が伴った「が」格名詞句は無生名詞句であり、存在文では動詞が必ず「ある」になると予測される。この予測は、(107)の例が示しているように正しい。

(107) a. 東京に、ジョンの親戚が三軒{ある/*いる}。
　　　 b. 駐車場の中に、車が三両{ある/*いる}。

「親戚」や「車」に無生名詞句とのみ共起できる類別詞が伴われた場合には、動詞は「ある」だけが許される[12]。これに対して「三人」という類別詞がついた「親戚」は有生名詞で、この場合、動詞は「いる」が唯一の選択肢である。

(108) 東京に、親戚が三人{いる/*ある}。

他に、このような有生・無生の区別が曖昧な名詞には、「八百屋」「魚屋」「露天商」などの商売関係を表す名詞がある。これらの名詞は、商売を行う場所を指すこともできる一方で、その商売を行う人物も指せるため、有生名詞と無生名詞の両方の解釈ができるのである。

もちろん、類別詞の付かない修飾表現が現れた場合には、(109)の「たくさん」の例で示されているように、「が」格名詞句は有生であっても無生であってもよいので、「ある」「いる」のどちらをとってもよい。

(109) a. 東京に、親戚がたくさん{ある/いる}。
　　　 b. あそこに、{タクシー/車}がたくさん{ある/いる}。

この「たくさん」は、修飾して数を指定する名詞句に対して、有生・無生の区別を指定しないためである。実際、「たくさん」を伴う名詞句は、(110)のような例が示すように、有生であっても無生であってもよい。

(110) a. あそこに、人がたくさん集まっている。
　　　 b. ジョンは、本をたくさん読んだ。

以上のデータから、存在文では、(96)のように、あたかも「が」格名詞句の有生・無生の区別と「ある・いる」が一致していないように見える文が存在する

5. 類別詞と動詞の交替

が、そのような場合でも、実際には一致は義務的に起こっていると結論づけてよいであろう。

　これに対し、「ある」を用いた所有文では無生名詞句が「が」格名詞句として起こらなくてもよいということを、類別詞を用いて確認しておく。前に見たように、「兄弟」のような有生名詞を「が」格名詞句として取る所有文では「ある」と「いる」の両方の動詞が使える。

　　(111) ジョンには、兄弟が{ある/いる}。

「兄弟」は、「親戚」とは異なり、有生名詞としての扱いしかない。このことは、(112)の例からも明らかである。

　　(112) 庭で、兄弟が{二人/*二つ}遊んでいる。

したがって、(111)の所有文において「ある」が起こっている場合は、「が」格名詞句と一致が起こっていない例であるということが確認できる。さらに言えば、所有文では、有生名詞句とのみ共起できる類別詞「人」が現れても、(113)のように「ある」が許される。

　　(113) ジョンには、兄弟が三人ある。

(113)の「兄弟」は類別詞から有生名詞句であることがわかる。(113)が容認されるということは、「ある」が使われる所有文では、「が」格名詞句が有生であっても構わないということを意味する。

　動詞が「いる」の場合には、所有文でも「が」格名詞句との一致が義務的となる。「親戚」は、有生名詞としても無生名詞としても使うことができるので、この名詞が「が」格名詞句として使用された場合には、通常、存在文でも所有文でも「ある」「いる」の両方の動詞を使うことができる。(114)は、所有文の例である。

　　(114) ジョンには、親戚が{ある/いる}。

もし「いる」が用いられる所有文で一致が要求されるなら、「が」格名詞句の「親戚」が類別詞の「軒」を伴い無生にしか解釈できなくなると、所有文で「いる」を使うことができなくなるはずである。実際、(115)の例がその予測が正しいことを示している。

　　(115) ジョンには、親戚が三軒{ある/*いる}。

このような事実から、所有文において、「ある」は一致が要求されないが、「いる」は一致が要求されるという一般化が正しいということが再確認できるであろう。

　ここで注意しておくことは、「台」のような類別詞が名詞の有生・無生の区別に依存せずに使えるということであろう。(116)の存在文の「が」格名詞句の「タクシー」に対しては、「台」が付いても、「ある」「いる」の両方が使える。

　　　(116)　あそこに、タクシーが二台{ある/いる}。

これに対して、「両」のような類別詞は、「台」とは異なり、存在文の「が」格名詞句と共起した場合、「ある」しか許容されなくなる。

　　　(117)　あそこには、車が二両{ある/*いる}。

「タクシー」と同じ振る舞いをする名詞は、乗り物を指す名詞で、例えば、「バス」「電車」「車」「トラック」などがある。Tsujioka (2001)は、Kishimoto (2000)が観察した(116)のような「台」の特殊な分布に関する事実が、名詞の有生・無生の区別をつける手段として類別詞を用いることに対する問題になることを示唆している。実際、もし「台」が無生名詞としか共起しないのであれば、(116)の存在文では、無生の「が」格名詞句に対して「いる」が使えることになり、問題となる。しかしながら、「台」のような類別詞は、「ある」「いる」の選択に関与する有生・無生の区別に必ずしも依存しないということは容易に示すことができる。

　しばしば指摘されるように、存在文の「が」格名詞句に現れる「タクシー」や「車」などの語に対して「いる」が用いられるためは、人が乗車して、あたかも、移動できる状態であることが必要である(cf. Sato 1985)。したがって、(118)のような状況では、「車」に対して「いる」は用いることができない。

　　　(118)　ここには、車が三台捨てられている。あそこにも捨てられた車が
　　　　　　(三台){ある/*いる}。

また、(119)のような状況では、「タクシー」があたかも人間の延長のように用いられているので、「ある」は使いにくい。

　　　(119)　a.　ここのタクシー乗り場では、長距離客だけを狙っている
　　　　　　　　タクシーがいつも(何台か){いる/?*ある}。

b. あそこに{いる/?*ある}タクシーは、(三台とも)乗車拒否をする可能性がある。

(119)においては、「タクシー」という車両自体が客を待っているわけではなく、「タクシードライバー」がお客を待っているのであるため、「タクシー」は全体であたかも人間のような扱いをされている。このような場合には、通常、「いる」が用いられる。このような状況でも類別詞の「台」を用いるのには問題がないため、結論として、類別詞の「台」は名詞の有生・無生の区別には関係がないと言えるであろう。もちろん、「台」のような類別詞は、乗り物に対して使用されるので、人間などを指す有生名詞と共起することはないが、文法的に有生と判断される乗り物に対しては使用可能なので、「ある」「いる」の区別に関与する有生・無生の区別に相関しているわけではないということになる。

日本語の名詞の有生・無生の区別は、厳密には科学的な有生・無生の区別とは一致しない。例えば、日本語の文法においては、生命体である植物、あるいは、有生物の身体などの部分は無生物の扱いになる。

(120) a. この公園には、木が一本も{ない/*いない}。
b. 首の上に頭が{ある/*いる}。
c. 胸の左側に心臓が{ある/*いる}。

ところが、生命のないと考えられる「幽霊」は、(121)の例が示すように通常、有生物の扱いになる。

(121) あそこに、幽霊が{いる/*ある}みたいだ。

日本語における有生・無生の区別は、文法上の規則であり、大部分は、われわれの認識する自然界の区別と一致するのであるが、必ずしもそうならない場合があるのである。

これは、例えば、フランス語などに見られるいわゆる性(gender)の区別と似たところがある。フランス語において、例えば、魚を表す 'poisson' は、男性(masculine)扱いになる(小魚の 'poissonnaille' は、女性(feminine))。また、文法において性の区別が強制されるので、例えば、「坂」を意味する 'pente' が女性になる、などのように、性の区別があるとは思われないような

ものにまで、その区別が及ぶ(フランス語では、音韻的に性の区別が決まる場合が多い)。また、言語によって同じ意味を表す語の性の区別が異なる場合があることは、よく観察されている。例えば、Corbett (1991)によれば、「家」を指す名詞は、ロシア語では 'dom' で男性(masculine)、フランス語では 'maison' で女性(feminine)、タミール語では 'viiṯu' で中性(neuter)になるという。このようなバリエーションが起こるのは、性の区別が、意味的な理由の他にも形態的な理由や音韻的な理由で決まるなど様々な要因が絡む上に、どのような規則により性の区別がなされるかについて言語によりかなりのばらつきが見られることによる。

　有生・無生の区別は、自然界の事物に対して容易につけられるので、性の区別ほどは極端ではないと思われるかもしれない。しかしながら、やはり、自然界の区別と必ずしも一致しない場合が存在する。例えば、Payne (1986)において、ペルー北東部で話されているヤグア(Yagua)語の名詞分類(Noun Classification)に有生・無生の区別が存在することが紹介されている。この言語では人間、動物、星、月、鏡、写真、箒、岩、パイナップル、などが有生に分類される。しかしながら、月に対して、太陽は有生にはならないようである。一見したところでも、ヤグア語で有生に分類される語は、科学的な区別とは異なることがわかるであろう。これには、ある程度歴史的な由来や、どのように事物が認識されているかなどの、複雑な要因が絡むようである。これほど複雑ではないにしても、日本語の有生・無生の区別もわれわれの認識する自然界の区別を完全に反映しているわけではなく、文法の制約と考える方がよいと思われる。

　日本語の存在文において、「ある」「いる」の動詞の選択は、これまで議論したように、「が」格名詞句の有生・無生の区別に忠実に従って決められていると考えられるが、所有文においては、上で議論したように、この限りではない。特に、所有文に現れる「ある」は、必ずしも「が」格名詞句との一致が要求されないために、「が」格名詞句の有生・無生の区別とは必ずしも一致しない。したがって、所有文の「ジョンには兄弟がある。」と「ジョンに兄弟がいる。」の違いを「が」格名詞句の意味と関連づけて処理することは適切でない。

所有文の動詞の選択は、形式的な一致が起こるかどうかで説明すべき問題であり、「が」格名詞句の有生・無生の区別とは本来的に関係がない現象であると考えることができる。

6. 尊敬語化に関する問題

　第3節では、所有文の主語を決定するテストとして主語尊敬語化を用いなかった。これは、所有関係を表す所有文は、主語尊敬語化に関して複雑な振る舞いを示すため、以下で議論するように、このテストが主語を決定するために、それほど簡単に使えないという特殊な事情がある。本節では、柴谷(1978)がこの主語尊敬語化を使って、存在・所有文の主語の判断を試みてはいるが、その結論は必ずしも支持されるものではないということを示してゆくことにする。

　まず手始めに、柴谷 (1978)の分析では「いる」を使った所有文は存在しないことになるが、実際には「いる」を使った所有文は存在するということを示す。まず、(122)に示すように、存在文では、「が」格名詞句が尊敬語化のターゲットとなる。

　　(122) 公園に木村先生がいらっしゃる。

これに対して、所有文では、通常、「に」格名詞句が尊敬語化のターゲットとなることができる(なお、所有文では、尊敬語化の例外的な現象も存在するが、このことについては、以下で詳細に考察することになる)。

　　(123) 木村先生には、お子さんが{いらっしゃる/おありになる}。

「いらっしゃる」は「いる」の尊敬語であり、「おありになる」は「ある」の尊敬語である。日本語では、動詞の敬語形で、しばしば前者のような代用(suppletion)が起こる。(123)の事実より、所有文では、動詞が「ある」であっても「いる」であっても、「に」格名詞句をターゲットとした尊敬語化「いらっしゃる」「おありになる」が可能であることから、「いる」にも他動詞の用法があると言うことができるであろう。

　柴谷(1978)では、所有を表す他動詞文に現れる「いる」が存在しないという仮説を支持する証拠として、次のような二つの文の容認性の違いを挙げてい

る。

 (124) a. 君には、(立派な){両親/おじさん}がいらっしゃる。
   b. *君には、(立派な){両親/おじさん}がおありになる。

(124)で示されているように、動詞が「いる」の場合、「が」格名詞句が尊敬語化のターゲットになることができるのに対して、「ある」では、「が」格名詞句をターゲットとした尊敬語化ができない。(124)のコントラストをもとに、柴谷(1978)は、「ジョンに子どもがいる。」のような文は、一見、所有文に見えるものの、実は存在文でなければならないと結論づけている。

 ここで問題となるのは、(124)のような事実から、柴谷(1978)の主張するような結論が導かれるかどうかということである。事実をよく検討してみると、柴谷(1978)のこの結論は必ずしも支持できるものでないことは容易に分かる。なぜなら、柴谷(1978)の主張は「いる」を用いた所有文では「に」格名詞句が尊敬語化の対象となることがないという予測をするが、(125)のように、「に」格名詞句をターゲットにした尊敬語化も可能であるからである。

 (125) 木村先生には、三人の子どもがいらっしゃる。

このことは、「いる」を用いた所有文において、「に」格名詞句と「が」格名詞句は、尊敬語化のターゲットのなりやすさにある程度の違いは観察されるものの、この二つの名詞句はともに潜在的には尊敬語化が可能な対象であるということを示唆している。さらに言えば、(124a)のような「いる」を用いる所有文では、尊敬語化をする場合、双方の名詞句が、尊敬語化に関して互いに干渉し合うということも起こる。

 (126) a. *木村先生には、ペットがいらっしゃる。
   b. *私には、(立派な)おじさんがいらっしゃる。

(126a)の「ペット」および(126b)の「私」は、通常の状況では尊敬化が可能な対象とは考えられないので、他方の名詞句が尊敬可能な対象であっても非文と判断されてしまう。このような干渉は通常の文では起こらない。例えば、(127)のような文は名詞句の選択は(126a)と同じであるが容認される。

 (127) 木村先生はペットをお飼いになっている。

(127)では、(126a)と同じような状況が記述されていると考えられるが、

6. 尊敬語化に関する問題

(126a)とは異なり、主語の尊敬語化にはなんら問題がない。これは、「を」格名詞句はもともと尊敬語化のターゲットとなり得ない名詞句であるからである。結局、「いる」の所有文では、「に」格名詞句も「が」格名詞句も、尊敬語化が潜在的に可能であるために、二つのタイプの尊敬語化が可能で、かつ、名詞句の選択によっては干渉が起こるのである[13]。

柴谷(1978)は、(124a)が中核をなす現象であるとみなし、(125)の現象が周辺的であるとして、議論を進めているが、なぜ、そうであるかについての議論は行っていない。柴谷(1978)は(125)のような文の存在にすでに気付いており、このような文が存在するということは、存在文と所有文の混同が起こっているのが原因ではないかと述べている。しかし、ここで考えるべきことは、本当に、(124a)が柴谷(1978)の主張を支持する証拠と考えられるかということである。以下では、実際には、(124a)のような尊敬語化は例外的なものであり、柴谷(1978)の主張を支持するものではないということを他の主語テストをもとにして示して、「が」格名詞句を対象とする尊敬語化は、主語指向を持っていない間接的な尊敬語化(indirect honorification)であることを見てゆくことにする。

まず、(124b)が容認不可であるという事実は、「ある」に「おありになる」という尊敬語が形態的に存在しないということではない。実際、(128)のような場合、「おありになる」という形が可能である。

(128) 社長には、莫大な財産がおありになる。

これは、(124a)の「に」格名詞句は主語であり、「に」格名詞句をターゲットとする尊敬語化にはなんら問題がないということである。ここで重要なことは、(125)が容認されるのは、存在文と所有文とで混同が起こっているためではないことで、このことは、以下で議論するように、容易に証明できる。

最初に、再帰代名詞の可能な先行詞の分布について考えてみる。(124a)の場合、尊敬語のターゲットは「両親」であるが、それでも、再帰代名詞の「自分」は「に」格名詞句しか先行詞に取ることができない。

(129) a. 君$_i$にも自分$_i$の両親がいらっしゃるだろう。
　　　 b. *両親$_i$が自分$_i$のいとこにもいらっしゃるだろう。

第3章　存在・所有構文

コントロールPROの場合も、尊敬語のターゲットが「が」格名詞句になっているのにもかかわらず、コントロールPROの現れる位置は「に」格名詞句の位置に限られる。

(130) a. 私は、君ᵢに[PROᵢ（立派な）両親がいて]ほしいと思った。
　　　 b. *私は、（立派な）両親ᵢに[君にPROᵢいて]ほしいと思った。

コントロール節のみを取ることができる(131)の文でも同様の分布が見られることは言うまでもない。

(131) a. 君ᵢが、その人たちに[PROᵢ（立派な）両親がいて]ほしいと思われている。
　　　 b. *(立派な）両親ᵢが、その人たちに[君にPROᵢいて]ほしいと思われている。

また、(132)に示すように、随意解釈をもつPROが現れるのは、「に」格名詞句の位置のみで、尊敬語のターゲットである「が」格名詞句の位置では現れることができない。

(132) a. [PRO（立派な）両親がいらっしゃる]ことはいいことだ。
　　　 b. *[君にPRO いらっしゃる]ことはいいことだ。

このことから、(124a)のような文では、「が」格名詞句が尊敬語化のターゲットになっていても、その名詞句は主語ではないと仮定できる。実際、この「が」格名詞句は、「いっぱい」によって数量を指定できるため、表層において目的語として現れる内項であると言うことができる。

(133) 君には、立派なおじさんがいっぱいいらっしゃる。

そして、もし「いる」の内項（「が」格名詞句）が目的語として表層で具現化されるのであれば、この名詞句に部分格が与えられることになり、定性の効果を示すことになるはずである。実際、(134)では、「おじさん」は、尊敬語化のターゲットになっているが、この文では「が」格名詞句が定表現か不定表現かで容認性が異なり、明らかに定性の効果を示す。

(134) a. *君には (その){すべての/ほとんどの/両方の}（立派な）おじさんがいらっしゃる。
　　　 b. 君には {二人の/何人かの}（立派な）おじさんがいらっしゃる。

201

6. 尊敬語化に関する問題

また、(124a)のような文の「が」格名詞句に対しては、所有文で起こるWH疑問の制限が見られる。

(135) a. *君には、どの(立派な)おじさんがいらっしゃるの。
b. 君には、どんな(立派な)おじさんがいらっしゃるの。

これは、前節で見た部分格を受ける所有文の「が」格名詞句のWH疑問詞に対する制限とまったく同じものである。この事実もまた、(124a)が存在文ではなく所有文であるということを端的に示す証拠となる。(136)の関係節化の制限も同じ結論を支持することになる。

(136) a. *[君にいらっしゃる](立派な)おじさん
b. [(立派な)おじさんがいらっしゃる]君

ここで議論している定性の効果は、場所や存在の意味を表す存在文では見られないもので、(124a)は存在文ではなく、所有文であることを示している。これまでの議論から、(124a)のような文では、「が」格名詞句が、尊敬語化のターゲットとなっているのにもかかわらず、定性の効果を示すということがわかる。このことは、Kuno (1973)・柴谷(1978)が「いる」の所有文が存在文であると結論づける証拠となった文は、実は、存在文ではなく所有文でなければならないということを示しており、Kuno (1973)・柴谷(1978)の結論は支持できないということになる。

柴谷(1978)は、「が」格名詞句に対する尊敬語化の可能性のみを考えて、「が」格名詞句が主語であると主張しているが、「が」格名詞句はその他の主語テストでは主語の特性を示さないことから、(124a)の尊敬語化は、主語以外がターゲットになっている例であることは明らかであろう。そうすると、問題となるのは、(124a)では、主語でない「が」格目的語に尊敬語化が可能であるのに、(124b)では、なぜそれが可能でないのかということである。Harada (1976)が観察しているように、主語尊敬語化は、もともと文の主語をターゲットとする。実際、柴谷(1978)は、尊敬語化が主語に限定されると仮定していた。しかし、角田(1991), Tsunoda (1996)が指摘するように、通常、主語をその対象とする主語尊敬語化は、ある条件下では、主語以外の名詞句に向けることも可能である。

(137) 天皇陛下の御体温はもとの状態に戻られました。

(角田 1991:117)

(137)のような例では、「天皇陛下」が敬語のターゲットであって、「が」格でマークされた「体温」は尊敬語化のターゲットであるとは考えられない。したがって、(137)のような例では、主語以外の名詞句が尊敬語化のターゲットとなっていることは明らかである。

(主語)尊敬語化は、通常の文の場合、主語位置にある主語名詞句をターゲットとするが、角田(1991)、Tsunoda(1996)によれば、敬意を向けようとする名詞句が主語名詞句と密接な所有傾斜(possessive cline)の関係を持つ時には、主語以外の名詞句をターゲットにした尊敬化が可能になる。角田(1991)、Tsunoda(1996)は、(124a)のような文の考察は避けているが、(124a)が、所有関係を表す文であり、主語以外をターゲットにする敬語化であるということを考えると、(124a)もまた所有傾斜に基づいた間接的な敬語化の例であると言うことができるであろう。

このような仮説が正しいとしても、(124b)のような例では、なぜ、「が」格名詞句が尊敬語化のターゲットとなることができないのかという疑問が残ることになる。(124b)は、(124a)と同じ所有の意味を表しており、同一の所有傾斜を持っていると考えられるので、もし(124a)の「が」格名詞句に尊敬語化が可能であるならば、(124b)の「が」格名詞句も同じように尊敬語化が可能なはずである。しかしながら、(124b)の「両親」は、尊敬語化のターゲットとはならない。では、その原因はいったいどこにあるのであろうかということが問題となる。

ここでは、所有文の「いる」が一致を引き起こし、「ある」が一致を引き起こさないという観点から、(124)に見られる尊敬語化の可能性について検討することにする。ここで尊敬語化の特徴として注目するのは、名詞句の性質が動詞の形態に反映されるという性質である。名詞の特徴が動詞の形態に反映されるという現象は、一般に「一致」の特徴と考えることができる。そうすると、尊敬語化は、三上(1972)やTateishi(1994)も議論しているように、一致の現象の一つであると考えられるであろう。これまでも見てきたように、

6. 尊敬語化に関する問題

所有文において、「いる」は「が」格名詞句との一致を要求するが、「ある」の場合は一致を要求しない。(124b)の「ある」を用いた所有文では、動詞が有生の「が」格名詞句と一致していない。そのような文では、一般に一致が引き起こせないと考えられ、そのために、「が」格名詞句をターゲットにした一致現象としての尊敬語化もできないと説明できる。これに対して、(124a)では、「いる」が用いられているので「が」格名詞句に対する動詞の一致が起こっている。このような場合、「が」格名詞句をターゲットとする一致現象としての間接的な尊敬語化――所有傾斜によって認可される尊敬語化――が可能となるのである。

この提案の妥当性を検証するためには、「ある」が有生の「が」格名詞句とともに用いられる例を見て、それらの例において、「が」格名詞句をターゲットとする尊敬語化が可能であるかどうかを確かめればよい。そのために、(138)のような例を考えていくことにする。

(138) a. [ここでバスを降りる]人がある。
    b. きのう、{お客さん/来客}があった。

(138a)の「ある」は一時的な状態を示すときに使われ、(138b)の「ある」は「来る」に相当する動作が起こるときに使われるものである。これらの「ある」は、動的な(dynamic)状況を指す時に使われるもので、これまで見てきた存在文や所有文で使われる静的な(static)用法を持つ「ある」とは基本的に異なる（三上 1970)。なぜなら、このような文は、これまで見てきた存在文や所有文とは違い、時制が現在形の場合には、現在の状態の意味を表すのではなく、未来の意味を表すからである。したがって、このような文には、「明日」のような未来を表す表現を使用することが可能である。

(139) a. 明日、[ここでバスを降りる]人がある。
    b. 明日、{お客さん/来客}がある。

日本語で、動的な意味を持つ動詞が現在形で用いられると、未来の意味を表すことができることは(140)の例からも確認できる。

(140) 明日、私は会社で働く。

これに対して、状態の意味を表す存在文や所有文は現在形で未来の意味を表

すことができないので、(141)の文は意味的に逸脱した文である。

 (141) a. #明日、公園にベンチがある。
    b. #明日、ジョンにお金がある。

もちろん、(141)の文に対して想定される状況は、外界では十分起こりうる。にもかかわらず、(141)のような文では、意味的な逸脱が起こる。このように、動的な意味で用いられる「ある」は、その意味的な特徴が状態動詞とはかなり異なるのであるが、「ある」が有生の「が」格名詞句とともに用いられているという性質は同じである。

そうすると、(138)の二つの文に現れる動詞「ある」は項を一つ取る動詞として働いているのにもかかわらず、動詞は「が」格名詞句と一致を起こしていないということになる。(138a)のような場合は、「ある」とほぼ同じ意味を「いる」で表すことができる。

 (142) [ここでバスを降りる]人がいる。

(142)の場合は、動詞が「いる」なので、動詞が「が」格名詞句と一致していると言うことができる。(138a)や(142)のような例の場合、文に「に」格名詞句を加えることができないので、動詞は自動詞であると考えられる。そうすると、「ある」「いる」の動詞の一致は、自動詞であるからといって、必ず起こるわけではないということを示している。

(138b)の場合は多少状況が異なる。(138b)のような文は同じ意味を保持したまま「ある」を「いる」に置き換えることはできない。

 (143) *今日、お客さんがいる。

おもしろいことに、「ある」が「来る」という意味で使われる(138b)のような表現では「が」格名詞句には「訪問客」「お客さん」「来客」のように「客」の言葉が入った表現に限定されるようである。

 (144) *今日、訪問者があった。

「ある」を使う表現では、「訪問者」のように訪れてくる人を指す表現であっても「ある」といっしょに使うことができないため、(144)は容認されない。

(138b)のような文では、「ある」「いる」の交替が決して起こらないために、これは、有生・無生の区別に依存して交替する動詞とは異なると言うことも

6. 尊敬語化に関する問題

可能かもしれないが、実際には、以下で議論するように、存在・所有文に現れる「ある」「いる」と共通の性質を示す。もし、そうであれば、(138b)のような文は、「が」格名詞句が有生であるにもかかわらず、動詞に「ある」が選択された例、すなわち、動詞の一致が起こっていない例であるということができる。

さらに付け加えておくと、(138b)の場合は「が」格名詞句が唯一の項であると考えられるが、このような例の場合には「に」格名詞句が「が」格名詞句と共起することができる。

(145) 今日、ジョンに{お客さん/来客}がある。

しかし、ここの「に」格名詞句は、主語ではなく付加詞である。なぜなら、(145)の「に」格名詞句は主語尊敬語のターゲットになることも、再帰代名詞の先行詞となることもできないからである。

(146) a. ?*今日、<u>社長</u>に来客がおありになった。
　　　 b. *今日、ジョン$_i$に自分$_i$の来客がある。

第二に、(145)の「に」は、「に対して」で置き換えることができるし、また、名詞句を場所表現にすることもできる。

(147) a. 今日、ジョンに対して{お客さん/来客}がある。
　　　 b. 今日、ジョンのところに、お客さんがある。

これに対して、主語として働く所有文の「に」格名詞句は、このような置き換えができない。したがって、(148)の文は、所有文としては解釈されない文か容認不可能な文のいずれかになる。

(148) a. *ジョンに対して、兄弟がいる。
　　　 b. *ジョンのところに、兄弟がいる。

(148b)の文は存在文としての解釈は可能であるが、所有文としての解釈はない。(138b)の「に」格名詞句は主語としての性質がないために、(138b)の「ある」も項を一つしか取らない自動詞ということになる。

なお、(146)で観察される特徴は、「ある」がある種の移動を表す時に共通して現れるものである。

(149) ジョンに{連絡/電話/伝言}があった。

事実、(149)は、(145)と同様に、尊敬語化のターゲットにもなることができないし、再帰代名詞の先行詞となることもできない。

(150) a. *山田先生に連絡がおありになった。
　　　 b. *ジョン_iに自分_iへの伝言があった。

また、(149)は、「に」でマークされた名詞句の「に」を「に対して」で置き換えることが可能である。さらに、「に」格名詞句を「ところ」のような表現に変えることも可能である。

(151) a. ジョンに対して、{連絡/電話/伝言}があった。
　　　 b. ジョンのところに、{連絡/電話/伝言}があった。

このような議論から、動的な意味を表す「ある」を含む(138b)は、「に」格名詞句が主語として働いていない自動詞的な構文であるということがわかる。

(138)のような文の場合、「が」格名詞句は、(152)のような類別詞を含む例が示しているように、有生である。(152)の場合、類別詞の「人」が「が」格名詞句に伴って現れても、つまり、「が」格名詞句が有生であっても、「ある」が使われていることがわかる。

(152) a. 何人もここでバスを降りる人がある。
　　　 b. きょうは、お客さんが三人あった。

このような事実から、(138)のような文は動詞が「が」格名詞句に一致していない文であると言うことができる。そうすると、(138)のような文では「が」格名詞句をターゲットとする尊敬語化ができないと予測ができる。実際、(153)が示すように、「が」格名詞句をターゲットとする尊敬語化は不可能である。

(153) a. *ここで降りる人がおありになる。
　　　 b. *今日、お客さんがおありになる。

(152a)のような文では、「ある」を「いる」に変えても意味はそれほど変わらないと考えられるが、(154)で示されているように「いる」を使った文では、尊敬語化が可能である。

(154) ここで降りる人がいらっしゃる。

有生の「が」格名詞句に対して用いられる「いる」の現れている(154)の場合、一致が起こっているので、「が」格名詞句をターゲットとする尊敬語化が起こっ

6. 尊敬語化に関する問題

てもよいということは十分予測できる。

　(138b)のような文の場合、もとの動的な意味を保持したまま、「ある」を「いる」に置き換えることはできないが、文の意味は、(155)とほぼ同義であると考えられるであろう。

　　(155)　今日、お客さんが来た。

(155)では、尊敬語化に関して何の問題もないということは、(156)の例から分かる。

　　(156)　今日、お客さんがいらっしゃった。

その他にも、(138b)のような「ある」を用いた文は、(155)とは異なる性質を持っている。(138b)は、「ある」が「が」格名詞句と有生・無生の区別が一致していないだけでなく、定性の効果を示す。

　　(157)　a. *今日、(その){すべての/ほとんどの/両方の}お客さんがあった。
　　　　　b.　今日、{何人かの/数人の}お客さんがあった。

動詞が「来る」の場合にはそのような効果は現れないのは、(158)のような例から明らかであろう。

　　(158)　a.　今日、(その){すべての/ほとんどの/両方の}お客さんが来た。
　　　　　b.　今日、{何人かの/数人の}お客さんが来た。

(157)で示したように、(138b)のような文の場合には、「が」格名詞句に定表現が現れた場合には非文となるが、不定表現の場合には問題がない。これは、まさに所有文の「が」格名詞句において観察された定性の効果と同じものである。WH疑問に関しても同じような分布が観察できる。

　　(159)　a. *今日、{誰の/どの}お客さんがあったの?
　　　　　b.　今日、{何人の/どんな}お客さんがあったの?

(138b)のような文においても、WH疑問詞は所有文と同じように、容認されるものとされないものに二分される。また、(160)のように関係詞化ができないことも所有文の「が」格名詞句と同じである。

　　(160)　a. *[きのうあった]お客さん
　　　　　b. 　[きのう来た]お客さん

(160b)で示されているように、述語が「来る」の場合は「が」格名詞句の関係節化に問題がない。このように、動的な意味を表す「ある」が現れる文の「が」格名詞句の分布は、所有文の「が」格名詞句の分布と同じである。

そうすると、問題は、なぜ動的な意味を表す動詞の「ある」の文がこのような分布を示すのかということになる。これまでの議論では、「ある」「いる」の文で現れる「が」格名詞句はもともと内項であり、外的に主語が現れるとその内項は目的語として具現化されるということであった。そして、「ある」のような非対格動詞の唯一項が目的語として現れる際には、その項に部分格が述語から与えられ、その結果として、定性の効果を示すことになる。(138b)のような文の場合でも、「が」格名詞句が内項であることは(161)の例から分かる。

(161) 昨日は、お客さんがいっぱいあった。

(161)の「いっぱい」は「が」格名詞句の数量を指定し、「たくさんのお客さん」という意味を表すことができる。このような解釈が可能であるということは「が」格名詞句が内項であるということである。

しかし、(138b)の文では、表層で主語として具現化されている項がない。表層で現れることのできる「に」格名詞句は、上で示したように、主語の特性を示さない。このことは、表面上、主語は存在しないということを示唆している。それでは、問題はなぜ「が」格名詞句に定性の効果が見られるのであろうかということになる。ここでは、その問題を解決する提案として、Krazter (1995)などにより提案されている、イベント項(event argument)が出来事を表す文には現れるという考えを採用することにする。そして、このイベント項が(138b)のような文では、顕在的には明示されないものの、項構造では<event, theme>のように外項として具現化され、表層構造ではIPの指定部の位置を占め主語として働いていると提案する(cf. Higginbotham 1985)。

(162) [$_{IP}$ イベント項$_i$ [$_{VP}$ t_i {お客さんが/来客が} ある]]

ここでのイベント項は、静的な動詞に対して付加されるもので、もともと静的な意味を表す動詞が動的な意味を表すように変換される場合に、表層構造で主語位置に生じるものと考える。なお、通常の動的な意味を表す文では、

6. 尊敬語化に関する問題

動詞自体に動的な意味が入るのでイベント項は統語的に主語位置に投射されるとは考えない。このような提案では、「ある」「いる」はもともと状態の意味を表す動詞であるが、主語位置にイベント項が生成されると、文全体としては動的な意味を表すということになる。さらに、このイベント項は主語位置を占めるために、「が」格名詞句は主語位置に上昇しない。したがって、動的な意味を表す「ある」を含む文は、所有文と似た分布を示すことになる。実際、動的な意味を表す文において、「が」格名詞句が目的語の位置に留まるのであれば、「が」格名詞句と動詞に一致が要求されず、(138)の文の有生の「が」格名詞句に対して「ある」が許されることは十分期待される。また、(138)のような文では、動詞が非対格動詞であるため、「が」格名詞句が表層で目的語の位置に現れると、その名詞句は動詞から部分格を受けることになり、その結果、この名詞句が定性の効果を示すことになる。

本章の最後に、(138b)のような「ある」は、所有文で一致が起こらない時の文と、一致の可能性について同じような分布をしているということを付け加えておきたい。Kishimoto (2000)が観察しているように、一致の起こらない所有文は、話題化(topicalization)や擬似分裂化(pseudo-clefting)のような操作によって、「が」格名詞句が基底で生成された位置から離れた位置に現れると容認性が下がる。

(163) a. ?*子供は$_i$ ジョンにも t_i ある。

b. *[ジョンに t_i ある]のは弟だけ$_i$だ。

これに対して、一致が起こっている文の場合には、話題化や擬似分裂化によって元の位置から離れても問題がない。

(164) a. 子供は$_i$ ジョンにも t_i いる。

b. [ジョン t_i にいる]のは弟だけ$_i$だ。

また、このような統語操作が「いる」のみに許されるわけではない。「が」格名詞句が無生で一致が可能であれば、話題化や擬似分裂化のような操作は、「ある」でも問題がないことは、(165)の例からも明らかであろう。

(165) a. お金は$_i$ ジョンにも t_i ある。

b. [ジョンに t_i ある]のはお金だけ$_i$だ。

それでは、(138b)のような動的な意味を表す「ある」の文はどうなるであろうか。もし(138b)のような文が「が」格名詞句と動詞が一致を起こしていない文であるとすれば、話題化や擬似分裂化は阻止されるはずである。実際、(166)で示すように、この予測は正しい。

(166) a. *昨日、お客さんは$_i$ ジョンにも t_i あった。

b. *[ジョンに t_i あった]のは、お客さん$_i$ だ。

ちなみに、随意的に現れる「に」でマークされた名詞句にはこのような制限は見られない。

(167) a. ジョンには$_i$、昨日 t_i お客さんがあった。

b. [t_i お客さんがあった]のはジョン$_i$ だ。

ただし、上で観察された一致の要求は、移動が起こった場合に常に起こるわけではないようである。(168)のように、「が」格名詞句がかき混ぜによって前置された場合は、比較的容認性が高い。

(168) a. ?子供が$_i$ ジョンにも t_i ある(こと)

b. ?昨日、お客さんが$_i$ ジョンにも t_i あった。

ここで重要なことは、一致が起こらない所有文に現れる「が」格名詞句と(138b)のような動的な意味を表す「ある」の文に現れる「が」格名詞句が移動に関して同じ特性を示すということである[14]。このことにより、(138b)のような動的な意味を表す「ある」が現れる文は、「ある」を「いる」に置き換えることができないという特殊な性質を示すものの、動詞が「が」格名詞句と一致を起こさないタイプの文の変種であると言うことができるであろう。

これまでの議論で、「が」でマークされた名詞句が動詞と一致を起こさない場合、その名詞句は尊敬語化を引き起こさないということを示した。この節で見た「ある」「いる」が起こるさまざま文を検討した結果、「ある」「いる」を含む文の尊敬語化の可能性は、柴谷 (1978) の主張するような単なる主語をチェックするテストとして必ずしも働くわけではなく、いろいろな要因が絡まってかなり複雑な現象となっていることを示した。

7. まとめ

　本章では、主に、日本語の存在文及び所有文で現れる動詞「ある」「いる」の特性とこれらの文に現れる名詞句の文法関係について考えた。Kuno (1973)・柴谷 (1978) による古典的な分析は、存在文で「ある」と「いる」が両方使われ、「が」格名詞句の有生・無生の区別によって動詞の選択が決まるが、所有動詞は「ある」しかないというものであった。しかしながら、存在文と所有文の両方で「ある」と「いる」が使われることができることがわかった。存在文は、項を一つ取る自動詞文として働き、所有文は、項を二つ取る他動詞文であることを議論した。所有文の「が」格名詞句は、英語のThere-構文のbe動詞の後に現れる名詞句と同じ制限が見られる。特に、これらの名詞句に定性の効果が見られるということは、二つの構文が基本的に同じ統語構造を持つということを示している。さらに、日本語の所有文では、英語のThere-構文とは異なり、主語位置は、虚辞ではなく通常の名詞句によって占められるため、英語では検証できなかった主語の特性が検証できた。

注

1. 後で議論するように、この効果を「定性の効果」と呼ぶのは、必ずしも適切でない場合もあるが、とりあえず、慣例に従ってこのように呼ぶことにする。
2. 強決定詞 (strong determiner)・弱決定詞 (weak determiner) の用語は、Barwise and Cooper (1981) による。
3. 所有文における「が」格名詞句が有生である時の「ある」「いる」の選択については、世代が異なるとかなり容認性に差が出るようである。一般に、所有文の「が」格名詞句が「兄弟」のような有生名詞の時には、動詞には両方の選択を許す話者が多い。しかしながら、「妻」「仲間」「友達」「愛人」など少し周辺的な名詞になると揺れが出てくる。このような名詞が被所有者になる所有文に対しては、「いる」は完全に容認できるが、「ある」に関しては少し文法性が落ちると判断する人がかなり多くいる。また、若い世代の話者には、「が」格名詞句の種類にかかわらず、「ある」をまったく容認しない話者もいた。もちろん、ここでの議論は、「ある」「いる」の両方の選択を許す話者の判断（これはほとん

第3章 存在・所有構文

4. (26a)が表す関係は、抽象的な所有関係なので、所有者は人間に限られる。また、部分・全体の関係は、「に」格名詞句の種類により空間関係として認識され、異なる概念化が起こることがある。

    (i) a. ジョンにたんこぶがある。

    　　b. ジョンの頭にたんこぶがある。

    (ia)は所有文で、(ib)は存在文である。このことは(ii)で示されるような関係節化の可能性の違いから確かめることができる。

    (ii) a. *[ジョンにある]たんこぶ

    　　b. [ジョンの頭にある]たんこぶ

5. (32b)の文の悪さは、通常の束縛関係により排除されるものよりは、かなり逸脱度が大きいと思われる。これは、(32b)のような文を解釈しようとすると親族関係の解釈に混乱が起こるためとも考えられる。しかし、ここで重要なのは、(32b)の逸脱性の大きさが何に起因しているかということではなく、「が」格名詞句が(最終的には)主語とはならないということである。

6. 日本語では、PROに当たる要素が時に代名詞として明示されてもよいので、代名詞を挿入することによって従属節がコントロール節を取るかそうでないかを明示的に区別することができる。

    (i) ?私は、ジョン$_i$に[彼$_i$が花子をほめて]ほしいと思った。

    (i)は、その構造上、コントロール節であることがわかる。(34a)のような文でも、(ii)のように明示的な代名詞が現れることができるのでコントロール節が可能であることがわかる。

    (ii) ?私は、ジョン$_i$に[彼$_i$に子どもがいて]ほしいと思った。

7. (i)は、(36)と同じ分布を示すが、コントローラーは、通常、人間名詞なので、(ib)は、コントロールとは独立の理由でも排除されることになる。

    (i) a. 私は、ジョン$_i$に [PRO$_i$お金があって]ほしいと思った。

    　　b. *私は、お金に [ジョンにPRO$_i$あって]ほしいと思った。

8. 多少困難さはあるものの、(28)のような文も区別はできる。

213

7. まとめ

>   (i) *私は、ペット$_i$に[もうちょっとジョンにPRO$_i$いて]ほしかった。
>
> (i)のような文では、「所有関係」を意味する解釈は存在せず非文法的である。これに対して、(ii)は、容認性が高くなる。
>
>   (ii) 私は、このシラミ$_i$に[もうちょっとの間ジョン$^?$(の体)にPRO$_i$いて]ほしかった。
>
> 「体」が入らない場合は、少し容認性が下がるが、「空間関係」を指定している解釈では、(ii)は(i)に比べ容認性が高い(ここでは、「この」のような特定の物を指す言葉を入れた方が存在文の解釈がしやすい)。

9. いわゆる存在を表す「存在文」は、場所・所在を表す「存在文」とは異なり、「が」格名詞句はいわゆる新情報を導入する際に用いられる。したがって、存在関係を表す存在文には、語用論的な定性の効果が現れるとも言える。しかしながら、ここで議論している定性の効果は、このような新情報の導入に使われる際に見られる制限よりもはるかに強いもので、語用論的制約ではなく構造的制約を受けるものである。

10. (i)のような文の容認性は落ちる。

>   (i) *[あの男の子にt_iある]のは弟だけ$_i$だ。
>
> (i)は定性の効果とは別の構造的な理由で悪くなっている。(i)は「が」格名詞句が構造的に一致が要求される位置に存在するからである。この点の詳しい議論についてはKishimoto (2000),岸本(2002)を参照。

11. この分析では、(86)の例の存在が問題となるが、Heim (1987)のように関係節ではなく程度表現と解釈されるため容認されると考えておく。

12. 「つ」は通常小さな無生の物体を指すことが多いので、(107b)には、類別詞の「つ」を付け「駐車場に車が三つある。」のようにすると違和感がある話者も多い。しかしながら、このような類別詞を何の違和感もなく受け入れる話者もいる。特に、遠くの方にある車で小さく見えるような状況では、「つ」の使用が容易になるのではないかと思われる。

13. Kishimoto (2000),岸本(2002)では、動詞の一致は「が」格名詞句が一致を要求する位置まで上昇していると提案している。この位置は、(本論では採用していない分裂動詞句の仮説を採用すると)vPの中で主語が生成され意味役割

を受け取る投射の中にあると考えられる (cf. Collins 1997, Ura 2000)。もしこのような分析が正しく、主語尊敬語化がvP内の項(主語の痕跡と引き上げられた目的語)と一致する形で尊敬語化の可否が決められるとすると、一致が起こる位置に二つの要素が存在することになり、(126)の場合は干渉が起こることが予測される。

　　(i) [TP 主語 [vP 目的語 (主語) [VP (目的語)] いらっしゃ]る]

これに対して、(127)の場合には、目的語の一致は存在しない。したがって、目的語は、基底生成された位置に留まることになる。

　　(ii) [TP 主語 [vP (主語) [VP 目的語] お飼いにな]る]

この場合、尊敬語化の一致を起こすvP内要素は主語だけとなり、目的語による干渉は起こらないことになる。

14. Kishimoto (2000) および岸本 (2002) では、移動により一致が要求される場合と要求されない場合の統語条件についても議論している。ここでは、詳細には入らないが、要するに、名詞句が話題化や擬似分裂化によって、「が」格名詞句が移動した場合には、一致が要求される位置を統語移動によって通過することになるので、所有文の「が」格名詞句が有生である場合は、「ある」が許されず、「いる」のみが許容されることになる。この問題の技術的な取り扱いの詳細については、Kishimoto (2000) および岸本 (2002) を参照。

第4章　存在・所有文の拡張用法

1. はじめに

　前章では、日本語の存在・所有文と英語のThere-構文を比較し、日本語の「ある」「いる」が英語のbe動詞と対応すること、及び、特にこれらの動詞を用いた所有文が統語的に英語のThere-構文と対応することを見てきた。日本語の所有文は、被所有者名詞句として働く「が」格名詞句と所有者を表す「に」格名詞句の二つの項が現れる他動詞文で、「に」格名詞句が主語、「が」格名詞句が目的語として機能する。英語のThere-構文は、虚辞のthereが主語位置を占め、虚辞がなければ主語位置に現れる名詞句がこの構文では動詞の後ろの目的語の位置に現れる。英語の虚辞のthereが語源的にはもともと場所を表す付加詞であるとすると、There-構文においては、thereが一種の再分析の結果、主語位置を占めることになり、動詞の唯一項が動詞の後に現れるという特異な現象が起こっているということになる。日本語の所有文でも、「に」格名詞句が主語位置を占める時に「が」格名詞句が目的語の位置に留まるので、構造的に英語のThere-構文とよく似た構文が作られていることになる。

　本章では、日本語の所有文と英語のThere-構文との間に存在するさらなる共通性を検討する。本章では、特に、リスト用法について考察することになる。英語のThere-構文においては、動詞の後に現れる名詞句がある特定の集合から命題を満たす要素を取り出す場合、すなわち、リストとして提示される場合には、固有名詞や代名詞などの定表現が現れることが許され、一見、定性の効果がないように見える現象が観察されている(Rando and Napoli 1978, Soames and Perlmutter 1979, Hannay 1985, Ward and Birner 1995など)。同様の現象は、日本語の所有文においても観察される。日本語の「ある」

2. リスト構文:定性の制約の例外?

「いる」を用いた所有文の「が」格名詞句は、通常、定性の制約により、定表現が起こらず、不定表現しか許されないのであるが、リストとして提示する場合には、固有名詞などの定表現がこの「が」格名詞句として許される。ここでも、また、日本語の所有文が英語のThere-構文と同じようなメカニズムによって容認されることを示すことになる。

2. リスト構文:定性の制約の例外?

まず、日本語・英語のリスト構文では、あたかも定性の効果がなくなるように見えるという議論を始める前に、前章での議論を簡単に要約しておくことにする。前章では、英語のThere-構文のbe動詞の後ろに現れる主題名詞句に定性の効果が現れることを見た。There-構文において、be動詞の後に現れる主題名詞句は、通常、many, some, a few, noなどの弱決定詞を伴う名詞句や冠詞のない不定名詞句を含む不定表現に限られ、every, most, allなどの強決定詞を含む名詞句や代名詞・固有名詞などの定表現は、通常この位置の名詞句としては許されない。したがって、動詞の後ろに現れる名詞句の種類により、(1a)と(1b)に見られるような容認性の違いが観察される。

(1) a. There are {many/some/no} books on the table.
    b. *There are {most/all} books on the table.

同様の制限は、日本語の所有文の「が」格名詞句にも観察できる。日本語でも、(2)で示されるように、「ある」「いる」を用いた所有文の「が」格名詞句に定性の制約がかかるので、英語のThere-構文の動詞の後に現れる名詞句と同じ容認性の対比が見られる。(2)は「ある」を用いた所有文の「が」格名詞句の定性の効果である。

(2) a. ジョンには、{たくさんの/いくらかの/少しの}お金がある。
    b. *ジョンには、{ほとんどの/すべての}お金がある。

(2)は「ある」を用いた所有文の例であるが、当然のことながら、まったく同じ定性の効果は、(3)で示されるように、「いる」を用いた所有文の「が」格名詞句にも観察される。

(3) a. ジョンには、{たくさんの/何人かの}兄弟がいる。

　　　　b. *ジョンには、{ほとんどの/すべての}兄弟がいる。

所有文の「が」格名詞句の定性の効果は、もともとは、項を一つしか取らない非対格動詞の「ある」「いる」が項を二つ取ることに由来する。非対格動詞は、目的語に構造格を与えられない。したがって、表層で現れる目的語がいわゆる部分格を与えられることになって、この名詞句には定性の効果が現れることは前章でも議論した。(2)や(3)の文の「が」格名詞句に見られる定性の効果は、日本語の所有文が英語のThere-構文と同じ統語構造を持つことによるものであると考えられる。

　ここで注意しなければならないのは、日本語の存在文の場合、英語のThere-構文と構文の表す意味が同じであっても、定性の効果が見られないということである。

　　(4)　この公園に、(ジョンの){ほとんどの/すべての}友達がいる。

所有文の「が」格名詞句は、定性の効果を示すが、それに対応する存在文の「が」格名詞句は、定性の効果を示さない。日本語の存在文において「が」格名詞句が定性の効果を示さないのは、存在文に現れる非対格動詞が項を二つ取らず、「が」格名詞句が構造格を与えられる主語として現れるからである。したがって、(4)のような存在文は、(1)のようなThere-構文に対応するのではなく、(5)のような文に構造上対応することになる。

　　(5)　a.　{Most/All} books are on the table.
　　　　b.　{Many/Some} books are on the table.

(5)は、(1)のように虚辞のthereが文の主語の位置に現れていない。主語位置にある名詞句は、定性の制約にかからない構造格を与えられるので、その名詞句は定表現・不定表現のどちらもが許されるのである。

　これまでの説明では、日本語の所有文の「が」格名詞句には常に定性の効果が現れると予測される。しかしながら、これには一見例外に思えるような例が存在する。

　　(6)　a.　ジョンには、{メアリーが/あのおじさんが}いる。
　　　　b.　ジョンには、あのブランコがある。

(6)のような所有文の「が」格名詞句には、部分格とは適合しないはずの定表現

2. リスト構文：定性の制約の例外？

が現れているが、容認可能な文となっている。これは、一見、所有文の「が」格名詞句に定性の制約が課されていないように見える。なお、(6)のような文では、必ずしも所有関係が規定されているとは限らず、文脈上何らかの関係が規定できれば容認されることが多い。例えば、「ジョンにはメアリーがいる。」のような文は、ジョンとメアリーに親族関係のような関係が存在する必要はなく、単に、何かの手助けをするような関係でもよい。この関係は、空間関係ではないので、厳密な意味での所有関係ではないものの、ある種の譲渡不可能な関係を表していると考えられる。

柴谷 (1978) は、(6a)のような文を存在文であると見ていた。もしこれが正しければ、(6a)に関して、定性の効果が見られないのは当然のこととなるが、実際には、(6)の両文は、「に」格名詞句を主語に持つ所有文であると考えられる。以下では、柴谷 (1978) の主張とは異なり、実際には(6)のような所有文の動詞が他動詞として使われているということを確認する。

「に-が」の格パターンを取る二項述語の他動性を調べるには、どの項が主語として機能するかを検証すればよい。例えば、(6)のような所有文は、通常の所有文と同様に、「に」格名詞句を主語に持つ構文であることは、(7)の再帰代名詞「自分」の振る舞いにより明らかである。

(7) a. ジョン$_i$には、自分$_i$のいとこのメアリーがいる。
　　 b. ジョン$_i$には、自分$_i$の子供がいる。

このことは、存在文が「が」格名詞句を再帰代名詞の先行詞に取ることができるのと対照的である。

(8) 　ジョン$_i$が、自分$_i$の部屋にいる。

コントロール述語に埋め込まれた時に観察されるPROの置き換えの可能性の非対称性も(6)の文の「に」格名詞句が主語であることを示唆している。

(9) a. ジョンは、メアリー$_i$に[PRO$_i$あのおじさんがいて]ほしいと思った。
　　 b. *ジョンは、あのおじさん$_i$に[メアリーにPRO$_i$いて]ほしいと思った。

(10) a. メアリー$_i$が、その人たちに [PRO$_i$あのおじさんがいて]ほしい

と思われている。

　　b. *あのおじさん_iが、その人たちに[メアリーにPRO_iいて]ほしいと思われている。

(9)および(10)で示されるように、(6)のような文でPROに置き換えが可能な名詞句は「に」格名詞句であって、「が」格名詞句ではない。これは、前章で議論した所有文と同じ分布である。

(11) a. ジョンは、メアリー_iに[PRO_iいとこがいて]ほしいと思った。

　　b. *ジョンは、いとこ_iに[メアリーにPRO_iいて]ほしいと思った。

(12) a. メアリー_iが、みんなに[PRO_iいとこがいて]ほしいと思われている。

　　b. *いとこ_iが、みんなに[メアリーにPRO_iいて]ほしいと思われている。

さらに、文脈上である種の関係が規定される(6)のような文において、随意解釈のPROも「に」格名詞句には可能であるが、「が」格名詞句には可能でない。

(13) a. [PROあの人たちがいる]ことはいいことだ。

　　b. *[ジョンにPROいる]ことはいいことだ。

(14)の例でも確認できるように、随意解釈のPROの生起の可能性も、通常の所有文とまったく変わらない。

(14) a. [PRO子供がいる]ことはいいことだ。

　　b. *[ジョンにPROいる]ことはいいことだ。

このような事実から、結論として、(6)のような文は、「に」格名詞句を主語とする所有文の一種であると言うことができるであろう。

　もし(6)が所有文であるとすると、「が」格名詞句は目的語となる。そうすると、この目的語は、非対格動詞の「ある」「いる」より部分格を与えられることになり、定性の効果を示すはずである。実際、(6)の文の「が」格名詞句が定性の制約に従うと考えられるような例が存在する。(6)のような文に対しては、あたかも定性の制約が当てはまらないように思えるが、実際には、(15)のような例から、定性の制約が存在することがわかる。

(15) a. *[ジョンにいる]メアリー

2. リスト構文:定性の制約の例外?

　　　　　b. *[ジョンにある]あのブランコ

前章でも見たように、通常の所有文の「が」格名詞句は、定性の制約により関係節化ができない。

　(16) a. *[ジョンにいる]弟
　　　 b. *[ジョンにある]車

(6)のような文では「が」格名詞句が関係節化に関して通常の所有文と同じように振る舞うということを(15)の例が示している。(6)の「が」格名詞句の関係節化に関する容認性の低さは、存在文の「が」格名詞句の関係節化には全く問題がないことと比べると、きわめて対照的である。

　(17) [公園にいる]{ジョン/男の子}

したがって、(6)の「が」格名詞句は定性の制約を受けていると考えてよいことになる。なお、(6)のような所有文は、通常の所有文と同様に、「が」格名詞句を関係節の主要部にすることができないが、「に」格名詞句を関係節の主要部にすることには問題がない。

　(18) a. [メアリーがいる]ジョン
　　　 b. [弟がいる]ジョン

(15)で示されている、「が」格名詞句の関係節化ができないという事実は、先に議論したように、定性の効果の一つであるので、(6)の構文に現れる「ある」「いる」は他動詞(所有動詞)として使われていることになる。

　また、所有文では、所有関係(「が」格名詞句が人間の場合は、親族関係などの人間関係)が表され、前章でも議論したように、「に」格名詞句をターゲットとした主語尊敬語化の他にも、間接的な尊敬語化が「が」格名詞句に対して可能である。

　(19) a. ジョンには、<u>立派なおじさん</u>がいらっしゃる。
　　　 b. <u>鈴木先生</u>には、かわいい赤ちゃんがいらっしゃる。

語用論的に決まる人間関係が表されていると考えられる(6)の文も同様な分布を示す。つまり、(6)は、(20)に示すように、「に」格名詞句をターゲットとした主語尊敬語化も可能であるし、「が」格名詞句をターゲットとした間接的な尊敬語化も可能である(cf. 柴谷 1978)。

(20) a. 京子さんには、鈴木先生がいらっしゃる。
　　 b. 鈴木先生には、京子さんがいらっしゃる。

尊敬語化が二つの名詞句に対して可能になるという現象は、「に-が」の格パターンを取る他の他動詞文では観察できない。

(21) a. 鈴木先生には、メアリーがお見えになる。
　　 b. *メアリーには、鈴木先生がお見えになる。

(21)の文は、二つの名詞句の間に所有関係はない。したがって、「に」でマークされた主語だけが主語尊敬化のターゲットとなり、目的語の「が」格名詞句が尊敬語化のターゲットとなる(21b)は排除される。

　なお、前章でも議論したが、通常の所有文は、「に」格名詞句と「が」格名詞句のいずれかが尊敬の対象として考えられない場合には、お互いの尊敬語化を干渉することことがある。

(22) a. *鈴木先生には、ペットがいらっしゃる。
　　 b. *私には、りっぱなおじさんがいらっしゃる。

「が」格名詞句に定表現が現れるリストの所有文も通常の所有文と同じように尊敬語化の干渉が起こることがある。

(23) a. *鈴木先生には、そのペットがいらっしゃる。
　　 b. *私には、木村先生がいらっしゃる。

このことは、二つのタイプの所有文の尊敬語化が同じ分布を示すということを示している。

　(20a)では、「が」格名詞句が尊敬語化のターゲットとなっているが、この名詞句に対する尊敬語化は、間接的な尊敬語化によって認可されている。このことは、(24)の例に示されている関係節化の可能性を見ることにより確認できる。

(24) a. *[京子さんにいらっしゃる]鈴木先生
　　 b. [鈴木先生がいらっしゃる]京子さん

(24)の文に見られるコントラストは、「が」格名詞句が定性の制約を受けることを示しており、この名詞句は、部分格を受け取る目的語であることがわかる。そうすると、「が」格名詞句ではなく、「に」格名詞句がこの文での規範的

2. リスト構文:定性の制約の例外?

な主語(canonical subject)であるということになる。

　以上の議論から、(6)のような文は、一見、定性の効果が現れないように見えるものの、実際には「が」格名詞句が定性の制約を受ける他動詞文であるということは明らかであろう。要するに、(6)の例は、所有文であるが、「が」格名詞句の定・不定の名詞句の種類の選択に関しては例外的に振る舞うのである。しかしながら、以下で議論するように、(6)のような文は「が」格名詞句が定性の制約を受ける所有文であり、一見、例外に見えるような現象は例外ではなく、定性の制約を受ける名詞句に特徴的に現れる現象の一つであることがわかる。問題は、通常、不定表現しか許されない「が」格名詞句において、(6)の例文では、なぜ固有名詞や、指示詞「あの」を伴う名詞句が現れることができるかということである。

　通常では不定表現のみが許容される位置に定表現が現れるという例外的に見える現象は、There-構文においても観察される。これは、Rando and Napoli (1978)がリスト構文と呼んだ、ある特定の集合の中から個体を選び出す時に使われるThere-構文であり、(25)のような例が代表的なものである。

(25) a. Q: Who is at the party?
　　　b. A: Well, there's Mary, Suzan, and John.

(25b)に見られるThere-構文の使い方は、通常のThere-構文とは異なる。(25b)のような文の場合、事物の存在(場所)の陳述をしているわけではなく、ある種の集合の中から特定の命題を満たす個体を選び出す、すなわち、該当者を列挙していることになる。Rando and Napoli (1978)も言及しているように、該当者を列挙するとは言っても、拾いあげる個体は一つであってもよい。したがって、(26b)も質問に対する答えになる。

(26) a. Q: Who is at the party?
　　　b. A: Well, there's Mary.

ここでの主な論点は、(6)の日本語の所有文が(25b)あるいは(26b)のリスト読みのThere-構文に相当するものではないかということである。もし(6)のような所有文が(25b)や(26b)のようなタイプのThere-構文に相当するのであれば、「が」格名詞句の位置に固有名詞などの定表現が現れても不思議はない

ことになる。

　まず、ここで注目するのは、(25b)のような英語のThere-構文と同じような解釈が、(6)の所有文でも見られるということである。つまり、(6)のような文は、通常の所有文とは異なり、厳密な所有の意味を表すわけではなく、語用論的にある種の関係(たとえば、味方になってくれるなど)が成立するという含意がある。ただし、There-構文とは異なり、(6)のような文では、人物や事物の関係付けをリストの形で述べるということになる。該当するものを列挙するという用法は、英語のリスト構文と共通であるので、英語の「リスト構文」という呼び方にならって(6)のような所有文を「リスト読みの所有文」と呼ぶことにする。もし(25)のThere-構文と似た状況で所有文がリスト読みの構文に使えるとすると、英語のThere-構文に対して課せられている制限が日本語のリスト読みの所有文でも見つかることが予想される。実際、以下で議論するように、リスト読みの所有文はリスト読みをするThere-構文と同じような制限が見つかる。

　英語のリスト読みをするThere-構文に対する説明には、いくつかの異なる提案がある。例えば、Rando and Napoli (1978)は、既定性(anaphoricity)という概念を立てて、There-構文の動詞の後ろに現れる名詞句は、通常、非既定的であり、したがって不定表現が現れるが、リスト構文の動詞の後に現れる名詞句にはその制限が当てはまらないと主張しその特殊性を説明しようとする。また、同じリスト読みのThere-構文の特殊性は、Abbott (1993)によると親密性(familiarity)、Holmback (1984)によると包含性(inclusiveness)という概念を用いて説明されることになる。さらに、Ward and Birner (1995)では、そのThere-構文の特殊性の説明に、聞き手にとって新しい指示物(hearer-new referent)という概念が使われている。これらの諸理論の細かい点は異なるものの、ほとんどの提案で、There-構文の動詞の後ろ名詞句が何かしらの新情報(new information)を提示する場合に定表現が許されるようになると言う点では一致しているように思われる。ここでは、これらの理論の違いについて詳細に検討することはできないが、本論の主眼は、英語のリスト読みのThere-構文に見られる現象が日本語のリスト読みの所有文にも観察されるか

2. リスト構文：定性の制約の例外？

どうかを検証することにあるので、ここではWard and Birner (1995)の考え方に則り、日本語のリスト読みの所有文の性質について考えてみることにする(それぞれの説明に対する詳しい批判は、Ward and Birner 1995を参照)。

There-構文が語用論的に特殊な伝達の働きを担っていることは、古くより認識されている(Allan 1971, Quirk et al. 1972など)。There-構文で、後置された名詞句の現れる位置が聞き手にとっての(発話時の)新しい情報として導入される特別な位置であることはしばしば議論されている。もしこの位置に導入される名詞句が聞き手にとって新しい情報を伝えるとすると、この位置には不定表現が通常現れることになる。なぜなら、不定表現は、聞き手にとって指示物が既知ではないと話者が仮定する場合に用いられるからである。もしこの位置に聞き手にとって既知であると話者が仮定して発話する定表現が導入された場合には、情報構造(information structure)に整合しない名詞句が現れることになり、定性の効果が出現することになる[1]。

リスト読みをするThere-構文の場合には事情が異なってくる。Ward and Birner (1995)によると、英語のリスト読みのThere-構文の動詞の後ろに現れる名詞句は、命題の変項に具体的な値を当てはめたものである。彼らの分析では、(25b)及び(26b)のThere-構文において、あたかも定性の効果が見られないのは、情報構造上、この名詞句が焦点(focus)となるからである。なぜなら、定名詞句は、通常、既知情報を表わすが、焦点化によって、その名詞句が発話時点においての聞き手にとっての命題の新しい情報(hearer-new information)として導入されることになるためである(以下では、このような情報を単に(聞き手に対する)新情報として言及することにする)。There-構文の動詞の後ろに現れる名詞句は、定表現でもリスト読みになった場合には、新情報として提示されるために、通常、不定表現しか現れないような位置にも起こることが許され、一見、定性の制約がかからなくなるように見えるのである。

この語用論的な説明が正しいとすると、There-構文のbe動詞の後ろの定名詞句は、発話時での聞き手にとっての新情報を表す限りにおいて容認可能なものになるということになる。この語用論的な分析は、(英語のリスト読みの

There-構文と同じ性質を示す)日本語のリスト読みの所有文に対しても適切な説明を与えると思われる。実際のところ、日本語の所有文の方が統語上の厳しい制約が少ないために英語よりも比較的容易に語用論な説明の妥当性を検証できる。もし英語の通常のThere-構文とリスト読みのThere-構文の違いが日本語の通常の所有文とリスト読みの所有文と並行的であるとすると、通常の所有文とリスト読みの所有文は情報構造が異なることになる。つまり、日本語のリスト読みの所有文は、被所有者を表す名詞句が焦点(新情報)となり、その他の部分が前提(旧情報)として機能することになるのである。通常の所有文は、このような情報構造を持たない。もしこれが正しいとすると、いろいろな統語環境においてこの二種類の所有文は異なる振る舞いをすることが予測される。以下の議論では、この予測が正しいことを示してゆく。

最初に、話題化について考えてみる。話題化された名詞句は、談話上の旧情報を表すので、聞き手にとっても旧情報となるはずである。ところが、リスト読みの所有文の「が」格名詞句は、新情報を担うため、(27)で示すように、この名詞句を旧情報として扱うような話題化はできない。

(27) a. *メアリーは、ジョンに(も)いる。

b. *メアリーなら、ジョンにいる。

(27)の「メアリー」とともに現れている「は」や「なら」は、その名詞句が既に談話上で言及されていることを示しているマーカーであると考えられる。なお、話題化などの統語操作が起こった節では、そのままでは、不自然なことが多いので、自然な解釈を引き出すために「も」や「は」などの助詞を適宜付加することにする。(27)のような場合、情報構造に矛盾が起きて容認できなくなる。これに対して、通常の所有文では「が」格名詞句を話題化することには問題がない。

(28) a. 弟は、ジョンに(も)いる。

b. 弟なら、ジョンにいる。

(28)が容認されるのは、リスト読みを持たない通常の所有文が「が」格名詞句の情報に関しては中立的であるため、話題化されても情報構造に矛盾が起こらないからである。この例だけでは、「が」格名詞句が旧情報を担っていると

2. リスト構文：定性の制約の例外？

も考えられるが、以下で見るように、「が」格名詞句が新情報を担っていても問題がないため、「が」格名詞句のもともとの情報のステータスは、情報の新旧に関して中立であると言うことができる。

　日本語の二つのタイプの所有文は、擬似分裂文においても異なる振る舞いをする。擬似分裂文は、統語的に、(談話上の新情報となる)焦点(focus)と前提(presupposition)の部分を分ける。そうすると、リスト読みの所有文が擬似分裂文になる場合は、情報構造が矛盾を起こさない形でなければ容認されないものとなると予測される。実際に、この予測は正しい。例えば、(29)のリスト読みの所有文は、情報構造上、旧情報を表すはずの「に」格名詞句が新情報を表す擬似分裂文の焦点部分に来ているため、情報構造上が矛盾した文になり容認されない。

　(29) ?*メアリーがいるのは、ジョンだ。

リスト読みの所有文とは異なり、通常の所有文では、「に」格名詞句が話題化されても問題がない。

　(30) 弟がいるのは、ジョンだ。

(30)が容認されるのは、先に示唆したように、通常の所有文の「に」格名詞句は情報の新旧に関してもともと中立であるので、この名詞句が擬似分裂文の焦点に来ることによって新情報を担ってもよいからである。

　「が」格名詞句が擬似分裂文の焦点に現れることは、どちらのタイプの所有文でも許される。

　(31) a. ジョンにいるのは、メアリー(だけ)だ。
　　　 b. ジョンにいるのは、弟(だけ)だ。

リスト読みの所有文は、「が」格名詞句が新情報を担う。通常の所有文の「が」格名詞句の情報構造はそれ自体中立である。そのために、どちらのタイプの所有文も、「が」格名詞句が焦点となったとしても情報構造に問題がないため、容認可能な文となる。

　英語のThere-構文の場合、主語位置を占めるのは虚辞のthereである。虚辞は、それ自体に本来の意味はなく、単に主語位置を埋める文法要素(grammatical formative)であり、このような要素に新情報を与えるような操作は無

意味である。したがって、リスト構文であろうとなかろうと、虚辞のthereを分裂文の焦点とするような文法操作がかかることはない(Allan 1971)。

(32) *It is there that are lions.

もちろん、thereが虚辞でなければ、その要素を焦点位置に移動するような統語操作は可能である。

(33) It was there that I found the book.

虚辞のthereは、stage settingの役割を果たすというBolinger (1977)のような主張もあるが、虚辞に情報構造を変える統語操作を行えないので、英語のThere-構文の情報構造を確かめるのには限界がある。日本語の場合、There-構文に相当する所有文の主語位置を占める要素は通常の名詞句なので、さまざまな文法操作によってその情報構造が確かめられるという利点がある。

情報構造からくる二つのタイプの所有文の違いは、WH疑問文においても観察できる。まず、リスト読みの所有文は、「に」格名詞句をWH句に変えると容認性が下がる。

(34) ??誰にメアリーがいるの？

通常の所有文では、「に」格名詞句をWH句にした疑問文は容認されることになる。

(35) 誰に弟がいるの？

(34)と(35)のWH疑問文の容認性の違いは、やはり、所有文の情報構造から来る。(34)のリスト読みの所有文は、「に」格名詞句の部分が、情報構造上、前提部分となり、話者が知っていると前提されるため、この部分を相手に情報を求めるWH句で置き換えることができないのである[2]。文の前提部分をWH疑問として尋ねるということができないということは、例えば、(36a)のような分裂文が、通常のWH疑問文としては容認できないということからも確かめられる。

(36) a. ?*[誰を呼んだ]のがジョンなの？
　　　b. [メアリーを呼んだ]のは誰なの？

(36a)に容認可能な解釈があるとしても、それは、せいぜい、問い返しの疑問文(echo question)にしかならず、相手に対してWHの値を求める通常のWH

2. リスト構文：定性の制約の例外？

疑問文としては解釈されない。これに対して、(36b)は、焦点(新情報)の部分を相手に値を求めるWH句としているので、情報構造に問題は起きず、通常の疑問文の解釈が存在することになる。(34)と(35)もこれと並行的な現象で、(34)は、情報構造上問題のない(35)とは異なり、問い返しの疑問文の解釈が可能であるが、WHの値を求める通常のWH疑問文としては使用できない。

英語のリスト読みのThere-構文にしろ日本語のリスト読みの所有文にしろ、その名前が示唆するようにこれらの構文の持つ機能は、文脈中あるいは談話中に存在する個体の集合のリストからある条件を満たす個体を引き出すというものである。したがって、このような同定を行わない場合は、リスト読みの文としては解釈されず非文となる(McNally 1997)。

(37) a. Q: Who's at the party?
b. A: *There's most people.

(37)のリスト読みの存在文が容認されないのは、数量詞を含む名詞句が非指示的で、命題を満足させる個体のリストを提示していないからである(cf. Davidse 1999)。日本語のリスト読みの所有文も同じような振る舞いをする。

(38) *ジョンには、すべてのおじさんがいる。

(38)は、「が」格名詞句が命題を満たす個体を拾い上げず非指示的な名詞句が使われているのでリスト読みができないということを示している。なお、(37a)の質問に対する答えに定表現のクラスに入る数量詞が含まれていても、(39)のような場合は容認性が高い。

(39) A: There's all sorts of students.

Ward and Birner (1995) によれば、これは、偽の定表現 (false definites) で必ずしも定表現として働いているわけではなく、意味としてはむしろ "a lot of" に近いためであるとしている。日本語でも、(40)のような文では、「が」格名詞句が、(39)と同様、偽の定表現としての解釈が可能となるので、文の容認性は高くなる。

(40) この立候補者には、あらゆる種類の支持者がいる。

(38)のような例で、定表現に分類される非指示的な量化表現が許されないと

いうことは、リスト読みの所有文であっても、定性の制約がかかるということで、リスト読みができない場合には、通常の定性の効果が現れてくることを示している。

　これまでの議論で、リスト読みの所有文では、「に」格名詞句が前提とみなされ、焦点になることができないのに対して、「が」格名詞句は新情報を担うため前提になることができないということがわかった。これに対して、通常の所有文は、このような制限がない。このことから、リスト読みの所有文は通常の所有文には見られない情報構造を持っていることがわかる。

　ここまでの日本語の議論は、「いる」が使われたリスト読みの所有文のみを考えてきたが、「ある」を用いた所有文でも、リスト読みが可能であるということをここで確認しておく。

　(41) a.　ジョンには、車がある。
　　　 b.　ジョンには、あの公園がある。

(41a)は、ジョンが車を所有しているという所有関係を表す通常の所有文であるが、(41b)は、ジョンが公園に対してある関係が文脈上規定されればよい、いわゆるリスト読みをする所有文である。

　(41)の二つの文が「ある」が使われる通常の所有文と同じ他動詞文であることは、容易に示すことができる。例えば、両方の文で、「に」格名詞句の「ジョン」が「自分」の可能な先行詞であるということは、「に」格名詞句が主語として働いていることを示している。

　(42) a.　ジョン$_i$には、自分$_i$で自由に使える車がある。
　　　 b.　ジョン$_i$には、いつも自分$_i$ひとりで遊ぶあの公園がある。

さらに、(42)の両方の文の「が」格名詞句が定性の制約を受けているということは、(43)のように「が」格名詞句を関係節の主要部とすることができないことからも確認できる。

　(43) a.　*[ジョンにある]車は高級車だ。
　　　 b.　*[ジョンにある]あの公園は広い。

前章でも議論したように、関係節の中の空所は、定表現として分類される発音されない代名詞によって埋められていて、この空の代名詞のために、所有

2. リスト構文：定性の制約の例外？

文の「が」格名詞句が関係節の主要部の位置に現れることができないのである。これに対して、定性の制約がかからない存在文の「が」格名詞句は、容易に関係節の主要部になることができる。

 (44) a. [あそこにある]車は高級車だ。

    b. [あそこにある]あの公園は広い。

また、存在文の「に」格名詞句は、ともに、関係節の主要部となることができる。

 (45) a. [車がある]ジョンがうらやましい。

    b. [あの公園がある]ジョンがうらやましい。

所有文の「が」格名詞句は、関係節の主要部になることはできないが、擬似分裂文の焦点の位置に来ることはできる。

 (46) a. [ジョンにあるのは]車(だけ)だ。

    b. [ジョンにあるのは]あの公園(だけ)だ。

これらは、リスト読みの所有文と通常の所有文が共通に持つ性質であるが、もちろん、この二つのタイプの所有文を分ける特徴も「ある」を表す所有文において観察できる。例えば、リスト読みの所有文の「が」格名詞句は話題化することができないのに対して、通常の所有文の「が」格名詞句は話題化が可能である。

 (47) a.?*あの公園は、ジョンにもある。

    b. 車は、ジョンにもある。

なお、「あの手の車はジョンにもある。」のように種類を表す文は容認可能であるが、これは、この文がリスト読みの所有文とはならないためであることに注意する必要がある。また、擬似分裂文においては、この二つのタイプの所有文の「に」格名詞句に振る舞いの違いが観察できる。

 (48) a.?*[あの公園がある]のはジョンだ。

    b. [車がある]のはジョンだ。

この他にも「に」格名詞句にはWH句が起こることに関して、やはり二つのタイプの所有文で相違が見られる。

 (49) a.?*誰にあの公園があるの？

b. 誰に車があるの？

これらの違いは、リスト読みの所有文とそうでない所有文の持つ情報構造の違いにより説明ができる。すなわち、リスト読みの所有文は「に」格名詞句が旧情報、そして、「が」格名詞句が新情報を担う情報構造を作るのに対して、通常の所有文は、そのような情報構造を作らない。したがって、情報構造を変えるような文法操作の可能性がこの二つのタイプの所有文で異なってくるのである。

これまでの議論で、「いる」を用いた所有文と同様に、「ある」を用いた所有文にもリスト読みを持つ特殊な所有文が存在することがわかる。そして、「ある」を用いたリスト読みの所有文に課せられる制限は、「いる」を用いたリスト読みの所有文と同じ制限があることがわかる。ここでも、「ある」と「いる」の現れることができる構文のタイプが異なるという、Kuno (1973)・柴谷 (1978) の存在・所有文の従来の議論、すなわち、「ある」とは異なり「いる」は所有動詞としての用法がないという議論が支持できるものではないということが確認されたことになる。

リスト読みの所有文は、通常の所有文とは異なる意味的な性質が観察できる。一般に、「に」格名詞句と「が」格名詞句にともに有生名詞が用いられる日本語の通常の所有文においては、譲渡不可能所有が表される (Freeze 1992)。そして、そのような所有文の「が」格名詞句には、通常、人間関係 (human relation) を規定する関係名詞 (relational noun) が使われる。関係名詞は、John, Mary などの非関係名詞 (non-relational noun) とは異なり、一般的な関係を述べる時以外にはそれ自体で指示物 (referent) が固定できず、その指示物の同定には他者との関係が必要とされるような名詞である。例えば、英語では father, mother, brother のような名詞が、そして、日本語においては「弟」「父親」などの名詞がそれにあたる。例えば、「父親」のような関係名詞においては、その指示物がそれ自体では固定できない。「誰の父親であるか」という同定ができてはじめて、その名詞が指す指示物が決定できるのである。もちろん、「父親は、厳格なものだ。」のように、一般的な関係を叙述する場合は、指示を特定せずに使用することも可能である。

2. リスト構文：定性の制約の例外？

　人間関係に関する譲渡不可能所有を表す通常の所有文では、このような関係を表すことができない名詞、すなわち、非関係名詞が被所有者の「が」格名詞句として使われると非文となる。

　(50)　a.　ジョンには、{兄弟/恋人/敵}がいる。
　　　　b.　*ジョンには、{美人/歌手}がいる。

ちなみに、「ジョンには、お金がある。」のように、人間関係以外の関係を表す所有文の場合には、このような制限は現れないことに注意が必要である。なお、関係名詞と非関係名詞の違いは、(51)のような属格構文(genitive construction)を見ればより明らかになる。

　(51)　a.　ジョンの{兄弟/恋人/敵}
　　　　b.　*ジョンの{美人/歌手}

人間関係を表す関係名詞は、もともと、譲渡不可能所有を表す名詞なので、(51a)のように属格構文の主要部となった場合に、属格名詞句を所有者とする所有関係を容易に結ぶことができる。これに対して、非関係名詞は、所有関係を表す意味がもともと備わっていないので、通常、(51b)のように属格構文において譲渡不可能所有を表すことができず、その関係が特殊なコンテクストで規定できるものでない限り、容認できないものとなる。

　このような属格構文のテストは、主要部が人間関係を表す名詞にのみ適用できる。例えば、被所有者が人間以外であれば、属格名詞句と主要部の関係は、譲渡不可能な所有関係も譲渡可能な所有関係(alienable possession)も表すこともできる。

　(52)　a.　ジョンの本
　　　　b.　ジョンの右目

したがって、このような場合、(52)に示すように、属格構文の主要部となる名詞が関係名詞であっても非関係名詞であっても容認性に違いは出てこない。

　リスト読みの所有文においては、「が」格名詞句と「に」格名詞句の間には、人間関係を規定する場合でも、必ずしも「譲渡不可能所有」の関係を結ぶ必要がなく、文脈である種の所有関係と捉えられる関係が成り立っていればよ

い。したがって、リスト読みの所有文では、「が」格名詞句が関係名詞である必要はない。

(53) a. ジョンには、あの弟がいる。
　　　b. ジョンには、メアリーがいる。

このことは、リスト読みの所有文が、通常の所有文の所有関係と異なる所有関係を結ぶということの一つの現れとなっている。

　リスト読みの所有文に課せられている特殊な制限は他にもある。興味深いことに、語用論的な制限でも、日本語のリスト読みの所有文と英語のリスト読みのThere-構文とに並行的な面が存在する。まず、リスト読みの所有文は、発話者が確信を持って発する文であり、断定(assertion)を表さない節に入れることが難しいという制限がある。(54)のような、条件節(conditional clause)や疑問節(interrogative clause)に現れるリスト読みの所有文では容認性が下がる。

(54) a. ?*[ジョンにメアリーがいるなら]その証拠を示してください。
　　　b. ?*[ジョンにメアリーがいるかどうか]私にはわからない。

ちなみに、親族関係を表す通常の所有文は、このような環境に現れても何ら問題がない。

(55) a. [ジョンに妹がいるなら]その証拠を示してください。
　　　b. [ジョンに妹がいるかどうか]私にはわからない。

もちろんリスト読みの所有文の制限は、埋め込み文に現れると必ず起こるわけではない。

(56) ビルは、[ジョンにはメアリーがいると]思っている。

この事実は、断定的なコンテクストでリスト読みの所有文が許されるということを示している。

　同様の制限は、英語のリスト読みのThere-構文においても見られる。英語のThere-構文は、日本語のリスト読みの所有文よりも使われる環境が制限されるが、(57)の例で見るように、断定を表さない節に現れると容認性が下がる。

(57) a. Q: Who do you think is at the party now?
　　　b. A: *Some of my friends, but I am not sure whether there's Mary.

235

2. リスト構文：定性の制約の例外？

(57)の質問に対しては、例えば、Some of my friends, but I am not sure whether Mary is there.というように答えることができるので、(57b)の容認性の低さは、There-構文が断定を表さない環境に埋め込まれているためと言える。これに対して、リスト構文が(58)のような環境で発話される場合は容認性が高い。

(58) a. Q: Who do you think is at the party now?
　　　b. A: Some of my friends, and I am sure that there's Mary.

(58)のような場合には、Some of my friends, and I am sure that Mary is there.というように答えることもできる。また、複数の個体を答えに挙げる場合にも状況は同じで、(59b)のような答えが可能であるが、(59c)は不可能である。

(59) a. Q: Who do you think is at the party now?
　　　b. A1: Some of my friends. I am sure that Mary, John and Bob are there.
　　　c. A2: Some of my friends. *I am not sure whether there's Mary, John and/or Bob.

なお、埋め込みが起こらなくても、例えば、(60)のような文は、話者が確信を持って発話する文ではないので容認性が低い。

(60) a. Q: Who do you think is at the party now?
　　　b. A: ?*Maybe, there's Mary.

これに対して、例えば、I think there's Mary.のような文を発話する場合には、話者にもよるが、容認性が比較的高い。(57)と(58)に見られる事実は、英語のリスト読みのThere-構文と日本語のリスト読みの所有文が基本的に同じ制限を受けるということを示している。

　先に観察したリスト構文の容認性を決める要因は、統語的な制約ではなく語用論的な制限で、直接には発話者の信念(belief)と関連がある。事実、命題内容(proposition)に関して確信の度合いが高くないと思われる環境にリスト構文が現れる場合は、リスト構文の容認性が低くなる。例えば、(61)のような文は、発話の際の話者の確信の度合いが余り高くないので、リスト読みの

所有文にあまりなじまない。

(61) a. ??ジョンには、メアリーがいるかもしれない。
　　 b. ?*ジョンには、メアリーがいるだろう。

これに対して、命題内容の真偽について発話者の確信がより高い表現である場合には、文の容認性が高くなる。

(62) a. ジョンには、メアリーがいるはずだ。
　　 b. ?ジョンには、メアリーがいるそうだ。

(61)と比較して、(62)のような文の容認性が高いということは、命題の真偽に対する話者の確信の度合いがリスト読みの所有文の容認性を左右しているということを示している。

　リスト読みの所有文の制限のもう一つの側面として、このような構文は否定文(negative sentence)が作りにくいということが挙げられる。

(63) a. *ジョンには、メアリーがいない。
　　 b. *ジョンには、{あの車/あの公園}がない。

このような否定の制限は、通常の所有文や存在文には存在せず、(64)のような否定文はまったく問題がない。

(64) a. ジョンには、兄弟がいない。
　　 b. ジョンには、車がない。
　　 c. あそこには、(私の)車がない。

同じような制限は、英語のリスト読みのThere-構文においても観察されることが、Rando and Napoli (1978), McNally (1997)などによっても指摘されている。

(65) a. Q: Who's at the party?
　　 b. A: *There isn't Harry.

ただし、リスト読みの構文がまったく不可能というわけではない。(66)の日本語のリスト所有文は、容認性が高い。

(66) a. その頃には、ジョンにはメアリーがいなかった。
　　 b. ジョンには、もはやメアリーはいない。

(66a)のような所有文は、現在では成り立っている関係が過去には成立してい

2. リスト構文：定性の制約の例外？

なかったという状況で、そして、(66b)はそれと逆の過去について成り立つ関係が現在では成り立たないという状況で、対比的に発話されることが可能な文である。このような状況では、否定のリスト所有文の容認性が高くなる。Rando and Napoli (1978:311)も英語のよく似た否定のリスト文の例を挙げている。

(67) a. Q: What is there to see around here?
　　　b. A: ?Well, there isn't the Washington Monument anymore——
　　　　　　that was swept away in the flood.

(67b)のような文も、anymoreという語が示すように、過去において成り立つような事例が現在では成り立っていない時に使用される。(67b)の文がリスト構文として用いることができるという事実は、否定のリスト構文の可否が統語的に決まっているのではなく、語用論的に決まっているという証拠になる。

さらに言えば、リスト読みの所有文がyes-no疑問文になった場合にも、容認性が低くなる。

(68) ?*ジョンには、メアリーがいますか？

これは、(68)のyes-no疑問文が、「ジョン」と「メアリー」の関係の成立の是非を尋ねるために、リストの用法と整合せず、容認性が低くなると考えられる。ただし、「ジョンにはメアリーがいるんじゃないの？」のような文で、話者がもともと存在すると仮定するリストの確認のための質問とみなすことができる文は、容認性が高くなる。英語にもよく似た例があると考えられる。例えば、McNally (1997: 194)は、次のような例を挙げている。

(69) a. Who can help us?
　　　b. ??Is there Alice?
　　　c. Isn't there Alice?

(69a)の質問に対しては、(69b)は容認性が低いが、(69c)は容認性が高い。(69b)は中立のyes-no疑問文であり、(69c)が該当する人物がいるものと期待して発せられる疑問文であることを考えると、この英語の例も、やはり、どのような前提で文が発せられるかによって、容認性が変わるものと考えることができる。

第4章　存在・所有文の拡張用法

　リスト読みの構文において定性の効果がなくなるように見えることに対する考え方には大きく分けて二つの異なる見解がある。Ward and Birner (1995)やAbbott (1993)は、リスト読みのThere-構文と通常のThere-構文は、見かけは違っても、同一の構文であり、統一的な説明が可能であるとしている。これに対して、Lumsden (1988), Milsark (1974, 1977)などでは、これらの二つの現象は、独立の現象で別個に取り扱うべきであるとしている。しかし、日本語の所有文でも英語のThere-構文でも、まったく同じリストの性質が見られることを考えれば、リスト構文を特別なものとして扱うべきではなくリスト読みの現象は、定性の効果の出る位置に現れる名詞句に対して起こる一般的な現象で、上で議論したように、情報構造による統一的な説明をする事が望ましいと思われる。

　ここで、前章でも検討した定性の効果に対する統語的な分析について再度検討してみることにする。前章では、定性の制約の統語的な分析として、少なくとも三つの異なる分析が提案されていることを見た。Safir (1985, 1987)による不均衡連鎖の分析が英語のThere-構文と日本語の所有文との共通性を捉えるのには、不適であるということは既に見た。Moro (1997)の名詞上昇の分析とBelletti (1988)の部分格の分析を比べた場合には、Belletti (1988)の分析の方が定性の効果に関しては説明力のあることを既に見ている。後者の二つの分析の優劣に関しては、リスト読みの構文を視野に入れると、以下で議論するように、その違いがよりはっきりとする。

　まず、Moro (1997)の名詞上昇の分析によると、There-構文の動詞の後に現れるDPの名詞部分NPは、論理形式で上昇することになる。定性の効果は、決定詞表現がそれ単独で述語として起こることが可能かどうかということで決定される。すなわち、決定詞表現が述語的に働くという形容詞的な性質(adjectival character)を持てば、適切な解釈がThere-構文に対して与えられるが、そうでない場合には、構文に対して適切な解釈が与えられず排除されることになる (Higginbotham 1987)。Moro (1997)のこのような分析は、リスト構文の容認性に関する制限を説明することができない。なぜなら、日英語のリスト構文に現れる名詞句の決定詞には、theなどの明らかに形容詞的な

2. リスト構文：定性の制約の例外？

性質を持たないものが含まれるからである。Moro (1997) 自身は、リスト構文については考察の対象から外しているが、定表現に分類される名詞句がリスト構文に起こることができるというのは、定性の制約が課せられる位置に現れる名詞句に対して見られる一般的な現象なので、ただ単に考察から除外することは適切でない。

　Belletti (1988) の部分格による分析にも問題がある。Belletti (1988) の分析では、部分格を受ける名詞句が定性の効果を示すことになるのであるが、定性の制約については、定表現が部分格と意味的に整合しないと言っているだけである。リスト構文では、当然のことながら、部分格が与えられる名詞句の生起する位置に定表現が現れる。したがって、この分析も厳密にはリスト構文の制約を説明するには不適であるが、Belletti (1988) の提案を多少修正すれば説明が可能になる。ここでは、リスト構文の統語的な環境を説明するために Belletti (1988) の分析を基本的に保持したまま、Ward and Birner (1995) や Birner and Ward (1998) の分析を取り入れてリスト構文を説明することにする。

　具体的には、定性の制約の説明として、動詞から部分格を受ける名詞句は、聞き手にとっての新情報を担っていなければならないという修正案を提示する。この分析では、所有文の「が」格名詞句に現れる表現の種類も名詞句の情報のステータスによって説明することになる。先に述べたように、不定表現は、聞き手が存在物に対して未知（新情報）であると話者が前提して発せられる表現である。これに対して、定表現は、聞き手がその存在物に対して既知であると話者が仮定して発することになる[3]。もし所有文の「が」格名詞句が部分格を持つために聞き手にとっての新情報を提示するものでなければならないとすると、通常の所有文では、定表現は許されないが不定表現は許されるというように、表現の種類によって容認性の違いが出ることになる。これに対してリスト構文では、「が」格名詞句の位置が焦点となり、たとえ、聞き手にはその存在が既知である定表現が現れても、焦点化の結果、発話時点において聞き手にとって命題の新情報として提示されることになる。したがって、リスト読みの所有文では、定表現がこの位置に現れても容認される

ことになる。

　ここで、日本語の所有文と英語のThere-構文の共通性を捉えるには、定性の制約が起こる位置が統語的に決められなければならないということに注意する必要がある。これまでの多くの語用論的な説明は、英語のThere-構文についてのみの説明で、There-構文に与えられる情報についての議論が中心であったが、日本語の所有文でも「が」格名詞句が英語のThere-構文の動詞の後に現れる名詞句と同様の性質を持つので、定性の制約がただ単にThere-構文の語用論的な制約であると結論づけることはできない。そうではなく、定性の制約やリスト読みなどの現象は、非対格動詞の内項が表面上目的語の位置に現れた際に観察される現象であり、このような統語環境は部分格の分析によって捉えることができるということである。

　情報構造を用いた説明は、Belletti (1988)の提案に対しては採り入れることが可能であるが、Moro (1997)は、決定詞の意味的な性質のみに着目しているので、このような提案を採り入れるような余地はない。Moro (1997)の提案にこのような修正案を採り入れると、同じ名詞句に対して、リスト構文の場合とそうでない構文の場合で異なる規定をしなければならないので矛盾に陥る。日英語のリスト構文は、共通の性質を持つことから考えると、リスト構文を説明の対象から単に除外することは、説明の範囲が限定され過ぎることになる。そうなると、英語のThere-構文と日本語の所有文の性質を適切に説明することができないことになる。部分格による分析は、原則的にはリスト構文の説明も可能なので、部分格の説明がMoro (1997)の名詞上昇の分析より説明力があると考えられる。

　要約すると、リスト読みの所有文と通常の所有文はともに他動詞文である。リスト読みの所有文は、さらに、前提と焦点部分が分かれる情報構造を持っている。そのために、リスト読みの所有文は、通常の所有文とは異なる分布を示すことになる。リスト構文は、一見、定性の制約の例外となる現象のように見えるが、実は、この現象は例外ではなく、定性の制約を受ける位置に現れる名詞句が聞き手にとっての新情報を担うために起こる一般的な現象である。

3. 動的な意味を表す非対格動詞と所有文

　前節では、日本語の「ある」「いる」を用いた所有文が、英語のThere-構文と同じように、リスト読みを持った場合、あたかも定性の効果がなくなるように見える現象があることを見てきた。本節では、be動詞以外の動詞が英語のThere-構文に現れるのと同様の現象が日本語の所有文にも起こるということを示す。具体的には、英語のThere-構文では、be, remain, existのような状態を表す動詞以外に、arise, appear, ensueなどの存在関係の発生（verbs of coming into existence）を表す非対格動詞が現れることができる（cf. Levin and Rappaport Hovav 1995, Levin 1993）。これに対して、日本語の所有文では、「ある」「いる」「存在する」「残る」などの状態動詞以外にも、「生まれる」「誕生する」などの所有関係の発生（verbs of coming into possession）を表す動詞が起こることができるということを以下で議論する。

　まず、英語において、There-構文で起こることのできる動詞は、通常、be動詞あるいはremain, existのような状態動詞である。

(70) a.　There {are/exist} some very old books in the library.

　　 b.　There remains a serious problem in this proposal.

前章でも議論したが、Lyons (1975), Huddleston and Pullum (2002)やその他の研究者によれば、There-構文のthereはもともと、場所を表す副詞のthereにその起源があるとされている。実際、虚辞のthereは、付加詞のthereと同じ形態を持つので、合理的な仮定と言えよう。There-構文は、具体的な意味を失い単なる文法項目となっている虚辞のthereが表層で主語位置を占めるようになったために、非対格動詞の内項である名詞句が基底で生成された目的語の位置に留まることによって派生された構文である。

　非対格動詞が他動詞構文に現れる場合には、これまでも議論してきたように、動詞の後に現れる目的語に定性の効果をもたらす。したがって、リスト読みでないThere-構文においては、動詞の後ろに来る名詞句の種類によって(71)のような容認性のコントラストが出現する。

(71) a.　*There are {all/most/both} books on the table.

　　 b.　There are {many/some} books on the table.

ここで注目することは、There-構文に現れる動詞は、be動詞だけではなく、動的な意味を表すappear, arise, ensue, follow, begin, emergeなどのある種の非対格動詞もThere-構文において現れることが可能ということである。

(72) a. There emerged problems during the discussion.

b. There occurred a riot.

There-構文に現れる動的な動詞は、一般に、存在関係の発生・出現を表す動詞である(Levin 1993, Levin and Rappaport Hovav 1995)。ここでも、動詞の後に現れる名詞句には、定性の効果が見られることは言うまでもない。

(73) a. *There emerged {most/all/both} problems during the discussion.

b. There emerged {some/few/many} problems during the discussion.

この構文でthereが主語位置を占めているということは、例えば、疑問文が形成される際の主語・助動詞の倒置が可能であることから確認できる(Quirk et al. 1985)。

(74) Did there emerge a problem during the discussion?

また、Stowell (1978)が指摘しているように、このような動詞は、通常の構文では項を一つだけ取る自動詞で、二つの項を取る他動詞にはならない。

(75) a. A problem emerged during the discussion.

b. *John emerged a problem during the discussion.

このような事実から、「存在関係の発生」を表すThere-構文も、通常のThere-構文と同様に、虚辞のthereが主語位置を占めるようになったために、非対格動詞の唯一項である内項が表層で目的語の位置に留まったことにより形成された構文であるということができるであろう。このような構文では、動詞の後に現れる名詞句が動詞より部分格を受けるために、その名詞句が定性の効果を示すことになるのである。

ここで、日本語の所有文に目を向けることにする。これまでの議論では、「ある」と「いる」は本来、内項を一つ取る自動詞であるが、その動詞が所有者(「に」格名詞句)を項として取るようになると他動詞文の所有文が形成されるというものであった。これは、There-構文で、主語位置に虚辞が置かれて、

3. 動的な意味を表す非対格動詞と所有文

統語構造上、項が二つ現れる他動詞的な構文となるのと統語的には同じ現象である。このような他動詞文(所有文)の形成は、これまであまり日本語については議論されたことはなかったが、「ある」「いる」以外にも「所有関係の発生」という動的な意味を表す非対格動詞に対して起こることを以下で示す。

「ある」「いる」に見られるような他動詞化の現象を引き起こす動詞には、所有関係の発生を表す「生まれる」「誕生する」(生まれるという意味での)「できる」などの動詞が含まれる。これらの動詞は、もともと場所を表す付加詞を随意的に取る自動詞である。

(76) ジョンの家に赤ちゃんが{誕生した/生まれた}。

(76)の「に」格名詞句は、場所を表す付加詞である。動的な意味の動詞はこの「に」格名詞句を「で」で置き換えることが可能である。

(77) 木村さんの家で赤ちゃんが{誕生した/生まれた}。

(77)の文が自動詞文かどうかを調べるには、「が」格名詞句が主語の特性を持つかどうかを調べればよい。(76)のような文の「が」格名詞句は、再帰代名詞の「自分」の先行詞となる。

(78) ジョン$_i$が、自分$_i$の家で生まれた(こと)

さらに、「が」格名詞句を随意解釈のPROにすることが可能であることおよびコントロール節に現れるPROとして働くことからも、(76)の文では「が」格名詞句が主語であることがわかる。

(79) a. [金持ちの家にPRO生まれる]ことは必ずしも幸せではない。
    b. 私は、この孫$_i$に [PRO$_i$ 裕福な家庭に生まれて]ほしかったと思った。
    c. この孫$_i$は、ジョンに [PRO$_i$ 裕福な家庭に生まれて]ほしかったと思われていた。

また、主語尊敬語化が「が」格名詞句をターゲットにできることもこの名詞句が主語であることを示している。

(80) 木村先生が、昭和20年代にお生まれになった。

「生まれる」という動詞が非対格動詞で「が」格名詞句が内項として働くということは、「いっぱい」によって「が」格名詞句の数量が指定できるという事実か

ら確認できる。

　　(81)　熱帯魚の赤ちゃんがいっぱい生まれた。

また、「生まれる」は、動的な意味を持つ非対格動詞なので、「かけ」名詞構文に入れることもできる。この「かけ」名詞構文によっても、「が」格名詞句が内項であるということが確かめられる。

　　(82)　生まれかけの熱帯魚の赤ちゃん

ここで重要な点は、「が」格名詞句が主語の特性を持っており、それと同時に、この「が」格名詞句が(動詞の選択する)内項であるということである。

　　(83)　[$_{IP}$ 主題項$_i$ [$_{VP}$ t_i 動詞]]

そうすると、(76)のような非対格動詞の現れる文は、項が一つしかなく、その項(内項)が、主語位置に上昇し、その結果、表層において主語として具現されることになる。したがって、(76)の文は非対格動詞を含む自動詞文であるということがわかる。

「生まれる」「誕生する」のような動詞には、これ以外の用法がある。「に」格名詞句が場所でなく、所有者を表す場合には、「に」格名詞句と「が」格名詞句の間に所有関係、最も典型的には、親族関係などの「譲渡不可能所有の関係が発生する」という意味を表すことができる。

　　(84)　ジョンに子供が生まれた。

(84)のように所有関係の発生が表された場合でも、「が」格名詞句が内項として働くことには変わりがない。したがって、「が」格名詞句は「いっぱい」によって数量の規定ができる。

　　(85)　熱帯魚に赤ちゃんがいっぱい生まれた。

しかしながら、(84)のような文では、「が」格名詞句ではなく「に」格名詞句が主語として働く。このことは、例えば、(86)の文の再帰代名詞の振る舞いによって確認できる。

　　(86)　a.　ジョン$_i$に自分$_i$の子供が生まれた。
　　　　　b.　*自分$_i$のいとこに子供$_i$が生まれた。

随意解釈のPROの可能な名詞句の選択についても「自分」と同じ振る舞いをすることは(87)の例からもわかる。

3. 動的な意味を表す非対格動詞と所有文

(87) a. *[ジョンにPRO生まれる]ことはいいことだ。
　　 b. [PRO自分の子供が生まれる]ことはいいことだ。

(87b)では随意解釈のPROの読みが可能であるが、(87a)ではそのような読みはできない。この事実も「に」格名詞句が主語として働いていることを示している。

同様に、PROのコントロールでも主語の選択に関して全く同じコントラストが観察できる。

(88) a. ジョンは、メアリー$_i$に[PRO$_i$はやく子供が生まれて]ほしいと思った。
　　 b. *ジョンは、子供$_i$に[メアリーにはやくPRO$_i$生まれて]ほしいと思った。

(89) a. メアリー$_i$が、その人たちに[PRO$_i$はやく子供が生まれて]ほしいと思われている。
　　 b. *子供$_i$が、その人たちに[メアリーにはやくPRO$_i$生まれて]ほしいと思われている。

(84)の「に」格名詞句は、主語尊敬語化のターゲットともなることができる。(90)で示すように、主語尊敬語化についても「に」格名詞句が主語としての特性を示すことになる。

(90) 木村先生に赤ちゃんがお生まれになった。

なお、(90)の場合は、所有が関係してはいるが、「に」格名詞句は、他の主語テストでも主語としての特性を示す。したがって(90)の尊敬語化は、所有傾斜によって認可される間接的な尊敬語化ではなく、通常の主語尊敬語化である[4]。

(84)のような文の場合には、「が」格名詞句が内項であるが、この名詞句は主語の特性を持たず、その代わりに、「に」格名詞句が主語の特性を担っている。したがって、「生まれる」が所有者項を「に」格名詞句として取る場合には、「に」格名詞句が主語位置を占め、「が」格名詞句が表層で目的語位置にある他動詞文となっているということを示唆している。

(91) [$_{IP}$ 所有者項　[$_{VP}$ 被所有者項　動詞]]

ここで注意しなければならないのは、ここの動詞は、もともとの他動詞では

なく、所有者項が付け加わることによって自動詞が他動詞化したということである。日本語において、「に-が」の格パターンを取る他動詞は、Kuno (1973)で指摘されているように、通常、「できる」「ある」「いる」などの状態動詞あるいは「買える」「読める」などのように「-え、-れ、-られ」の可能接辞が付き状態動詞化した動詞である。しかしながら、「生まれる」「誕生する」は、状態動詞ではなく、可能接辞の「-え、-れ、-られ」も付かない動的な意味を表す動詞である。これは、「生まれる」のような動詞が本来的には項を二つ持つ他動詞ではなく、項を一つしか持たない自動詞であるということで、このような自動詞が他動詞化を起こすためには、主語位置を埋める所有者項が必要となる。この所有者項は場所名詞句と同じ格標示を取るので、場所表現が所有者として再解釈を受けた場合に、その所有者が主語として働くようになるということである。その結果、動詞の内項が表層で目的語の位置に留まり、他動詞文になったと考えることができるであろう。

　ここで見ている他動詞文が「ある」「いる」の他動詞化と同じような他動詞化の過程を経た結果であるとすると、もともと動詞に選択される内項が目的語の位置に留まるということになる。他動詞化された構文に現れる動詞は非対格動詞なので、目的語の位置にある項は動詞から部分格を受けることになる。したがって、他動詞用法の「生まれる」に現れる「が」格名詞句は、「ある」「いる」の「が」格名詞句と同様に、定性の効果を示すということが期待される。実際、(92)のような文では、「ある」「いる」の所有文で観察されるほどは強くはないと思われるが、「が」格名詞句に定性の効果が見られる。

　(92) a. *ジョンには、(この){すべての/両方の}子供が生まれた。
　　　 b. ??ジョンに、{メアリー/あの子供}が生まれた。
　　　 c. ジョンには、{二人の/たくさんの}子供が生まれた。

(92)が示すように、「が」格名詞句に定表現が現れた場合、基本的に容認できない文となる。そして、不定表現の場合には問題がない。このような定性の効果は、「所有関係」が表現されていない自動詞文の「が」格名詞句には現れない。

　(93) a. (この){すべての/両方の}子供は、去年生まれた。

3. 動的な意味を表す非対格動詞と所有文

   b. {メアリー/あの子供}は、去年生まれた。
   c. {二人の/たくさんの}子供が、去年生まれた。

(93)の文は自動詞文であり、「が」格名詞句が定表現でも不定表現でも問題がなく、定性の効果が現れない。

 「生まれる」が「所有関係」の発生を表す場合に「が」格名詞句が定性の効果を示すことは、「が」格名詞句を関係節の主要部にすることによっても確認することができる。

 (94) a. ?*[ジョンに生まれた]子供は元気だ。
   b. [子供が生まれた]ジョンは、いつも元気だ。

(94b)に示されるように、「に」格名詞句は関係節の主要部になることができる。しかし、(94a)で示されているように、「が」格名詞句が関係節の主要部になった場合、定性の制約により容認性が下がる。これに対して、所有者が現れない自動詞用法の「生まれる」では、「が」格名詞句が関係節の主要部に現れても何ら問題がない。

 (95) [去年生まれた]{ジョン/子供}はいつも元気だ。

さらに、他動詞用法の「生まれる」であっても、「が」格名詞句が擬似分裂文の焦点部分に来ることは可能である。

 (96) [ジョンに生まれた]のは かわいい女の子だった。

このような事実は、「ある」「いる」の所有文に観察される定性の効果と同じものが「生まれる」のような動詞が使われる所有文にも観察できるということを示している。このことは、「生まれる」が「に」格名詞句の所有者を取る動詞として使われる場合には、「ある」「いる」の所有文とまったく同様に、所有者が主語として働くようになり、主題を表す内項が目的語として機能する他動詞文となるということを示している。

 自動詞の「生まれる」は、歴史的には「うむ(生む/産む)」の受身形から派生してきた動詞である。「うむ(生む/産む)」は他動詞であるが、他動詞化された「生まれる」とは異なる振る舞いをする。例えば、「うむ(生む/産む)」の主語は、生物学的な理由で、人間では女性、動物ではメスに限られる。

 (97) {メアリーが/*ジョンが}子供を産んだ。

自動詞の「生まれる」は、他動詞の目的語が受身化により主語になった構文がもとになってできた。そして「所有関係の発生」の意味を表す他動詞の「生まれる」は、この自動詞の「生まれる」に他動詞化が起こり、生じたものである。すなわち、他動詞の「生まれる」は、内項を持つ自動詞の「生まれる」に所有者項が加えられ、自動詞の主語が再び目的語の位置に戻されたのである。しかしながら、この他動詞化により、「が」格名詞句にはもともとの他動詞「うむ(生む/産む)」の目的語にはなかった定性の制約が加わることになる。

(98) a. 去年、メアリーがジョンを産んだ。
b. ??去年、メアリーにジョンが生まれた。

(98a)の「を」格名詞句は、通常の他動詞の目的語であるために定性の効果を示さないが、(98b)の「が」格名詞句は、動詞によって部分格が与えられる名詞句であり、定性の効果を示す。

なお、「生まれる」と「うむ(生む/産む)」では、主語に対して課される選択制限も異なってくる。

(99) {ジョンに/メアリーに}子供が生まれた。

他動詞の「生まれた」の主語になる「に」格名詞句は、所有者であって、行為者とはみなされないから、その名詞が女性(あるいはメス)に制限されることはないのである。

「生まれる」に見られる他動詞化の現象は、同じような「所有関係の発生」の意味を表すことのできる自動詞に対しても起こる。たとえば、「できる」のような動詞の場合、通常は、自動詞として使用され、場所を表す「に」格名詞句を付加詞として付けることができる。

(100) a. 宝塚に、この銀行の支店ができた。
b. ジョンの頭に、こぶができた。

この「できる」は、「に」格名詞句を所有者に取る動詞として使用することも可能である。

(101) ジョンに恋人ができた。

(100)と(101)の違いは、(100)の文は「ある場所に何かが出現した」という意味を表すが、(101)は、二つの項の間に「所有関係が発生した」ことを意味する

3. 動的な意味を表す非対格動詞と所有文

という点にある。したがって、(101)では、「生まれる」と同じような他動詞化が起こっていると考えられる。

まず、(102)の例で、(100)と(101)の二つのタイプの文の「が」格名詞句が内項であることを確認しておく。

(102) a. 阪神間に、この銀行の支店がいっぱいできた。
　　　 b. ジョンに、知り合いがいっぱいできた。

(102)の両文とも「いっぱい」が「が」格名詞句の数量を規定できる。これらの文では「たくさんの支店」「たくさんの知り合い」といった意味を表すことができるので、この「が」格名詞句は内項である。

(101)のような所有関係を表す文は他動詞文であるが、(100)の文は自動詞文である。(101)では、所有者項が主語位置を埋めることによって内項である主題名詞句が表層でも目的語の位置に留まる。動詞自体はもともと目的格を与えることのできない非対格動詞なので、目的語には部分格が与えられることになる。したがって、この目的語(「が」格名詞句)に定性の効果が現れるはずである。実際、(103)の文が示すように定性の効果が確認できる。

(103) a. ?*ジョンに、(その){ほとんど/両方の/すべての}恋人ができた。
　　　 b. ジョンに、{たくさんの/何人かの}恋人ができた。

これに対して、「に」格名詞句が場所を表す付加詞の場合、「が」格名詞句には、定性の効果は現れない。

(104) a. 神戸市に、(その){ほとんど/両方の}銀行の支店ができた。
　　　 b. ジョンに、{たくさんの/いくつかの}銀行の支店ができた。

関係節化のテストも、「に」格名詞句が、場所表現ではなく所有者表現になった場合に、定性の効果を示すことを示唆している。

(105) a. [宝塚にできた]支店
　　　 b. ?*[ジョンにできた]恋人

所有関係の発生を表す「できる」では、「に」格の所有者名詞句が主語として現れることにより、「が」格名詞句が非対格動詞の目的語として具現化され、定性の制約が加わることがここでも確認できる。

「できる」は、「能力がある/することができる」などの意味で用いることがで

きる。この場合、「できる」は、所有関係の発生の意味を表す「できる」と同じ「に-が」の格パターンを持つものの、動詞は状態性を表し、他動詞(二項動詞)として用いられる。

(106) ジョンに、こんな複雑な計算ができる。

状態動詞の「できる」と動的な所有関係の発生を意味する「できる」がともに他動詞として働くことは、(107)の文で「に」格名詞句が「自分」の先行詞になることができることから確認できる。

(107) a. ジョン$_i$に自分$_i$の恋人ができた。
　　　 b. ジョン$_i$に自分$_i$の計算ができる。

さらに、(108)のように「いっぱい」が「が」格名詞句の数量を規定できることから、(106)の状態動詞の「できる」の「が」格名詞句も、(101)に現れる動的な意味を持つ「できる」の「が」格名詞句と同様に、内項であることがわかる。

(108) a. ジョンにも、恋人がいっぱいできた。
　　　 b. ジョンにも、複雑な計算がいっぱいできる。

(101)と(106)の両文では、「に」格名詞句が主語であるために、内項である「が」格名詞句は表層において目的語として具現化されることになる。したがって、(101)と(106)の文は、共に主語と目的語を持つ他動詞文ということになる。

しかしながら、ここでの二種類の「できる」は、ともに「に-が」の格パターンを取る二項述語であるが、統語的には異なる振る舞いをする。状態動詞の「できる」は、もともと二項を取る状態述語なので定性の効果を示さない。したがって、「が」格名詞句が定表現であっても不定表現であっても、文法性には違いが見られない。

(109) a. ジョンには、(その){あらゆる/ほとんどの}計算ができる。
　　　 b. ジョンには、{いくらかの/たくさんの}計算ができる。

さらに、状態動詞の「できる」の取る「が」格名詞句を関係節の主要部に持ってきてもまったく問題がない。

(110) [ジョンに(も)できる]計算

このような事実は、状態動詞の「できる」がもともと他動詞であることから当

3. 動的な意味を表す非対格動詞と所有文

然予測されるものである。

前節において、「ある」「いる」の現れる所有文は、いわゆるリスト読みを許すことを見た。ここで、動的な動詞が使われる所有文について考えてみると、このような所有文では、「ある」「いる」の所有文で許されるのと同じようなリスト読みが許されず、(111)のような文は文法性が低くなる。

(111) a. ??ジョンにメアリーが{生まれた/誕生した}。
　　　b. *ジョンにメアリーができた。

これと同様のことは、Soames and Perlmutter (1979) が英語のThere-構文について観察している。そこでは、例えば、"Were there any witnesses to the accident?"というように事故を目撃したかどうかを尋ねられた状況において、リストとして"Well, there was the policeman; there was the shopkeeper; there was the old man in the corner..."などのように答えることができるが、「存在関係の発生」という動的意味を持つ動詞が現れるThere-構文では、このような用法が許されないとして、Soames and Perlmutter (1979) は、(112)のような例を挙げている。

(112) a. *There arose the leader, there arose the general,.....
　　　b. *There ensued the riot, there ensued the melee,.....

ちなみに、Birner and Ward (1998) は、動的な意味を持つThere-構文も文脈により定表現が許される場合があることを指摘しているが、一般的に、このような構文での定表現は、純粋なリスト構文とは異なる語用論的制約があり、be動詞が現れるThere-構文で定表現が使われるのと全く同じ状況、つまり、聞き手に対しての新しい情報を導入する場合で使われるわけではない (cf. Huddleston and Pullum 2002)。いずれにせよ、リスト構文の使用は、最も典型的な動詞、英語ではbe動詞、日本語では「ある」「いる」に対して容易である、あるいは可能であるという点で、日本語と英語で類似した振る舞いが観察できる。

「所有関係の発生」の意味を表す動的な動詞に起こる他動詞化は、ある意味で、「ある」「いる」に起こる他動詞化が拡張されて他の動詞にもその効果が及んでいるということを示している。この拡張は、「所有関係の発生」の意味を

表す動詞に画一的に起こっているわけではなく、他動詞化の起こりやすさに程度の差が見られる。例えば、「できる」の場合には、「が」格名詞句が人間関係を表す関係名詞であればかなり生産的に所有関係が規定できる。

(113) a. ジョンに、{恋人/敵/友達/赤ちゃん/家族}ができた。
　　　　b. *ジョンに、{悪人/美人}ができた。

これに対し、「現れる」や「出現する」などの動詞は、ある種の譲渡不可能所有の関係の発生を意味することができるが、規定できる関係はかなり限られており、「が」格名詞句として起こることのできる名詞の数は少ない。

(114) ジョンに、{恋人/敵/?? 友達/?*赤ちゃん/*家族}が現れた。

意味的には、「現れる」が「できる」と同じように、いろいろな人間関係が規定できてもいいはずであるが、そうはなっていない。このことは、「現れる」が所有関係を限定した範囲でしか表せず、生産性が低いか、あるいは生産的に所有文を作ることができる前の段階にあるということを示している。

　実際、「現れる」が所有文として使われた場合にも、「できる」ほど完全に他動詞化を起こしていないと思われるような事実がある。まず、最初に、「現れる」の「が」格名詞句に「愛人」などの名詞が現れると、その「が」格名詞句には定性の効果が現れる。

(115) a. *ジョンに(あの){両方の/すべての}愛人が現れた。
　　　　b. ジョンに{二人の/何人かの}愛人が現れた。

(115)の定表現と不定表現に見られる文法性のコントラストは、これまでも見てきた定性の制約によるものである。また、関係節化においても、定性の効果が見られる。

(116) a. ?*[ジョンに現れた]愛人
　　　　b. [愛人が現れた]ジョン

このような文法性の対比は、自動詞で使われた場合には現れない。したがって、定表現と不定表現に見られる定性の制約による文法性の対比は(117)には見られない。

(117) a. 公園に(ジョンの){あの/両方の/すべての}愛人が現れた。
　　　　b. 公園に(ジョンの){二人の/何人かの}愛人が現れた。

3. 動的な意味を表す非対格動詞と所有文

また、関係節化においても、定性の効果による対比は現れない。

(118) a. [公園に現れた](ジョンの)愛人
b. [(ジョンの)愛人が現れた]公園

「現れる」の取る「が」格名詞句は、(119)の文の「いっぱい」の意味的な修飾の可能性から、内項として機能していることがわかる。

(119) a. 公園内に、見物客がいっぱい現れた。
b. ジョンに愛人がいっぱい現れた。

(119)では、「が」格名詞句に対して、「多くの見物客」「多くの愛人」の解釈が可能である。このような事実は、所有関係の出現を表す「現れる」において所有者項が現れた場合、もともと目的語の位置に生成されている名詞句がその位置に留まって部分格が動詞から与えられる結果、定性の効果がもたらされるということを示している。

こうした場合、予測としては、「に」格の所有者項が主語として働くと予想される。しかし、実際には、「現れる」の場合、「に」格名詞句は主語尊敬語化のターゲットともならないし、再帰代名詞の先行詞にもなることがない。

(120) a. *木村先生に愛人がお現れになった。
b.?*ジョン$_i$に自分$_i$の愛人が現れた(こと)[5]

これに対して、「できる」の場合は、「に」格名詞句に対して、主語尊敬語化のターゲットや再帰代名詞の先行詞となることができる。

(121) a. 木村先生に子供がおできになった。
b. ジョン$_i$に自分$_i$の子供ができた(こと)

このような「現れる」の事実は、この動詞が他動詞化のプロセスの途中段階にあるため生産性が低く、なおかつ、所有文で現れた場合にも、「が」格名詞句を目的語の位置に残すという現象を起こしているが、まだ「に」格名詞句を主語として解釈できるようにする過程が完了していないということを示唆していると考えることができるであろう。

これまでの議論で、英語のThere-構文に起こるのと同じ他動詞化のプロセスが、日本語においては、所有文で起こっていることを観察してきた。「部分格」を用いた分析では、定性の制約が観察される構文は非対格動詞が現れる構

文に限られるという予測ができる。英語や日本語においては、この予測が原則的に正しいということを示唆している。もちろん、部分格の与えられる他動詞文の形成が、どのような非対格動詞に対しても可能というわけではないが、少なくとも、英語においては「存在関係の発生」、日本語においては「所有関係の発生」という、意味は異なるもののきわめて並行的な関係で起こっていることは注目に値するであろう。結論として、部分格が与えられる他動詞化は、原理的に非対格動詞で可能であるが、それには、言語によってさらに制約がかかる。日本語の所有文は、非対格動詞が「所有」の意味を表す時に他動詞化が起こる。英語のThere-構文では、非対格動詞が「存在」の意味を表す時に他動詞化が起こるのである。

4. 所有者繰り上げと存在・所有文

　これまでの議論は、文中に現れる要素の数が二つの「存在文」と「所有文」に限定されていた。しかしながら、高橋・屋久 (1984) の報告でも観察されているように、日本語の「ある」「いる」が使用される構文にはもう一つの異なる構文タイプが存在する。これは、(122)に挙げられているような、一つの動詞に対して三つの要素が現れる構文である。

　　(122) a. ジョンには、東京に子供がいる。

　　　　　b. メアリーには、おでこに大きなたんこぶがある。

一見すると、(122)のような文は、(123)のような所有文に、場所を規定する随意的な付加詞が付加されたものであると考えたくなる。

　　(123) a. ジョンには、子供がいる。

　　　　　b. メアリーには、大きなたんこぶがある。

実際、竹沢 (2000) では、(122)のような文は、「ある」「いる」が所有者項・場所項・主題項の三つの要素を選択していると考え、次のような基底の統語構造を想定している。

　　(124) [所有者　場所　主題　動詞]

もしこの分析が正しいとすると、(122)のような文は、英語のThere-構文で場所を表す付加詞が付随しているのと同種の構文であると言うことができるで

4. 所有者繰り上げと存在・所有文

あろう。

(125) There are some new books in this bookstore.

英語のThere-構文においては、虚辞のthereはもともとの場所の意味を持たなくなっているので、場所を表す付加詞を随意的につけ加えることができる。一見、(122)も、所有文に付加詞が付加されたものであるように思える。

しかしながら、日本語の(122)のような文は、(124)のような構造から派生されるのではないという証拠が存在する。本節では、(122)の文の所有者名詞句が動詞に選択される項ではないということを示す。具体的には、所有者名詞句は、場所名詞句あるいは主題名詞句から抜き出される操作、すなわち所有者繰り上げ(possessor ascension)の移動操作によって、主語位置を占めるようになったことを見てゆく[6]。このような分析では、(122a)と(123a)は、それぞれ(126a)と(126b)の構造から派生すると考えられる。

(126) a. [VP 東京に [DP ジョン(の) 子供が] いる]
b. [VP ジョンに 弟がいる]

(126a)において、所有者名詞句の「ジョン」はもともと被所有者名詞句の中にある。そして、所有者繰り上げの結果、文の主語となる。これに対して、(126b)では動詞が所有者を選択しており、繰り上げ操作のために文の主語となったのではない。このような分析では、(122)のような三つの項が現れる文は、「所有文」ではなく「存在文」であるということになる。

ちなみに、所有関係を表す文に単純に場所表現を付加することは通常できない。例えば、(127)のような所有関係の発生を表す文に場所を表す付加詞を追加することはできない。

(127) ジョンに(*家に)子供が生まれた。

このような事実は、(122)のような文が「ある」「いる」の所有文に単に場所表現を付け加えてできたのではなく、所有者繰り上げの文法操作によって派生されたということを示唆している。

具体的に(122)の派生についての議論を始める前に、(122)も(123)も共に、所有者名詞句が主語となる構文となっていることを確かめることにする。まず、(128)で示されているように、「に」格でマークされた所有者名詞句

は再帰代名詞「自分」の先行詞として働くことができる。

(128) a. ジョン$_i$には、東京に、自分$_i$の子供がいる。
　　　b. ジョン$_i$には、自分$_i$の子供がいる。

これに対して、「が」格でマークされる主題名詞句は、再帰代名詞「自分」の先行詞となることができないため、主語として働かない。

(129) a. *自分$_i$の弟には、東京に友達$_i$がいる。
　　　b. *自分$_i$の弟には、友達$_i$がいる。

そうすると、(122)と(123)では、所有者名詞句が主語として働いていることがわかる。(130)の随意解釈のPROも、同様に、(122)と(123)のどちらのタイプの文においても所有者名詞句が主語の働きをすることを示している。

(130) a. [PRO東京に友達がいることは]いいことだ。
　　　b. [PRO子供がいることは]いいことだ。

(122)と(123)のどちらも、主題名詞句が主語としては働かないことは、(131)の文で随意解釈が得られないことからも確認できる。

(131) a. *[ジョンに東京にPROいることは]いいことだ。
　　　b. *[ジョンにPROいることは]いいことだ。

コントロール述語に現れるPROもまったく同じ分布を示す。(132)と(133)は所有者名詞句が主語となっていることを示している。

(132) a. 私は、ジョン$_i$に[PRO$_i$東京に友達がいて]ほしいと思った。
　　　b. 私は、ジョン$_i$に[PRO$_i$子供がいて]ほしいと思った。
(133) a. ジョン$_i$が、その人たちに[PRO$_i$東京に友達がいて]ほしいと思われている。
　　　b. ジョン$_i$が、その人たちに[PRO$_i$子供がいて]ほしいと思われている。

これに対して、主題名詞句は、「に」格名詞句によってコントロールされるPROとなることはできない。

(134) a. *私は、子供$_i$に[ジョンに東京にPRO$_i$いて]ほしいと思った。
　　　b. *私は、子供$_i$に[ジョンにPRO$_i$いて]ほしいと思った。
(135) a. *子供$_i$が、その人たちに[ジョンに東京にPRO$_i$いて]ほしいと思

4. 所有者繰り上げと存在・所有文

われている。

　　b. *子供$_i$が、その人たちに[ジョンにPRO$_i$いて]ほしいと思われている。

このような事実を見る限りにおいて、(122)と(123)は所有者名詞句が主語として働くので、(122)は所有文で、単に(123)の所有文に場所を表す付加詞がついたものと思いたくなるかも知れない。しかしながら、この二つの文は、動詞が異なる他動性を持つ構文である。

(122)と(123)が異なるタイプの文に属するという事実は、文中に現れる要素をかき混ぜによって移動させることによって確認することができる（cf. Saito 1985, 1989）。まず、所有者名詞句を飛び越して主題名詞句を文頭に移動させた時には、(136)のような容認性の違いが出る。

(136)　a. *子供が、ジョンに(も)東京にいる。
　　　b. 子供が、ジョンに(も)いる。

(122a)のような項が三つ現れる文では、主題を表す「が」格名詞句が所有者名詞句よりも右側に現れる場合には、容認性が高い。

(137)　ジョンに(も)、子供が東京にいる。

ここで問題となるのは、(122a)のような文において、なぜ主題名詞句が所有者名詞句の左側に現れることができないかということである。(136a)の非文法性は、所有者名詞句が主題名詞句の内部から所有者繰り上げによって主語になっているということから説明できる。具体的には、(122)のような文では主題名詞句が、所有者名詞句の痕跡（あるいはコピー）を含むので、適正束縛条件（proper binding condition）により痕跡の先行詞となる所有者名詞句の左側に現れることができないのである（Fiengo 1977, May 1977）[7]。

この分析では、(122)のような三つの要素を含む文はもともと(138a)の存在文のような構造を持っているが、所有者繰り上げによって(138b)のような派生が行われたことになる（cf. Szabolcsi 1983, 1994）。

(138)　a. [$_{IP}$ 東京に、[ジョンの子供が] いる]
　　　b. [$_{IP}$ ジョンに$_i$ 東京に [t_i 子供が] いる]

ここで注意しなければならないのは、もし「子供」がかき混ぜによって所有者

名詞句の「ジョン」の左側に現れると、「子供」の中に含まれる所有者名詞句の痕跡が先行詞によって束縛されないことになるということである。したがって、このような文では、所有者名詞句の「ジョン」がその痕跡をc-統御せず、表層において痕跡がその先行詞によってc-統御されなければならないという適正束縛条件に違反することになり、排除されるのである。

Saito (1989)も議論しているように、一般に日本語においては、痕跡を含む要素が痕跡の先行詞となる名詞句の左側に現れることができないということが観察できる。

(139) *[ジョンが t_i 買ったと]$_j$ メアリーは本を$_i$ t_j 言った。

(139)のような文は、まず埋め込み節中から「本を」をかき混ぜにより取り出し、その後に埋め込み節を文頭に持ってくるという操作により派生される文である。このような文は、適正束縛の条件に違反するために、非文法的な文となる。

日本語で、適正束縛条件が名詞句からの繰り上げが起こる構文に対して課されているということは、(140)のような例からも確認できる。

(140) a. 社長がアメリカへ出張を命じた。
　　　　b. ?*出張を社長がアメリカへ命じた。
　　　　c. ?*社長が出張をアメリカへ命じた。

(140a)のような文において、主題名詞句である「出張」を場所名詞句の「アメリカ」の左側に持ってくると容認性が下がる。これは、場所名詞句がもともと主題名詞句の中に現れるためと考えられる。

(141) 社長が[アメリカへの出張]を命じた。

(140a)のような文では、場所名詞句が「の」を伴っていないことからもわかるように、場所名詞句は主題名詞句の内部には存在せず、(142)のように移動により主題名詞句の外部へ出たものと考えられる。

(142) 社長が アメリカへ$_i$ [t_i 出張を] 命じた。

(142)では、場所名詞句が名詞句の繰り上げにより主題名詞句から抜き出されたため、主題名詞句には場所名詞句の痕跡が残っている。したがって、主題名詞句が(140b)や(140c)のように場所名詞句の左側に現れると構造上、場所名

4. 所有者繰り上げと存在・所有文

詞句が主題名詞句の中の痕跡をc-統御できなくなり非文となると考えられる。

　(136a)の文が排除されるのが主題名詞句の中から所有者名詞句が取り出された結果であるとすると、(122b)のかき混ぜについては、(122a)とは異なる振る舞いをすることが予測される。(143a)(=(122b))で所有者名詞句が所有関係を結んでいるのは、「に」でマークされる場所名詞句であって「が」でマークされている主題名詞句ではないので、所有者名詞句は、場所名詞句の中から所有者繰り上げの移動操作によって抜き出されたことになる。

　(143) a. メアリーには、おでこに大きなたんこぶがある。
　　　　 b. [$_{IP}$ メアリーに$_i$ [t_i おでこに] 大きなたんこぶがある]

そうすると、(143a)の場合においては、主題名詞句が所有者名詞句の痕跡を含まないので、所有者名詞句の左側に出てもよいはずである。実際、(144)に示すように、この予測は正しい。

　(144) 大きなたんこぶが、メアリーにはおでこにある。

これに対して、場所名詞句は、所有者名詞句と直接の所有関係を結んでいると考えられるので、所有者繰り上げによって残された所有者名詞句の痕跡を内部に含み、場所名詞句が所有者名詞句の左側に現れることができないと予測できる。この予測も(145)で示すように正しい。

　(145) ?*おでこに、メアリーには大きなたんこぶがある。

このように、所有者名詞句と所有関係を結ぶ名詞句が所有者名詞句の左側に現れることができないということは、所有者名詞句が動詞によって選択された項ではなく、被所有者名詞句の中から所有者繰り上げによって抜き出されているということを示している。ちなみに、所有関係を結ばない主題名詞句と場所名詞句の間の語順は自由である。

　(146) a. メアリーには、大きなたんこぶがおでこにある。
　　　　 b. メアリーには、おでこに大きなたんこぶがある。

(146)の主題名詞句と場所名詞句については、どちらの場合も、一方の名詞句が他方の名詞句から名詞句の繰り上げによって抜き出されたわけではないので、適正束縛の条件の違反は起こらない。そのため、(146)は両方とも容認される。

(122b)とは対照的に、(123)のような文においては、かき混ぜなどの操作によって所有者名詞句の左側に主題名詞句が現れても問題がないので、主題名詞句からは、所有者繰り上げが起こっていないということになる。

(147) a. 子供が、ジョンに(も)いる。
　　　 b. 大きなたんこぶが、メアリーにはある。

(123)のような文では、適正束縛の条件違反の効果が所有者名詞句・被所有者名詞句(主題名詞句)の間に見られないので、これらの項は「ある」や「いる」の述語に選択される項であり、所有関係は動詞によって規定される構文であるということがわかる。

　ここで注意しなければならないのは、(122a)のような文の場合には、所有者名詞句が所有関係を持っているのが主題名詞句であるということである。このような文では、場所名詞句の内部には所有者名詞句の痕跡はなく、場所名詞句の現れる位置には適正束縛による制限が課されない。

(148) a. 東京にも、ジョンには子供がいる。
　　　 b. ジョンには、子供が東京にもいる。

(122a)の場所表現の振る舞いは、(122b)とは異なる。このことは、所有者名詞句の繰り上げが場所名詞句から起こる場合と主題名詞句から起こる場合の二通りがあるということを示している。いずれにせよ、(122)のような、所有者・場所・主題の三つの要素を取る構文は、動詞が選択する所有者と主題が現れる所有文に付加詞の場所表現を取り付けた構文ではなく、動詞が場所と主題を選択する存在文に所有者繰り上げという文法操作を経て所有者項が加わった構文なのである。

　結論として、(149b)のような文は、表面上、(149a)の所有文に場所を表す付加詞を付けたように見えるが、実際には、所有者は主語繰り上げによって文の要素となっているので、(149c)のような存在文から派生されているのである。

(149) a. ジョンには、子供がいる。
　　　 b. ジョンには、東京に子供がいる。
　　　 c. 東京にジョンの子供がいる。

4. 所有者繰り上げと存在・所有文

もし(149b)の文が(149c)のような文から派生するものとすると、(149b)は、構文としては、所有文ではなく、存在文の一変種であるということになる。そうすると、(149b)のような文は、所有文ではなく、存在文の特性を示すという予測が成り立つ。実際、(149b)は、(149c)と同じような存在文の特徴を示す。

まず、通常の所有文では、「が」格名詞句が有生の場合、動詞に一致が起こる必要がなく、「ある」「いる」の両方が許容されるのであるが、(149a)の場合は、「いる」のみが許される。

(150) a. ジョンには、子供が{いる/ある}。
　　　 b. ジョンには、東京に子供が{いる/*ある}。

前に議論したように、存在文においては、「が」格名詞句と動詞の一致が義務的になるので、「が」格名詞句が有生である場合には、「いる」のみが許される。しかしながら、所有文では、「ある」が一致を必要としないので、有生の「が」格名詞句に対して「ある」「いる」の両方が起こることができる。(150b)に見られる動詞の一致の振る舞いは、存在文の一つの特徴である。

また、(149b)の文は、定性の効果に関しても、存在文と同じ振る舞いをする。(149a)のような通常の所有文は、「が」格名詞句が定性の効果を示し、その名詞句の違いによって(151)のような文法性の違いが現れる。

(151) a. *ジョンには、(その){ほとんどの/すべての}友達がいる。
　　　 b. ジョンには、{たくさんの/何人かの}友達がいる。

(149b)のような三つの項が現れる文においては、「が」格名詞句に定性の効果が現れない。したがって、(152)の文は両方とも容認性が高い。

(152) a. ジョンには、東京に(その){ほとんどの/すべての}友達がいる。
　　　 b. ジョンには、東京に{たくさんの/何人かの}友達がいる。

ここで見た事実は、(149b)のような文が、存在文の特徴を持っているということを示している。特に、所有文は、項を一つしか取らない「ある」「いる」が所有者を取って他動詞化するので、定性の効果が見られる。(149b)のような文では、このような動詞の他動詞化ではなく、所有者繰り上げによって、他

動詞文ができる。所有者名詞句は、所有者繰り上げによって特別に認可される構造格を持つことになると考えられるので、動詞によって選択される「が」格の主題名詞句は、通常の存在文の「が」格の主題名詞句が構造格を与えられるのと同じように、構造格を与えられると考えられる。したがって、このような構文では、「が」格名詞句が目的語として現れても、定性の効果を示さないことになる。

名詞句の繰り上げが起こるもう一つの構文として、影山 (2002b) が「事態解釈」と呼ぶ出来事を表すことができるクラスの名詞である「該当者」「参加者」「応募者」「乗客」などが「が」格名詞句として現れるような (153) のような文がある。

(153) a. シンポジウムに参加者が{いる/ある}。
　　　 b. 今日の会議に欠席者が{いる/ある}。
　　　 c. この通りには通行人が{いない/ない}。

ここで、前章でも議論した (154) のような文と比較して考えてみる。

(154) [ここでバスを降りる]人が{いる/ある}。

動的な出来事を表す (154) のような文の場合は関係節が名詞を修飾している構造を持っているが、(153) のような文はそのような構造を持っていない。しかしながら、例えば、(153a) の「参加者」は「参加する人」と同じような解釈があるので、(153a) では、出来事の意味を持つ「ある」が現れていると考えられる。そして、(153) で現れる「ある」が「が」格名詞句と一致していない動詞であることは、類別詞を用いた文によって確認できる。

(155) a. シンポジウムには、参加者が何人も{いる/ある}。
　　　 b. 今日の会議に二人の欠席者が{いる/ある}。

前章での議論が正しければ、出来事を表す (153) のような文は、文の主語位置 (IPの指定部) を出来事項が占めていることになる。このような文は表面上で項が一つしか現れないが、二項を取る文であり、所有文と同じく「が」格名詞句が有生名詞である時には、「ある」「いる」の両方の動詞が許されることになる。

ここで注目するのは、(153) のような文は、(154) とは異なり、「に」格名詞

4. 所有者繰り上げと存在・所有文

句が現れることが許されるということである。(153)のような場合には、この「に」格名詞句は直接にはもともと複合名詞の中の「参加」が選択する項と考えられ、(156)に挙げたような基底構造を持つと仮定できる。

(156) [IP [DP このシンポジウム たくさんの参加者が] ある]

影山(2003)は(153)に現れる「に」格名詞句は、名詞句内ではなく節内に直接生成されるという分析をしているが、(153a)の文は「このシンポジウムに」はもともと「参加」が選択する項とし(156)に挙げたような基底構造を持つと仮定した方がよい。ここで注意すべき点は、(153)のような出来事を表す文では、影山(2003)も指摘しているように、通常、「ある」が選択する場所名詞句は「に」ではなく「で」でマークされるということである。

(157) {この部屋では/?*この部屋には}、シンポジウムがある。

(157)の事実から、(153)に現れる「に」格名詞句(場所名詞句)は、動詞「ある」が選択している名詞句ではないと結論づけることができる。(153)では、「に」格名詞句は「の」でマークされていない。したがって、場所名詞句は、もともと主題名詞句の「参加者」の内部に生成されるが、名詞句繰り上げの結果、表層では主題名詞句の外部に存在することになるのである。

以下では、この仮説が正しいことを適正束縛の条件から検証してゆく。「参加者」や「通行人」のような名詞は、出来事(event)を表す意味も個体(individual)を表す意味もある。したがって、(153c)のような文は、「通りには、ある特定の通行人が存在する」というような、静的な意味の存在文の解釈も許す。そのような潜在的な曖昧さを取り除くために、以下の議論では(153b)のような文を用いることにする。なぜなら、(153b)のような文では、出来事を表すか個体を表すかで意味が明らかに異なるからである。

(158) a. 今日の会議には、欠席者が{いた/あった}。

b. 今日の会議には、変わり者の欠席者が{いた/*あった}。

具体的には、(158a)の出来事を表す文では、「欠席者」と呼ばれる人は、「会議」の場には居合わせないことになる。しかしながら、(158b)のように、「変わり者の」などの修飾語が現れた場合には、出来事ではなく、ある特定の個人を指す表現となり、通常の存在文となる。存在文では「が」格名詞句の有生・無生

の区別と動詞の選択が一致しなければならないので、(158b)では、動詞が「いる」しか許されなくなる。そして、存在文として「が」格名詞句が個体(個人)を指す解釈では、「欠席者」は「会議」の場に居合わせていなければならない。存在文の解釈での「欠席者」は何か他の会合などを欠席した人の意味となる。

もし(158a)のような文が「が」格の主題名詞句の内部から「に」格の場所名詞句を名詞句繰り上げによって抜き出しているのであれば、出来事の場所を表す「に」格名詞句は、主題名詞句の右側に現れることができない筈である。(159)の文が示すように、この予測は正しい。

(159) a. *欠席者が$_i$ 今日の会議には t_i ある。
b. 欠席者が$_i$ 今日の会議には t_i いる。

「が」格名詞句が有生名詞の場合には、(159a)のようなかき混ぜ文では出来事の意味を表す「ある」は許されない。出来事文では、「今日の会議」は「が」格名詞句からの名詞句繰り上げによって文中に現れ、主題名詞句の中に残される痕跡が適正束縛を受けないので、(159a)は非文となるのである。

(160) *[$_{IP}$ [$_{DP}$ t_i 欠席者が]$_j$ 今日の会議に$_i$ t_j ある]

(159b)の文は、(159a)に比べると、比較的容認性が高いと思われるが、これは(159b)が存在文の解釈を持っているためである。なぜなら、(159b)では「欠席者」と名付けられる人物(別の会合で欠席した人物)が今日の会議の席に居合わせるという解釈が許されるからである。(159b)は、「会議に出ていない人物がいる」という出来事を表す意味では、(161)のような適正束縛の条件を満たさない構造を持つことになるので、容認されない。

(161) *[$_{IP}$ [$_{DP}$ t_i 欠席者が]$_j$ 今日の会議に$_i$ t_j いる]

これに対して、静的な意味の存在文での「に」格名詞句はもともと動詞の選択する場所名詞句なので、適正束縛の条件には抵触しない。したがって、(159b)では、存在文の解釈において文が容認される。このような解釈の違いは、(153c)の「通行人」のような名詞句では、あまりはっきりしないことも多いが、構文のタイプの違いは、動詞の選択によって窺うことができる。

(162) 通行人が$_i$、この通りに t_i {いる/*ある}。

(153c)の場合も、「が」格名詞句がかき混ぜによって前置されると「ある」が許

されなくなる。「いる」の場合には、容認されるが、ここでの「通行人」は「この通りの通行人」でなくてもよい。(162)の事実が示しているのは、出来事の解釈が行われる場合、場所を指定する「に」格名詞句が主題名詞句から名詞句繰り上げによって抜き出されるため、「が」格名詞句が「に」格名詞句の前に来ると、適正束縛の条件が満たされなくなるということである。したがって、(162)では、存在文の解釈しかできなくなり、動詞は「いる」しか容認されなくなるのである。

　出来事を表す文での「ある」「いる」の選択の可能性は、第3章の最後で議論した所有文の一致の要求とは異なることに注意する必要がある。第3章では、「ある」が使用される所有文の「が」格名詞句が、話題化により前置した場合には容認性が低くなることを観察した。

　　　(163) ?*子供は$_i$ ジョンにも t_i ある。

所有文の場合には、かき混ぜの操作による「が」格名詞句の前置の場合には、それほど容認性が下がらない。

　　　(164) ?子供が$_i$ ジョンにも t_i ある (こと)

出来事を表す「ある」文の場合には、たとえ動詞の一致を要求しないかき混ぜの操作で「が」格名詞句が前置されたとしても「ある」は許容されなくなるので、所有文の一致の現象とは異なる現象であるということになる。(153)のような出来事を表す文の動詞の選択およびその解釈に関する現象は、表面的な語順に依存して決まるので、適正束縛の条件に支配されているのである。

5. まとめ

　本章では、英語のThere-構文と比較しつつ、日本語の存在・所有文の拡張について検討してきた。日本語の所有文において「が」格名詞句に定表現の現れる現象は、リスト読みの構文であり、英語のThere-構文にも現れる。このようなリスト読みが許される場合には、あたかも定性の効果がないように見えるようになる。しかしながら、リスト構文において定性の効果がなくなるわけではなく、特殊な情報構造を作ることによって定性の効果が現れるのを避けているのである。また、所有文に現れる動詞は、状態動詞の「ある」「い

第4章　存在・所有文の拡張用法

る」以外にも、所有関係の発生を表す非対格動詞も可能であるということを見た。これは、英語のThere-構文で、存在関係の発生を表す非対格動詞が使用可能であるということと並行的な現象であると議論した。この他に、日本語の「ある」「いる」の構文では、所有者・場所・主題の三つの要素が現れることがあることを見た。この構文は、一見、英語のThere-構文に虚辞のthereの他に場所表現を付加するのと並行的に、所有文に場所表現を付加するような現象に見えるが、実際には、これは、存在文の一種で、所有者表現が場所表現あるいは主題表現の中から所有者繰り上げによって派生されるものであることを示した。そして、出来事を表す「ある」「いる」の文の中にも名詞句繰り上げの操作を行う構文があることも議論した。

注

1. 情報構造は、もともと統語構造とは独立のものであると考えられるが、後で議論するように、存在・所有文では、この両者の関係が問題となる（cf. Lambrecht 1994, Erteschik-Shir 1997)。
2. これに対して、「ジョンには誰がいますか?」のような疑問文は、少なくとも情報構造上の問題はなく、例えば、ジョンの支持者を同定する疑問文として容認性が高い。
3. 定表現は、聞き手が既にその存在を知っていると話者が前提する表現である。例えば、allやmostを含む定表現は、聞き手が既に存在すると話者が想定する集合に対する割合を問題とする表現で、固有名詞や代名詞の場合は、その集合の構成員が唯一的に決まるようになる (cf. Milsark 1977, Zucchi 1995)。そのために、不定表現は通常、聞き手には旧情報と解釈されるのである。これに対して、不定表現はそのような前提なしに使用される。例えば、manyやsomeなどを含む不定表現には前提となる集合が存在する必要がない。したがって、不定表現は、通常、聞き手にとっての新情報を担っていると考えられるのである。
4. この場合の「に」格名詞句は外項でないので「で」で置き換えることはできない

5. まとめ

   し、また、場所の意味での「で」も使えない。

   (i)　*ジョンで子供が生まれた。

   このことから、主語の名詞句は、動作主を表す外項でないことがわかる。

5. 「自分」を含む句を先行詞の前に移動させると判断がよりはっきりとする。

   (i)　*自分$_i$の愛人が、ジョン$_i$に現れた(こと)

6. 厳密には、場所名詞句は付加詞なので後置詞句と考える方が良いが、ここでは、名詞句として言及する。

7. 適正束縛条件がミニマリストプログラムでどう扱われるかの議論についてはSaito (2001)を参照のこと。

第5章　状態述語の他動性

1. はじめに

　本章では、項を二つ取る状態述語(stative predicate)の他動性(transitivity)について考察する。日本語において、項を二つ取る状態述語は、一般に、通常の他動詞とは異なる「に-が」(あるいは「が-が」)の格形式(case-marking pattern)を取る。このような状態動詞が(主語と目的語を持つ)他動詞述語と分類されるべきかそれとも(主語を持つが目的語は持たない)自動詞述語として分類されるべきかに関しては、議論・意見が分かれるところである。例えば、1970年代の生成文法理論(柴谷1978, Kuno 1973)では、二項を取る状態述語は(最も左側に現れる「に/が」格名詞句は主語でその次に現れる「が」格名詞句が目的語となる)他動詞述語(transitive predicate)と考えられていた。しかしながら、それ以前には、Block (1946), 橋本 (1969), Martin (1962)などが議論しているように、「が」格名詞句をすべて主語とみなすことが多かった。また、時枝(1950)のように、状態述語の「が」格名詞句を対象語として、通常の「が」格名詞句や「を」格名詞句と区別する考え方もある。最近では、Shibatani (1999, 2001), 柴谷 (2001)が、「が」格名詞句をすべて主語とみなし、能格の格パターンを示す構文は、主語を二つ持つ二重主語構文(double subject construction)と考えるべきであるという提案を行っている。本章では、主語テスト・目的語テストやその他のデータをもとに、二項を持つ状態述語に近い位置に現れる「が」格名詞句は目的語として働くので、このような述語の現れる構文は、Shibatani (1999, 2001), 柴谷(2001), Shibatani and Pardeshi (2001)が主張するような二重主語構文ではなく、主語と目的語を持

2. 状態述語の特性

つ他動詞的な構文であることを論じる。

2. 状態述語の特性

　日本語の二項述語は、通常、「が-を」の格パターン、すなわち、主格-対格(nominative-accusative)の格パターンを持つと考えられるが、ある種の二項述語(状態述語)は能格タイプ(ergative type)の格パターン——「に-が」の与格-主格(dative-nominative)の格パターンあるいは「が-が」の主格-主格(nominative-nominative)の格パターン——を取る。(1)の文はその代表例である。

(1)　a.　ジョンにこの論文が必要だ。
　　　b.　ジョンが子供が好きだ。
　　　c.　ジョンにあの小さな字が見える。

項を二つ取る状態述語において、動詞に近い位置に現れる項は、後で議論するように目的語であると考えられるが、通常の他動詞の主語がマークされるのと同じ格の「が」格でマークされる。また、その項の左側に現れる項は、主語として働き、「に」格あるいは「が」格でマークされる。本章では、前者を「が」格名詞句、後者を「に/が」格名詞句として言及することにする。このような述語は、Shibatani (2001), 柴谷 (2001)の用語を借りると、非規範的な述語(non-canonical predicate)ということになる。このような構文は、典型的に主語が与格でマークされるので、与格主語構文(dative subject construction)として言及されることも多い。

　Shibatani (1999, 2001)・柴谷 (2001)によると、能格型の格標示を要求する述語には、幾つかのタイプがあり、おおよそ次のような意味を表す述語が能格の格パターンを持つことが多いとされている。1)所有(possession)や存在(existence)の意味を表す述語(「ある」「いる」など)、2)心理状態(psychological state)を表す述語(「好きだ」「嫌いだ」「怖い」「かわいい」など)、3)生理的な状態(physiological state)を表す述語(「痛い」「痛む」「(お腹が)すく」など)、4)視覚的・聴覚的な知覚(visual/audio perception)を表す述語(「見える」「聞こえる」など)、5)必要性(necessity)や願望(desiderative)を表す述語(「必要だ」「欲し

い」など)、6)潜在性(potentiality)・能力(ability)の意味を表す述語(「わかる」「読める」など)。このような意味を表す述語は、多くの言語で非規範的な格パターンを取ることが観察されている。日本語においても、このような意味を持つ状態述語が非規範的な能格タイプの格パターンを示すことになる。特に日本語では、能力の潜在性を表す接辞の「-え、-れ、-られ」を用いてかなり生産的に状態述語を派生させることができるので、能格タイプの格標示を取る述語の実数はかなり多い。

　能格タイプの格パターンを持つ述語の文法関係に関しては、これまでかなりいろいろな取り扱いの可能性が示唆されてきている。まず考えられるのは「が」格でマークされる名詞句はすべて主語とみなすという考え方である。この考え方は、Bloch (1946), Martin (1962), 橋本 (1969)などの1960年代以前の日本語の文法研究によく見られる考え方で、最近の研究ではShibatani (1999, 2001), 柴谷 (2001), Shibatani and Pardeshi (2001)がこの考え方を採用している。これに対して、特に、1970年代の日本語の生成文法研究では、非規範的な格標示を示す状態述語の「が」格名詞句は、通常の動詞の主語にマークされる「が」格とは異なり、目的語であるとする考え方が採られていた。この考え方は、例えば、Kuno (1973), 柴谷 (1984)などで見られる。

　この他にも、非規範的述語の「が」格を受ける項を主語や目的語として扱うのではなく、特別に別の範疇を設定することも可能である。この考え方は、状態述語の「が」格名詞句に対して、主語・客語・補語とは独立した「対象語」というカテゴリーを設定する時枝 (1950)に見られる。ただし、本章での議論は、非規範的な述語の他動性の議論で、特に、「が」格名詞句を主語とみなすべきか、あるいは、目的語とみなすべきかということが議論の中心になるので、時枝 (1950)で示されているような、「が」格名詞句に独立のカテゴリーを設定することの妥当性については、本章では検討しないことになる。

　本章では、1970年代の日本語生成文法で議論されたように、非規範的な格標示を持つ二項の状態述語は他動詞述語であるとする見方が妥当であるということを論じる。具体的には、主に日本語の経験的な言語データから、状態述語の「が」格でマークされる動詞寄りの項は目的語として働くことを示す。

2. 状態述語の特性

そして、「が」格名詞句よりも左側に現れ、「に」格あるいは「が」格でマークされる項は主語として働くことを示す。そして、その結果、このような二項述語は、目的語を持たない自動詞述語(intransitive predicate)ではなく、主語と目的語を持つ他動詞述語(transitive predicate)とみなすのが適当であるという結論を導くことになる。

このような非規範的述語の他動性の問題は、例えば、現代英語では起こらない。なぜなら、現代英語はSVOの語順を持ち、主語と目的語が異なる統語位置に現れることは明らかであるからである。倒置が起こる場合や命令文を除けば、主語は、常に動詞要素の左側に現れることになる。目的語はこれに対して動詞の右側に現れる。

(2) a. John likes Mary.
　　b. John is afraid of Mary.

特に英語のような言語では、述語が自動詞述語であるか他動詞述語であるかは、項の数と語順ではっきりとわかる。さらに、非規範的な格標示を持つ述語は、少なくとも現代英語にはない。動詞が目的語を取った場合には、その目的語は例外なく対格を受け取ることになる。形容詞の場合は、形容詞自身が格を与えることができないので、意味のないofが格を与えるために挿入される('of'-insertion)と考えられる。英語のこのような特性から、述語の主語・目的語の同定には困難が伴わない。

Shibatani (1999), Shibatani and Pardeshi (2001)などによれば、非規範的な格標示を持つ構文はアジアの言語に多く見られるようである。英語でも、古い英語には与格主語構文に相当するものが見つかる。例えば、Traugott (1992: 209)は、次のような例を挙げている。

(3) 　and him (DAT) ðæs (GEN) sceamode
　　　and to-them　of-that　shamed
　　　'and they were ashamed of that'

Traugott (1992), van Kemenade (1987), Visser (1963-73)などによれば、古英語では、(3)に挙げたような構文は、経験者(experiencer)を取る動詞に典型的に現れる。(3)では、与格名詞句と属格名詞句のみが現れるので、主語を持

たない非人称構文(impersonal construction)としてしばしば言及される。その他にも与格-主格や主格-属格のパターンを取る構文なども存在した。英語の非人称構文が主語を持つかどうかに関しては、議論が分かれるようであるが、Allen (1995)は、(3)のような文の与格名詞句が主語として働くことがあると議論している(Lightfoot 1979参照)。現代英語においては、このような格パターンを示す述語は古い英語の名残として残っているmethinks (「私には〜と思える」の意味を表す)のような表現しかなく、それ以外の場合は、(4)の例が示しているように経験者項は常に主格で表されることになる。

(4) a. I understand you.
　　b. I need your help.

非規範的な格標示を示す構文は、現代英語では見られなくなっているが、ドイツ語、アイスランド語などのヨーロッパの言語では見つかるので、地域的にも広く分布する構文であると考えられる。

　SOVの語順を持つ日本語は、主語も目的語も動詞の左側に現れるために、語順だけでは状態動詞の取る項の文法関係を決定することができない。日本語では、二つの項を持つ状態動詞や形容詞・形容動詞は、典型的に「に-が」あるいは「が-が」の格パターンを示すが、このような述語の取る項の文法関係に関する見方は様々である。

(5) a. ジョンにテニスができる。
　　b. ジョンには、研究費が必要だ。

Kuno (1973), 柴谷 (1978), Nakau (1973)などが提案する生成文法での考え方では(5)のような文で動詞の直前に現れる「が」格名詞句が目的語であると見るが、「が」格名詞句が意味的に通常の他動詞の目的語と同じような意味役割を持つということ以外に特に強い根拠を出しているわけではない。したがって、他の可能性として、この「が」格名詞句を、通常の他動詞に現れる「が」格名詞句と同じように、主語と見る可能性が排除されたわけではなく、このことにより、様々な議論が出てくることになる。

　状態述語に現れる項にどのような文法関係が与えられるかに関して、最も直接的な議論は、状態動詞のそれぞれの項が主語の特性を示すか、あるいは

2. 状態述語の特性

目的語の特性を示すかを調べることによってできる。状態述語の従来の研究でもしばしば議論されているように、主語テストを用いてどのような項が主語として特定されるかは比較的容易に判断できる。しかしながら、どのような項が目的語として同定されるのかに関しては、それ程直接の経験的な証拠がなかったために、いろいろな考え方が可能であったと考えられる。本章では、これまでに議論してきたテストを利用して、状態述語の直前に現れる項(「が」格名詞句)が目的語で、その外側に現れる項(「に/が」格名詞句)が主語であることを示してゆくことにする。

最初に、非規範的な格標示を示す状態述語の外側に現れる項(「に/が」格名詞句)が主語として働くことを見ることにする。柴谷(1984)なども議論しているように、日本語で主語を同定することは、比較的容易である(Kishimoto 2000)。ここでは、これまでも議論してきた、再帰代名詞の先行詞、随意解釈およびコントロールPRO、そして、主語尊敬語化の四つのテストを用いて、非規範的述語の「に/が」格名詞句が主語であることを確認する。

最初の主語テストは、再帰代名詞化に関するものである。(6)に示すように、状態述語においては、通常の語順で最も左に現れる「に/が」格名詞句が再帰形の「自分」の先行詞となることができるが、「が」格名詞句は、「自分」の先行詞とはならない。

  (6) a. ジョン$_i$に自分$_i$の助手が必要だ。
     b. *自分$_i$の助手に、ジョン$_i$が必要だ。

(7)が示しているように、「自分」は主語を先行詞とすることができるが、目的語をその先行詞とすることができないという特性がある。

  (7) a. ジョン$_i$が自分$_i$の子供を褒めた。
     b. *自分$_i$の子供がジョン$_i$を褒めた。

(6)と(7)を比較すれば明らかなように、(6)の「に/が」格名詞句は、「自分」の束縛に関して、(7)の他動詞の主語の「が」格名詞句と同じ特性を示す。このことは、(6)の「に/が」格名詞句が主語として働いているということを示している。

コントロールPROの分布についても同じことが言える。(8)の文で示されているように、非規範的な二項述語においては、左側に現れる「に/が」格名詞

第5章 状態述語の他動性

句がPROとなり、コントロールを受けることができる。

(8) a. メアリーは、ジョン$_i$に[PRO$_i$子供が叱れて]ほしいと思った。
    b. *メアリーは、子供$_i$に[ジョンにPRO$_i$叱れて]ほしいと思った。

PROの現れる位置は主語位置に限定されるので、「が-を」の格パターンを取る通常の他動詞においては、左側の「が」格名詞句がPROとなることはできるが、右側の「を」格名詞句がPROとなることはない。

(9) a. メアリーは、ジョン$_i$に[PRO$_i$子供を褒めて]ほしいと思った。
    b. *メアリーは、子供$_i$に[ジョンがPRO$_i$褒めて]ほしいと思った。

(8)に現れる動詞は「に-が」の格パターンをとるので、厳密には(8a)の「に」格名詞句は補文中に現れている可能性もあるが、以前も議論したように、受身の形の(10)では、そのような可能性は排除される。

(10) a. ジョン$_i$が、その人たちに[PRO$_i$子供が叱れて]ほしいと思われていた。
     b. *子供$_i$が、その人たちに[ジョンにPRO$_i$叱れて]ほしいと思われていた。

さらに、非規範的な格標示を持つ述語は、コントロールの構造を取ることが基本的に可能であるということは、(11)の例を見ればより明らかになるであろう。

(11) a. メアリーは、ジョン$_i$に[PRO$_i$子供が好きであって]ほしかった。
     b. *メアリーは、子供$_i$に[ジョンがPRO$_i$好きであって]ほしかった。

(11)に使われている「好きだ」のような述語の場合、述語が単独で現れると「が-が」の格パターンしか許さないので、(11a)がコントロールの構造を持っていることは容易にわかる。(11b)では、「子供がジョンに好かれる対象である」という解釈はないので、「が」格名詞句の「子供」をPROに変えるコントロールの構造は不可能であるということになる。そうすると二項を取る状態述語の主語は、「に/が」格名詞句であるということになる。

随意解釈のPROも同じような分布をする。(12)の文が示すように、「に/が」格名詞句を随意解釈のPROとすることは可能であるが、述語の直前に現れる「が」格名詞句に随意解釈を持たせることはできない。

2. 状態述語の特性

(12) a. [PRO子供が好きなことは]いいことだ。
b. *[ジョンがPRO好きなことは]いいことだ。

この事実と、通常の他動詞で観察される随意解釈のPROの生起の可能性を比較すると、二項を持つ状態述語では「に/が」格名詞句が主語として働くことは明らかであろう。

(13) a. [PRO子供を褒めることは]いいことだ。
b. *[ジョンがPRO褒めることは]いいことだ。

最後に、主語の尊敬語化についても検討しておく。主語の尊敬語化は、先にも議論したように、多少の例外があるものの、主語をターゲットとすることができる。(14)のような文では、「に」格名詞句が主語尊敬語化のターゲットとなるが、「が」格名詞句は、そのターゲットとなることはない。

(14) a. 木村先生に助手がご必要だ。
b. *助手に木村先生がご必要だ。

所有傾斜による間接的な尊敬語化が起こらない場合には、主語尊敬語化のターゲットは、主語に限定される (cf. Harada 1976, 角田 1991)。(14)の文の場合には、所有関係が表されていないので、主語をターゲットにした規範的な主語尊敬語化のみが可能となる。(15)は「が-を」の格パターンを取る複雑述語の「必要とする」の例である。

(15) a. 木村先生が助手をご必要としている。
b. *助手が木村先生をご必要としている。

(14)の文では「に」格名詞句が尊敬語化の可能なターゲットとなっており、(14)のような非規範的な格標示を要求する述語では、「に」格でマークされる項が主語となっていることがわかる。

ここまでの議論で、非規範的な格標示を要求する二項述語では、「に/が」格名詞句が主語の特性を持っているので、主語として働いているということがわかる。これに対して、内側に現れる「が」格名詞句は、通常の動詞の主語がマークされる「が」格でマークされるが、主語の特性を示さない。しかしながら、Shibatani (1999) は、「が」格名詞句が主語テストにおいて主語の特性を示さないことを認めつつも、「が」格名詞句が主語であるという提案を行って

いる[1]。非規範的な述語に現れる「に/が」格名詞句や「が」格名詞句は、規範的な述語に現れる項とは異なる特性があり、非規範的な述語に現れる「が」格名詞句のように主語の特性が現れないとしても、必ずしも、それによって状態述語の「が」格名詞句が主語として働いていないと断定をすることができない。実際、非典型的な主語(non-prototypical subject)は、典型的な主語(prototypical subject)よりも主語特性が現れにくいことが多い。

しかしながら、もし状態述語の「が」格名詞句が目的語としての特性を示すならば、この名詞句は主語ではありえないということになる。非規範的な状態述語に現れる項が目的語として働いているかどうか確認するためには、例えば、形式名詞の「こと」の挿入の可能かどうかを調べてみるとよい。第2章でも議論したが、形式名詞の「こと」の挿入は、直接目的語の位置にある名詞句に対して可能となる[2]。

(16) a. ジョンは、メアリー(のこと)を叱った。
　　 b. ジョン(*のこと)がメアリーを叱った。

「叱る」は主語と目的語に対して、通常、人間名詞(human noun)を要求するので、目的語の位置に挿入された「こと」は、形式名詞であることがわかり、「こと」があろうとなかろうと(16a)の文の実質的な意味は変わらない。しかしながら、(16b)で示されているように、主語に対してはこのような形式名詞の「こと」の挿入はできない。

非規範的な格標示を持つ二項述語も、形式名詞の「こと」の挿入の可能な位置が一つしかないという点において、通常の他動詞と同じ振る舞いを示す。

(17) a. {ジョンに/ジョンが} メアリー(のこと)がわかる。
　　 b. ジョン(*のこと)にメアリーがわかる。
　　 c. ジョン(*のこと)がメアリーがわかる。

「わかる」は、「に-が」あるいは「が-が」の非規範的な格パターンを持つことができる述語である。(17)に示されているように、内側に現れる「が」格名詞句は、「メアリーを認識する」という意味を変えない形式名詞の「こと」の挿入が起こってもよいが、それと並行する形での形式名詞の「こと」の挿入は「に/が」格名詞句に対してはできない。形式名詞「こと」の挿入の分布は、格パターン

2. 状態述語の特性

が異なっても基本的に同じである。(18)は、「が-が」の格パターンのみを取る述語「好きだ」の例である。

(18) a. ジョンがメアリー(のこと)が好きだ。
　　　b. ジョン(*のこと)がメアリーが好きだ。

通常の他動詞においては、目的語にのみ形式名詞の「こと」の挿入が可能なので、非規範的な格標示を持つ述語の現れる文では、述語の直前に現れる「が」格でマークされた名詞句が目的語として働いているということになる。

可能の接辞「-え、-れ、-られ」が付加された他動詞は、(「が-を」の格パターンではなく)「に-が」の格パターンを持つようになる。このような可能形動詞は、通常の他動詞からかなり生産的に作ることができる。

(19) a. ジョンがメアリーを{叩いた/だました/けなした}。
　　　b. ジョンにメアリーが{叩ける/だませる/けなせる}。

(19a)に挙げてある動詞は、二つの項に対して人間名詞を取ることができるものと人間名詞を取ることが要求されるものがある。(20)は、このような動詞の「を」格名詞句に対して形式名詞の「こと」の導入が可能なことを示している。

(20) a. ジョンがメアリー(のこと)を{叩いた/だました/けなした}。
　　　b. ジョン(*のこと)がメアリーを{叩いた/だました/けなした}。

動詞の選択制限は、可能形動詞でも受け継がれ、形式名詞の「こと」の挿入の可能性に関しても、その特性は保持される。したがって、可能形動詞においても、「こと」の挿入が主語(「に」格名詞句)ではなく目的語(「が」格名詞句)に対して可能である。

(21) a. ジョンにメアリー(のこと)が{叩ける/だませる/けなせる}。
　　　b. ジョン(*のこと)にメアリーが{叩ける/だませる/けなせる}。

このような他動詞と可能形動詞の対応関係からも、非規範的な格標示を持つ二項述語においては、「が」格名詞句が目的語として機能していることがわかる。

他動詞が接辞「-え、-れ、-られ」の付加された結果として可能形動詞になった場合には、内側の項に文法関係の変化が生じて主語となっているとは考えられない。なぜなら、形式名詞「こと」の挿入は、表層での文法関係に依存しているので、受身文の主語は「こと」の挿入ができないからである。

(22) ジョン(*のこと)がメアリーに叱られた。

もし可能形動詞の直前に現れる「が」格名詞句の文法関係が目的語から主語へと変化しているとすると、この「が」格名詞句に対しては、「こと」の挿入ができないはずであるが、実際には可能である。したがって、(21)のように他動詞に可能形の接辞が付いても、項の文法関係の変化は起こっていないと断定できる。そのことから、結論として、非規範的な二項述語の取る「が」格名詞句は、表層において目的語として機能していると言えることになる。

　非規範的な二項述語の内側の「が」格名詞句が目的語として働くということは、二重直接目的語の制限(double direct object constraint)によっても確認することができる。日本語の通常の他動詞文では、(23)で示すように、「を」格名詞句を繰り返すことができないという事実はよく知られている。

(23) a. ジョンがモーツァルトの演奏をした。
　　 b. ジョンがモーツァルトを演奏した。
　　 c. *ジョンがモーツァルトを演奏をした。

(23a)と(23b)の文で示されているように、「(演奏)する」という動詞は、独立には「モーツァルト」を「を」格でマークすることも「演奏」を「を」格でマークすることも可能である[3]。しかし、(23c)の文の非文法性が示しているように、この名詞句を同時に「を」格でマークすることはできない。(23c)の文の非文法性はしばしば二重「を」格の制限(double-o constraint)の違反として排除されると考えられている(柴谷 1978, Harada 1973, 井上 1976など)。しかし、(24)の例から判断すると、(23c)は、格標示ではなく表層で直接目的語が二つ現れることによって排除されていると考えられる。

(24) a. ジョンにモーツァルトの演奏ができる。
　　 b. ジョンにモーツァルトが演奏できる。
　　 c. *ジョンにモーツァルトが演奏ができる。

Kageyama (1999)も指摘しているように、「できる」は「する」の可能形動詞として用いることができ、項は「に-が」あるいは「が-が」の格パターンを取る。(24)では、「を」格名詞句がまったく現れていないのに、(23)とまったく同じ容認性の分布が見られる。このことは、(23c)および(24c)の非文法性が格標

2. 状態述語の特性

示によって決まるのではないことを示している。

(24c)では、「が」格名詞句が二度現れているために非文法的になっているとは考えられない。なぜなら、日本語においては、「が」格名詞句が一定の条件を満たせば何度でも繰り返すことが可能であるからである。

(25) a. ジョンの奥さんがモーツァルトが演奏できる。
　　　b. ジョンが奥さんがモーツァルトが演奏できる。

(25b)では、(24c)と同じ数の「が」格名詞句が現れているが容認可能な文である。(25b)は、Kuno (1973)が提案している主語化(subjectivization)という操作によって生成された多重主語構文 (multiple subject construction)であると考えられる(cf. Farmer 1984, Tateishi 1994)。すなわち、(25b)のような文では、(25a)の主語の中に含まれる属格名詞句に主語化の操作が適用され、大主語(major subject)が派生されることになるのである。この大主語は、動詞の選択する意味上の主語といわゆる「関連づけ(aboutness)」と呼ばれる意味的な関係を持つことによって認可されたと考えられる。もちろん、ここでの議論では、主語化の統語操作が実際に存在するかどうかについては、それほど問題とならないが、重要な点は、大主語が成立するには、意味的に動詞の主語と関連づけられる必要があるということである。(25)のような事実から、(24c)の非文法性は、単に「が」格名詞句の繰り返しから起こったのではなく、直接目的語の繰り返しがその非文法性の原因となっていると結論できるであろう。

多重主語構文と非規範的な述語を対比すると、「できる」以外の非規範的な格標示を要求する二項述語でも、主語と目的語を持つ述語として働いていることが確認できる。一般に、多重主語構文において、述語の主語以外の「が」格名詞句は、その右側に来る名詞句といわゆる「関連づけの条件('aboutness' condition)」が保たれていなければならない(Kuno 1973)。

(26) a. 象が鼻が長い。
　　　b. 象の鼻が長い。

(26a)の左側にある「が」格名詞句は、「長い」の意味上の主語(thematic subject)とは考えられないが、右側に現れるもう一つの「が」格名詞句(意味上の主語)

と意味的な関連が付けられることによって、多重主語の構文が成立する。他動詞から作る多重主語構文は、(26a)のような文に比べて多少ぎこちないが、(27a)のように可能であると考えられる。

(27) a. ジョンが、奥さんが、ペットをかわいがっている。
　　　b. ジョンの奥さんが、ペットをかわいがっている。

多重主語は、他動詞の主語と関連性が成立すれば可能になるが、目的語とは、たとえ関連性が成立すると考えられるような状況でも不可能である。

(28) a. *あの人が、ジョンが、ペットをかわいがっている。
　　　b. あの人が、ジョンのペットをかわいがっている。

(28a)の文において、(28b)に示されるような解釈を得ることはできない。これは、多重主語構文の大主語の意味的な関連づけが目的語に対しては可能でないということを示している。そうすると、主語化の操作は、主語内に存在する属格名詞句には適用できるが、目的語の中に存在する属格名詞句には適用できないということになる。

この多重主語構文の可能性は、非規範的な格標示を持つ二項述語においても見られる。このような非規範的な述語においては、大主語が経験者項に関連づけられる多重主語構文を作ることは可能である。

(29) a. ジョンが、おじいさんが、庭いじりが好きだ。
　　　b. ジョンのおじいさんが、庭いじりが好きだ。

(29a)では、大主語の「ジョン」が経験者を表す「が」格名詞句の「おじいさん」と関連づけられており、この「が」格名詞句が主語として機能することを示唆している。これに対して、述語に近いもう一つの「が」格名詞句(主題名詞句)に対して関連づけがなされるような大主語を持つ多重主語構文を作ることはできない。

(30) a. *私は、ジョンが、妹が好きだ。
　　　b. 私は、ジョンの妹が好きだ。

(30a)は、(30b)と同じ意味になる多重主語構文にはならない。このことは、(30)で主題として働く「が」格名詞句の「妹」が主語ではないということを示唆している。

3. 非規範的な述語と二重主語構文

　さらに、多重主語構文の成立の可能性については、非規範的な格標示を要求する述語が自動詞述語であるか他動詞述語であるかで変わってくることがある。例えば、「見える」のような動詞は、経験者を指す「に」格名詞句が明示的に示されると経験者の主体的判断を表す他動詞として使用されると考えられる。しかし、「に」格名詞句が明示されない場合には、一般的な状況を叙述する文となり、項を一つ取る自動詞となると考えられる。

　(31) a. ジョンには、あの山の地面が見えるはずだ。
　　　 b. あの山の地面が見えるはずだ。

そして、「見える」のような動詞の場合、(32)に示すように、「に」格名詞句(経験者項)が存在するか否かによって、多重主語構文の可能性が変わってくる。

　(32) a.?*ジョンに、あの山が、地面が見える。
　　　 b. あの山が、地面が見える。

(32a)が示しているように、(31a)とほぼ同義の多重主語構文を作ることはできない。これに対して、(32b)で示されているように、(31b)とほぼ同義の多重主語構文は可能である。このような多重主語構文の派生の可能性の違いは、動詞の他動性の違いから来ている[4]。(31b)の主題項は主語であり、この主題名詞(主語)と関連づける多重主語構文は可能である。しかし、(31a)の主題項は目的語であり、この主題項(目的語)と関連づけが行われる多重主語構文は作ることはできないのである。

　これまでの議論で、非規範的な格標示を要求する二項述語に対して、内側に現れる「が」格名詞句の主題名詞句が目的語として働くということを、1)形式名詞の「こと」の挿入の可能性、2)二重直接目的語の排除、及び、3)多重主語構文における多重主語の形成の可能性を見ることによって確かめた。このようなテストは、少なくとも、日本語においては、目的語のテストとなるので、Shibatani (1999, 2001), 柴谷 (2001)が主張するような、すべての「が」格名詞句を主語として扱う分析は支持できないという結論に達する。

3. 非規範的な述語と二重主語構文

　Shibatani (1999, 2001), 柴谷 (2001)の提案によれば、非規範的な格標示

を要求する二項述語に現れる項は二つとも主語として機能していることになる。そのような提案においては、必然的に、非規範的な述語が現れる構文は複数の主語が存在する多重主語構文として扱われなければならないことになる（ここで問題となる構文は、主語が二つ現れる構文なので、便宜上、二重主語構文（double subject construction）と呼ぶ）。しかしながら、本節では、非規範的述語の現れる構文の名詞句は、二重主語構文の名詞句が認可されるのとは別の形で認可されるので、この二つの構文を同一視できないということを示す。

まず、二重主語構文は、述語の意味上の主語の他に「が」格でマークされる名詞句が現れる構文で、(33)のような例が典型的な例となる。

(33) a. ジョンが奥さんが家で働いている。
　　 b. 象が鼻が長い。

(33)では、述語の意味上の主語の他に、いわゆる関連づけの条件を満たすことによって認可される大主語の「が」格名詞句が存在する。したがって、(33)は(34)とほぼ同じ意味を表すことになる。

(34) a. ジョンの奥さんが家で働いている。
　　 b. 象の鼻が長い。

もちろん、二つの要素間に関連づけの条件が満たされない場合には、二重主語構文は認可されない。

(35) ?*ジョンがメアリーが家で働いている。

(35)が通常のコンテクストで適正な二重主語構文として認可されないのは、「ジョン」と「メアリー」の間に所有関係などの二重主語構文を認可する関連づけが認知されないということによる。この見方が正しいことは(36)の非文法性からも明らかであろう。

(36) ?*ジョンのメアリーが家で働いている。

(36)では「ジョンのメアリー」という語の連鎖が、所有関係を表すとして容認されず、したがって、(36)の二つの項の間では、関連づけの条件が満たされないということになる。

二重主語構文では、述語とは直接の意味関係を持たない大主語と述語の意

3. 非規範的な述語と二重主語構文

味的な主語との間で関連づけの条件が満たされていなければならないが、一般に、非規範的な格標示を要求する二項述語の項の間では、関連づけの条件を満たす必要がない。例えば、(37)においては、二つの項の間に所有関係などの意味的な関連づけが満たされていないのにもかかわらず容認可能な文となる。

(37) a. ジョンがメアリーが好きだ。

b. ジョンがメアリーの家の家具が気に入っている。

(37)の述語の二つの項の間に関連づけの条件が満たされないということは、(38)のような文が非文であることからも確認できる。

(38) a. *ジョンのメアリーが好きだ。

b. *ジョンのメアリーの家の家具が気に入っている。

(38a)は二つの意味で容認されない文となる。第一に、「ジョンのメアリー」という名詞句が意味的に妥当な関係を表していない。すなわち、「ジョン」と「メアリー」の間には「の」で結ばれるような関係が成り立たないのである。第二に、(38a)の文では、義務的な項が適切な形式で表現されていない。したがって、(38a)は、たとえ「ジョンのメアリー」が解釈可能であったとしても、文として適切な解釈がされず、非文となってしまう[5]。

二重主語構文と非規範的な述語の現れる構文には、もう一つの大きな違いが存在する。先に議論したように、非規範的な二項述語の内側の項は、目的語としての特性を示す。例えば、このような項には、形式名詞の「こと」を挿入することができる。

(39) ジョンは、メアリー(のこと)が好きだ。

これに対して、(40)のような二重主語構文構文の場合には、形式名詞の「こと」を挿入することはできない。

(40) ジョンは、奥さん(*のこと)が家で働いている。

(39)と(40)の見られる形式名詞「こと」の挿入に関する容認性の違いは、この形式名詞が目的語に対してのみ可能であれば、当然予測されるものである。このような事実も、二重主語構文と非規範的な述語が現れる構文が同じものではないということを示している。

形式名詞の「こと」の挿入の可能性は、述語が項を一つ取るか二つ取るかという他動性の違いで変わってくる場合がある。例えば、「憎らしい」「楽しい」「こわい」などの感情を表す述語がそれにあたり、このような述語では、文中に現れる項の数により他動性が異なることになる。

(41) a. 木村先生があの人がこわい。

b. 木村先生がこわい。

(41a)の文では、項が二つ現れる。最初に現れる「が」格名詞句は経験者項で、文は、全体として、「木村先生」の心理状態を記述していることになる。これに対して、(41b)では、「木村先生」が唯一項であると考えられ、文は「木村先生」の一般的な特性の記述をしていることになる。(41a)の場合、最初の「が」格名詞句の経験者項が主語として機能しているということは、例えば、(42)の主語尊敬語化の違いによって確認できる。なお、(41)のような形容詞述語が含まれる例では、主語尊敬語化の「お～になる」の形式がぎこちないので、別の主語尊敬語化の形式を用いる。

(42) a. 木村先生は、あの人がこわくていらっしゃる。

b. *ジョンが、木村先生がこわくていらっしゃる。

(42)で示されていることは、文頭の「が」格名詞句(経験者項)をターゲットにした主語尊敬語化は可能であるが、その次に現れる「が」格名詞句(主題項)をターゲットにした主語尊敬語化はできないということである。そうすると、(41a)の場合、主語は経験者を表す文頭の「が」格名詞句ということになる。(41b)のように項が一つしか表されない時には、主題項が主語として働く。

(43) 木村先生は、いつもこわくていらっしゃる。

このように、「こわい」のような述語が使われた文は、他動性について曖昧になる場合がある。そして、「こわい」のような述語を含む、(44)に挙げてある文は、二通りの解釈が存在する。

(44) ジョンは奥さんがこわい。

一つの可能な解釈は、「ジョンが奥さんをおそれている」というもので、これは、述語が二項述語として使われたときに得られる解釈である。もう一つの可能な解釈は、二重主語構文としてのもので、「ジョンの奥さんがおそろし

3. 非規範的な述語と二重主語構文

い」という意味を表すものである。

(44)のような文では、二つの異なる意味が表面上まったく同じ形式で表されているが、統語環境によってこの曖昧さがなくなる。例えば、二つ目の名詞句に形式名詞の「こと」を入れると二重主語構文としては解釈されなくなる。

 (45) ジョンは奥さんのことがこわい。

(45)の文は、「ジョンが奥さんをおそれている」という意味を表すことができるが、「ジョンの奥さんがおそろしい」という意味は存在しない。これは、形式名詞の「こと」が目的語の位置にしか挿入することができないために、(45)の「こわい」が二項述語としてしか使うことができないからである。もちろん、(46a)のような文も可能ではあるが、(46b)で得られるような人物の客観的記述を行うという一項述語としての解釈はない。

 (46) a. ジョンの奥さんのことがこわい。
    b. ジョンの奥さんがこわい。

(46a)の文は、形式名詞の「こと」があるために、経験者項が省略された文と解釈されるのである。さらに、(47)のような文でも、通常、二重主語構文としての解釈はないことに注意する必要がある。

 (47) ジョンはメアリーがこわい。

これは、一番目の項と二番目の項の間に多重主語を認可するために必要な関連づけの関係を見いだすことが困難であるためである。このことは(48)により確認できる。

 (48) *ジョンのメアリーがこわい。

(48)のような文で二重主語構文の解釈ができないという事実が示していることは、非規範的な二項述語の文の解釈と二重主語構文の解釈は同じものではないということである。具体的には、二重主語構文における項の認可は、関連づけの条件を満たすか否かによって決められるが、状態の意味を表す二項述語においては、述語の意味によってその項の意味役割が決められるのである[6]。

Shibatani (2001)、柴谷 (2001)では、二重主語構文と非規範的な二項述語の現れる構文は、ともに、述語の隣に現れる「が」格名詞句と述語が自動詞叙述 (intransitive predication) を構成し、文頭に現れる名詞句は、その構成素と

ある種の「依存関係(dependency relation)」を持つことによって認可されると提案している。しかしながら、この二つの構文に現れる名詞句の間の関係を依存関係として捉えるとしても、大きな問題が残る。すなわち、非規範的な二項述語において、内側の「が」格名詞句(主題名詞句)と述語は、完全な命題(proposition)をなさず、命題を完成させるには、述語が経験者を表す項を付加することが必要となる。これに対して、二重主語構文の大主語と述語の意味上の主語との関係は、その性質上、関連づけの条件が必要であるが、語用論的に決まる。しかし、もし非規範的な二項述語で主題名詞句(目的語)と述語の関係を自動詞叙述できるのであれば、(通常の)他動詞の目的語と動詞の間の関係も自動詞叙述で規定できてしまうことになる。もちろん、そのような叙述は、他動詞においては可能ではなく、したがって、Shibatani (2001), 柴谷 (2001)の提案は受け入れられないことになる。当然のことながら、結論として、非規範的な二項述語の現れる構文と二重主語の構文は、それぞれ別の原理によって認可される構文であるということになり、この二つの異なる構文を一つの構文として取り扱うことができないということになる。

4. 非対格性と非規範的述語

非規範的な格標示を要求する二項述語は、主語と目的語とを持つ述語であることを議論してきた。本節では、非対格性の見地から、さらに、このような述語の「が」格名詞句は内項であり、主語とは異なる位置に生起しているために、目的語として働いているということを見てゆく。

非規範的な二項述語の内側に現れる項が内項であることは「いっぱい」のテストによって容易に検証できる。

(49) a. 鈴木先生も研究費がいっぱい必要だ。
　　 b. この小学生には漢字がいっぱい書けるはずだ。
　　 c. 今日は、私にも本がいっぱい読めた。

(49)の例はすべて、「いっぱい」が述語の直前に現れる「が」格名詞句の数量を指定することができ、それぞれの文の「が」格名詞句に対して「たくさんの研究費」「たくさんの星」「たくさんの本」という解釈を与えることが可能である。こ

4. 非対格性と非規範的述語

れは、(50)のような例の「を」格名詞句が「いっぱい」によって数量を指定することができるのと同じ現象である。

(50) a. 鈴木先生も研究費をいっぱい必要とする。
  b. この小学生が漢字をいっぱい書いたはずだ。
  c. 今日は、私も本をいっぱい読んだ。

(50)においても、(49)と同様に、それぞれの「が」格名詞句に対して「たくさんの研究費」「たくさんの漢字」「たくさんの本」という解釈を与えることができる。以前にも議論したように、数量副詞の「いっぱい」は他動詞の場合、主語(外項)の数量ではなく、目的語(内項)の数量を指定する機能がある。そして、(50)の「を」格名詞句と同じような振る舞いを(49)の非規範的な二項述語の直前に現れる「が」格名詞句が示すので、この「が」格名詞句が内項として機能しているということは明らかであろう。

ただし、「が」格名詞句が内項であったとしても、それが直ちに表層において目的語として働くというわけではない。以前にも議論したように、動詞の内項は、時に表層で主語として現れるからである。

(51) a. 船があの海域でいっぱい沈んだ。
  b. 船があの海域でいっぱい沈められた。

(51)のような場合においては、「いっぱい」が主語の数量を指定することができる。なぜなら、ここに現れている主語は、もともと内項として生成されるが表層において主語位置に上昇しているからである。もちろん、自動詞の主語が外項である場合には、そのような解釈はない。

(52) 学生がアルバイト先でいっぱい働いた。

(52)では、「いっぱい」によって外項となる「学生」の数量が指定されないので、この文に「多くの学生」という解釈はない。(52)のような文の「いっぱい」は、行われている行為の程度を叙述することになる。ここで重要なのは、動詞の内項が「いっぱい」の修飾対象となり、数量の規定の対象となるということで、(51)の「が」格名詞句の数量を「いっぱい」で規定することが可能であるということは、この「が」格名詞句が内項であるということを示している。

非対格性の規準を用いて述語の他動性を判断する場合には、内項が主語の

特性を示すか否かを判断する必要がある。非規範的な格標示をもつ述語では、その直前に現れる「が」格名詞句が主語の特性を持っていないことは容易に示すことができる。

(53) a. *自分$_i$の助手にジョン$_i$が必要だ。
　　 b. *ジョン$_i$が自分$_i$の助手に必要だ

(53)が例示しているように、「が」格名詞句は、その語順にかかわらず、「自分」の先行詞になることができない。このような文において、「自分」が先行詞とすることができるのは、「が」格名詞句ではなく、「に」格名詞句である。

(54) ジョン$_i$に自分$_i$のお金が必要だ。

この事実は、「に」格名詞句が表層のレベルで主語として働いているということを示している。したがって、非規範的述語の「必要だ」を含む文では、内項である「が」格名詞句以外の名詞句が主語となっているので、内項の「が」格名詞句は表層において目的語として現れているということになる。

このような分布は、二重主語構文においては観察されない。二重主語構文の動詞の意味上の主語は、外項であることも内項であることも可能である。そして、この意味上の主語は、たとえ内項であったとしても、その項は主語の特性も示すことになる。したがって、(55)の文では、「自分」は「いとこ」を先行詞として取ることができるのである。

(55) ジョン$_i$は、いとこ$_j$が、自分$_{i/j}$の家の前で倒れた。

Kuno (1973), 久野 (1983)などでも指摘されているように、「自分」は大主語も先行詞として取ることができるので、(55)のような場合、可能な先行詞が二つあることになるが、重要な点は、動詞の意味上の主語である「が」格名詞句が「自分」の先行詞となることができ、主語の特性を示すということである。このような分布は、動詞の主語が外項であっても変わらない。

(56) ジョン$_i$は、いとこ$_j$が自分$_{i/j}$の家で遊んでいる。

もちろん、「倒れる」や「遊ぶ」は、非対格性のテストにおいて異なる振る舞いをする。

(57) 暑さで、野球選手がグランドでいっぱい倒れた。

(57)の例では「倒れる」の主語の「野球選手」の数量が「いっぱい」によって指定

できる。したがって、この場合の主語は、内項である。これに対して、(58)の「遊ぶ」の主語は、「いっぱい」で数量を規定できず、外項であると判断される。

　(58)　子供が公園でいっぱい遊んだ。

また(59)のような道具格主語の「で」格での置き換えの可能性の違いもこのような提案の妥当性をさらに支持するものとなる。

　(59)　a.　今日は、子供たちで遊びます。
　　　　b.　*昨日は、いとこたちで倒れた。

(59)の事実は、「遊ぶ」の意味上の主語が外項であり、「倒れる」の意味上の主語が内項であれば、当然期待される結果である。

　要するに、二重主語構文に現れる自動詞の意味上の主語は、外項であろうと内項であろうと主語の特性を示すのである。これに対して、非規範的な二項述語において、述語の直前に現れる「が」格名詞句は内項であり、主語の特性は示さない。これは、述語がもともと二項を取る他動詞と同じ振る舞いを示しているということである。

　これまでの議論から、非規範的な格標示を要求する二項述語は、それぞれの項に対して(60)のような特性を示すことになる。まず、非規範的な二項述語では、内側に現れる主題項(DP_2)が内項の性質と目的語の性質を示すが、主語の性質は、経験者項(DP_1)のみに現れる。

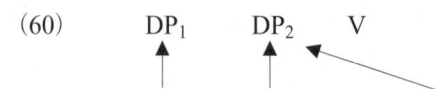

　(60)　　　　DP_1　　DP_2　　V
　　　　　　　　↑　　　　↑　　↖
　　　　　　主語の特性　目的語の特性　内項の特性

なお、項が「が」格でマークされるという性質が時には主語の特性を示すと考えられることもあるが、ここでは、その妥当性を問題にしているので、主語特性としてはカウントしない。項の特性の分布については二重主語構文の場合、動詞が非対格か非能格かによって異なるが、基本的に以下のようになる。まず、大主語に当たる(DP_1)と意味上の主語に当たる(DP_2)が、主語の性質を示す。意味上の主語は、動詞が非対格動詞であれば内項の性質、非能格動詞であれば外項の性質を示す。ここでは、便宜上、動詞の性質によって異なる特徴を(61)の図のように括弧と破線の矢印を用いて表すことにする。

(61)　　　DP₁　　DP₂　　V

　　　　主語の特性　　（内項の特性）

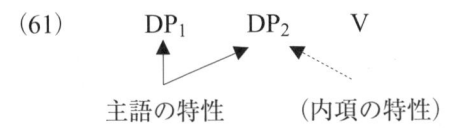

通常の自動詞の場合は、基本的に(61)の大主語に当たる項がないものと考えられるので、主語(DP₁)は主語の特性を示し、その動詞が非対格動詞であれば内項の性質、非能格動詞であれば外項の性質を示すので、(62)の図のようになる。

(62)　　　　　　　DP₁　　V

　　　　主語の特性　　　（内項の特性）

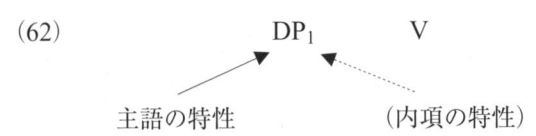

他動詞は、項を二つ持ち、通常の語順で左側に現れる項は主語、右側の項は目的語として働くので、(63)の図のようになる。

(63)　　　DP₁　　　DP₂　　　V

　　　　主語の特性　目的語の特性　内項の特性

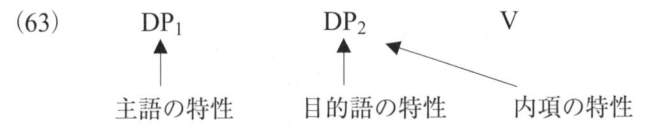

これらの図を比較すれば、非規範的な格標示を要求する二項述語は、自動詞構文をもとにして大主語を追加して作られた二重主語構文(61)ではなく、(63)のような他動詞文と同じ性質を示す構文であることがわかる。このような考察から、結論として、Shibatani (1999, 2001), 柴谷 (2001)の主張とは異なり、非規範的な二項述語は、主語と目的語を持つ他動詞と同じ特性を示す述語であって、二重主語構文ではないということが言えるであろう。

最後に、日本語において、非規範的な格標示を要求する二項述語を持つ構文は、統語構造としては、通常の他動詞と同じような構造をしているということに注意する必要がある。Anderson (1976)やDixon (1994)などの議論で、能格言語(ergative language)には表層的な格標示のみが能格的な特徴を示す形態的能格言語(morphologically ergative language)と統語的にも能格的な特徴を示す統語的能格言語(syntactically ergative language)が存在するとされている。これに類する区別が日本語においても可能である。日本語では、能格的な格標示を要求する非規範的な述語であっても、統語的な文法関

5. まとめ

係は、通常の他動詞とは変わらない。すなわち、日本語は、述語の表面的な格標示がどうであれ、対格的な統語(accusative syntax)を持つ言語となる。もしそうであるとすると、日本語は、格標示と統語は必ずしも一致しない言語ということになり、「が」格名詞句をすべて主語として扱うようなShibatani (1999, 2001), 柴谷 (2001), Shibatani and Pardeshi (2001)が主張する分析は可能でなく、格標示と文法関係を直接結びつけることはできないということになる。

5. まとめ

　本章では、「に-が」の格パターンをとる非規範的な二項述語は、主語と目的語を持つ他動詞的な構文を形成するということを見た。非規範的な二項述語は、「に」格名詞句に主語の特性が現れることは従来からよく指摘されてきたし、この章で用いた主語テストもそのことを示している。これに対して「が」格名詞句は主語の特性を示さない。柴谷 (2001)やShibatani (1999, 2001)は、この名詞句が通常の動詞の主語と同じ格(「が」格)を持つことを最大の根拠として、この名詞句が主語であると主張した。しかしながら、本章では、非規範的な二項述語の「が」格名詞句は、目的語としての性質を持つということを示す経験的な事実が存在することを指摘し、「が」格名詞句が目的語としての文法機能を持っていることを示した。さらに、本章では、非規範的な二項述語の現れる構文は、二重主語構文とは異なる性質を持つので、柴谷 (2001)、Shibatani (1999, 2001)が主張するように、二重主語構文として扱うことは可能でないということを論じた[7]。

注

1. 「が」格名詞句を主語として取り扱うと主語特性を持つ「に」格名詞句の取り扱いが問題となる。柴谷 (2001)では、この「に」格名詞句も「が」格名詞句から派生すると考えて、主語を「が」格名詞句に限る試みを行っている。
2. 使役文で被使役者を表す「を」格名詞句は、形式名詞の「こと」の導入を許し、目的語として働いている。

(i) ジョンはいつもメアリーのことを{働かせている/走らせている}。

3. ここでは、異なる形式がどのようにして派生されるか、例えば、統語的な編入かどうかについては議論しない。この議論に関しては、Kageyama (1999) を参照。

4. 同じような事実は、こことは少し異なる文脈であるがKageyama (1978) においても議論されている。

5. なお、非規範的な二項述語の中には、もともと述語が二項間の所有関係の意味を表している場合もある。このような場合には、関連性の条件によって成立する項の関係と述語の意味によって成立する項の関係を区別できない。しかし、そのような場合でも、述語に二項述語としての用法しかない時には、二つの項を「の」で結びつける (38)のような形はできないと考えられるので、二項述語と二重主語構文との区別はできる。

6. 二重主語構文と非規範的述語の他動詞構文との違いは、Kuno (1973)でも議論されている。そこでの議論は、二重主語構文では、大主語が省略されても完全な文と解釈されるが、非規範的な述語の他動詞構文では、項の省略は、(文脈で補わなければならない項がある)不完全な文であると解釈されるということである。このことは、ここでの議論とも関連がある。

7. 日本語においては、例外的格標示(exceptional case marking)を持つ構文があり、その点から考えても柴谷（2001）, Shibatani (1999, 2001)の主張は支持されないものとなる。

結び

　最後に、本書で検討した内容についてごく簡単にまとめた後、全体としてどのような知見が得られたかについて述べることにする。本書で検討したことは、日英語の統語構造と文法関係に関する現象を見た上で、両言語においてどのような共通性が見られるのかということである。英語には現れにくい非規範的な状態述語の他動性を考察した第5章はすこし例外的になるが、全体としては、日本語が英語とどのような点で基本的な類似性を示すかについて検討することが主題であり、それぞれの章において得られた結論は、以下のようになる。

　第1章において、副詞的な助詞を用いて日本語の統語構造を経験的に決定しようとする試みを行った。その結果は、日本語の統語構造は一見すると英語の統語構造とは異なるように見える部分があるものの、基本的には英語と同じような統語構造を持つということである。日本語の統語構造は、日本語の語順や膠着言語という性質から、その基本的な構造を検証するのには難しい面もあることは事実であるが、第1章で提案した副助詞の付加に関する分布を見る限りにおいて、少なくとも、日本語の膠着性は表面的な性質にすぎず、基本的な構造は英語と同じである。

　第2章では、動詞の非能格性と非対格性と問題を考え、表層的な主語と目的語のような文法関係の他に、基底構造での文法関係に当たる外項や内項の区別を設ける必要があることを論じた。ここでは、英語の結果構文を手始めに、非対格性の性質がどのようなものであるかを考察して、日本語と英語で、動詞の内項を選び出す非対格性のテストが存在することを確認した。さらに、日本語においては、動詞の外項を選び出す非能格性のテストも存在す

結び

ることを確認して、内項・外項の区別が存在すると仮定する経験的な理由が存在することを論じた。

第3章と第4章は、存在文と所有文に関する考察を行った。第3章では、英語のThere-構文と「ある」と「いる」が用いられる日本語の所有文に統語的に共通の性質が見られることを観察した。日本語の「ある」「いる」は、英語のbe動詞に相当する動詞で、be動詞と同様に、本来、項を一つ取る非対格動詞であると考えられるが、他動詞として用いられることがある。第3章で議論の対象となった構文は、英語においては、虚辞のthereが主語位置を占めるThere-構文であり、日本語では、「ある」「いる」を用いる所有文で、これらはともに動詞が他動詞として用いられる他動詞文である。第3章では、特に、There-構文の動詞の後に現れる名詞句と同様に、日本語の所有文では、「が」格名詞句が目的語として現れると論じた。このような非対格動詞が使われる他動詞文においては、表層で目的語として現れる名詞句に部分格が与えられ、定性の効果が観察できることを見た。

第4章では、日本語の所有文や英語のThere-構文のような他動詞化した構文に対して、拡張用法と考えられる現象がいくつか存在することを示した。このような現象には、日本語・英語で共通に見られる部分が多く、定性の制約のかかる名詞句位置に定名詞句が現れるリスト読みの現象や、There-構文や所有構文に状態動詞ではなく動的な意味を表す動詞が現れる現象などがそれに当たる。第4章では、このほかに、名詞句繰り上げが「ある」「いる」を使った構文において観察されることを見た。

第5章では、日本語の非規範的な格標示を与える二項述語について考察した。このような二項述語は、通常の他動詞とは異なる性質を示すように見えるために、自動詞述語として扱うかそれとも他動詞述語として扱うかについて、いろいろと議論があった。この章では、非規範的な格標示を持つ述語の項に、主語の特性を示す項(「に」格あるいは「が」格でマークされる外側の項)と、目的語の性質を示す項(「が」格でマークされる内側の項)があることを明らかにし、1970年代に議論されていたような、主語と目的語を持つ他動詞述語として扱いが最も適当であるという結論を導きだした。結論として、日本

結 び

語の非規範的な格標示を持つ構文でも、英語の統語構造と同じ、対格的な統語を持つことがわかった。

　本書の議論から得られる最も大きな結論として、日本語と英語は、一見、統語構造やその文法関係の決まり方などが大きく異なるように見えるが、その根底においては、共通の原理が働いているということであろう。これは、人間言語の普遍性という見地からはある程度予測されるものである。しかしながら、人間言語においては、かなりの程度の変異の可能性も観察されている。本書で検討した現象についても、その現れ方がまったく同じというわけではなく、原理的な部分で同じであるということは一見しただけでは分かりにくい。日本語と英語は、その一見異なる振る舞いから、もともとの原理が同じであっても統語構造自体にはかなりの違いを認めるという立場の研究も多い。しかしながら、本書では、これまであまり議論されていなかった経験的な事実やその他の事実から、統語構造や文法関係が、少なくとも基本的な骨組みにおいては日英語においてかなり共通している部分が大きいということが確認できたのではないかと思う。

参考文献

(各文献の末尾の[ ]の数字は本文での言及ページを指し、人名索引を兼ねる)

Abbott, Barbara (1993). "A pragmatic account of the definiteness effect in existential sentences." *Journal of Pragmatics* 19, 39-55. [225, 239]

Abney, Steven (1987). *The English Noun Phrase and Its Sentential Aspect*. Doctoral dissertation, MIT. [9, 12, 15, 25, 28, 84]

Aikawa, Takako (1999). "Reflexives." In Natsuko Tsujimura (ed.) *The Handbook of Japanese Linguistics*, 154-190. Oxford: Blackwell. [151]

Allan, Keith (1971). "A note on the source of *there* in existential sentences." *Foundations of Language* 7, 1-18. [226, 229]

Allen, Synthia (1995). *Case Marking and Reanalysis: Grammatical Relations from Old to Early Modern English*. Oxford: Oxford University Press. [273]

Anderson, Stephan (1976). "On the notion of subject in ergative languages." In Charles Li (ed.) *Subject and Topic*, 1-23. New York: Academic Press. [291]

Aoyagi, Hiroshi (1998). *On the Nature of Particles in Japanese and Its Theoretical Implications*. Doctoral dissertation, University of Southern California, Los Angeles. [84]

Aoyagi, Hiroshi (1999). "On association of quantifier-like particles with focus in Japanese." In Masatake Muraki and Enoch Iwamoto (eds.) *Linguistics: In Search of the Human Mind — A Festschrift for Kazuko Inoue*, 24-56. Tokyo:Kenkyusha. [84, 86]

Authier, J.-Marc (1992). "Iterated CPs and embedded topicalization." *Linguistic Inquiry* 23, 329-336. [63]

Bach, Emon. (1967). "'Have' and 'be' in English syntax." *Language* 43, 462-485. [156]

Baker, C. L. (1978). *An Introduction to Generative-Transformational Syntax*. Englewood Cliffs, N.J.: Prentice-Hall. [15, 18]

参考文献

Baker Mark (1988). *Incorporation: A Theory of Grammatical Function Changing*. Chicago: University of Chicago Press. [46, 126]

Baron, Naomi (1971). "On defining "cognate object"." *Glossa* 5, 71-98. [140]

Barwise, Jon and Robin Cooper (1981). "Generalized quantifiers and natural language." *Linguistic and Philosophy* 4, 159-214. [179, 212]

Belletti, Adriana (1988). "The case of unaccusatives." *Linguistic Inquiry* 19, 1-34. [161, 180-183, 239-241]

Bickerton, Derek (1990). *Language and Species*. Chicago: University of Chicago Press. [156, 162]

Birner, Betty, and Gregory Ward (1998). *Information Status and Noncanonical Word Order in English*. Amsterdam: John Benjamins. [175-176, 240, 252]

Bloch, Bernard (1946). "Studies in colloquial Japanese." *Language* 22, 200-248. [269, 271]

Bobaljik, Jonathan (1994). "What does adjacency do?" In Heidi Harley and Colin Philips (eds.) *The Morphology-Syntax Connection, MIT Working Papers in Linguistics* 22, 1-32. [32]

Bolinger, Dwight (1977). *Meaning and Form*. London: Longman. [157, 229]

Bresnan, Joan (1982). "Passive in lexical theory." In Joan Bresnan (ed.) *The Mental Representation of Grammatical Relations*, 3-86. Cambridge, Mass.: MIT Press. [128]

Breivik, Leiv (1981). "On the interpretation of existential *there*." *Language* 57, 1-25. [158]

Browning, M. A. (1996). "CP recursion and *that-t* effects." *Linguistic Inquiry* 26, 237-255. [63]

Burzio, Luigi (1986). *Italian Syntax: A Government-Binding Approach*. Dordrecht: Reidel. [99, 101, 151]

Carlson, Greg (1977). "Amount relatives." *Language* 53, 520-542. [186]

Carnie, Andrew (2002). *Syntax: A Generative Introduction*. Oxford: Blackwell. [9, 12, 25, 50]

Carrier, Jill and Janet Randall (1992). "The argument structure and syntactic structure of resultatives." *Linguistic Inquiry* 23, 173-234. [102-103, 105]

Celce-Murcia, Marianne and Diane Larsen-Freeman (1983). *The Grammar Book: An ESL/EFL Teacher's Course*. Rowley, Mass.: Newbury House. [158]

Chappell, Hilary, and William McGregor (1996). "Prolegomena to a theory of inalienability." In Hilary Chappell and William McGregor (eds.) *The Grammar of Inalienability: A Typological Perspective on Body Part Terms and the Part-*

参考文献

Whole Relation, 3-30. Berlin: Mouton de Gruyter. [165]

Chomsky, Noam (1981). *Lectures on Government and Binding*. Dordrecht: Foris. [19, 100]

Chomsky, Noam (1982). *Some Concepts and Consequences of the Theory of Government and Binding*. Cambridge, Mass.: MIT Press. [188]

Chomsky, Noam (1986a). *Knowledge of Language*. New York: Praeger. [36]

Chomsky, Noam. (1986b). *Barriers*. Cambridge, Mass.: MIT Press. [16, 85-86]

Chomsky, Noam (1991). "Some notes on economy of derivation and representation." In Robert Freiden (ed.) *Principles and Parameters in Comparative Grammar*, 417-454. Cambridge, Mass.: MIT Press. [43, 68, 72]

Chomsky, Noam (1993). "A minimalist program for linguistic theory." In Kenneth Hale and Samuel Jay Keyser (eds.) *The View from Building 20: Essays in Linguistics in Honor of Sylvain Bromberger*, 1-52. Cambridge, Mass.: MIT Press. [72, 159]

Chomsky, Noam (1995). "Categories and transformations." In *The Minimalist Program*, 219-394. Cambridge, Mass.: MIT Press. [2, 72, 159]

Chomsky, Noam (2000). "Minimalist inquiries: The framework." In Roger Martin, David Michaels, and Juan Uriagereka (eds.) *Step by Step: Essays on Minimalist Syntax in Honor of Howard Lasnik*, 89-155. Cambridge, Mass.: MIT Press. [2]

Chomsky, Noam (2001). "Derivation by phase." In Michael Kenstowicz (ed.) *Ken Hale: A Life in Language*, 1-52. Cambridge, Mass.: MIT Press. [2]

Cinque, Guglielmo (1984). "Ergative adjectives and the lexicalist hypothesis." *Natural Language and Linguistic Theory* 8, 1-39. [130]

Clark, Eve (1978). "Locationals: Existential, locative, and possessive constructions." In Joseph Greenberg (ed.) *Universals of Human Language: Volume 4: Syntax*, 85-126. Stanford, Calif.: Stanford University Press. [156]

Collins, Chris (1997). *Local Economy*. Cambridge, Mass.: MIT Press. [215]

Comrie, Bernard (1981). *Language Universals and Linguistic Typology*. Oxford: Blackwell. [89]

Corbett, Greville (1991). *Gender*. Cambridge: Cambridge University Press. [197]

Culicover, Peter (1992). "Topicalization, inversion, and complementizers." Ms. Ohio State University. [63]

Davidse, Kristin (1999). "The semantics of cardinal versus enumerative existential constructions." *Cognitive Linguistics* 10, 203-350. [230]

de Hoop, Helen (1996). *Case Configuration and Noun Phrase Interpretation*. New York:

Garland. [27, 180]

de Jong, Franciska (1987). "The compositional nature of (in)definiteness." In Eric Reuland and Alice ter Meulen (eds.) *The Representation of (In)definiteness*, 270-285, Cambridge, Mass.: MIT Press. [180]

Dixon, R. M. W. (1994). *Ergativity*. Cambridge: Cambridge University Press. [291]

Downing, Pamela (1986). "The anaphoric use of classifiers in Japanese." In Colette Craig (ed.) *Noun Classes and Categorization*, 345-375. Amsterdam: John Benjamins. [191]

Downing, Pamela (1996). *Numeral Classifier System: The Case of Japanese*. Amsterdam: John Benjamins. [191]

Dowty, David (1979). *Word Meaning and Montague Grammar*. Dordrecht: Reidel. [111]

Dowty, David (1991). "Thematic proto-roles and argument selection." *Language* 67, 547-619. [125]

Emonds, Joseph (1976). *A Transformational Approach to English Syntax: Root, Structure-Preserving, and Local Transformations*. New York: Academic Press. [33]

Emonds, Joseph (1978). "The verbal complex V'-V in French." *Linguistic Inquiry* 9, 151-75. [68]

Enç, Mürvet (1991). "The semantics of specificity." *Linguistic Inquiry* 22, 1-25. [27]

Erteschik-Shir, Nomi (1997). *The Dynamics of Focus Structure*. Cambridge: Cambridge University Press. [267]

Farmer, Ann (1984). *Modularity in Syntax: A Study of Japanese and English*. Cambridge, Mass.: MIT Press. [19, 280]

Fiengo, Robert (1977). "On trace theory." *Linguistic Inquiry* 8, 35-61. [258]

Foley, William, and Robert Van Valin (1984) *Functional Syntax and Universal Grammar*. Cambridge: Cambridge University Press. [147]

Freeze, Ray (1992). "Existentials and other locatives." *Language* 68, 553-595. [157, 166, 233]

Fukui, Naoki (1986). *A Theory of Category Projection and Its Applications*. Doctoral dissertation, MIT. [3, 9, 18-20, 34, 84]

Fukui, Naoki (1995). *Theory of Projection in Syntax*. Stanford and Tokyo: CSLI and Kurosio. [18-20, 84]

Fukui, Naoki and Margaret Speas (1986). "Specifiers and projections." *MIT Working Papers in Linguistics* 8, 128-172. [18-20]

Fukui, Naoki, and Yuji Takano (1998) "Symmetry in Syntax: Merge and Demerge." *Journal of East Asian Linguistics* 7, 27-86. [72]

参考文献

Fukushima, Kazuhiko (2003). "Pushing verbs back into VP: A counter-proposal for the recent overt verb-raising analysis in Japanese." In Patricia M. Clancy (ed.) *Japanese/Korean Linguistics* 11, 515-528. Stanford: CSLI Publications. [72]

Goldberg, Adele E. (1995). *Constructions: A Construction Grammar Approach to Argument Structure*. Chicago: University of Chicago Press. [106-107, 141]

Grimshaw, Jane (1987). "Unaccusatives: An overview." *NELS* 17, 244-259. [101, 138]

Grimshaw, Jane (1991). "Extended projections." Ms. Brandeis University. [62]

Grimshaw, Jane (2000). "Locality and extended projection." In Peter Coopmans, Martin Everaert, and Jane Grimshaw (eds.) *Lexical Specification and Insertion*, 115-133. Amsterdam: John Benjamins. [62]

Haig, John (1981). "Are traversal objects objects?" *Papers in Linguistics* 14, 69-101. [135]

Haig, John (1982). "Some observations on quantifier float in Japanese." *Linguistics* 18, 1065-1083. [152]

Hale, Kenneth (1982). "Preliminary remarks on configurationality." *NELS* 12, 86-96. [19]

Hale, Kenneth (1983) "Warlpiri and the grammar of non-configurational languages." *Natural Language and Linguistic Theory* 1, 5-47. [19]

Hale, Kenneth and Samuel Jay Keyser (1993). "On argument structure and the lexical expression of syntactic relations." In Kenneth Hale and Samuel Jay Keyser (eds.) *The View from Building 20: Essays in Linguistics in Honor of Sylvain Bromberger*, 51-109. Cambridge, Mass.: MIT Press. [109, 138, 140]

Hale, Kenneth and Samuel Jay Keyser (2002). *Prolegomenon to a Theory of Argument Structure*. Cambridge, Mass.: MIT Press. [109, 140]

Halle, Morris, and Alec Marantz (1993). "Distributed morphology and the pieces of inflection." In Kenneth Hale and Samuel Jay Keyser (eds.) *The View from Building 20*, 111-176. Cambridge, Mass.: MIT Press. [32]

Hannay, Michael (1985). *English Existentials and Functional Grammar*. Dordrecht: Foris. [157, 217]

Harada, Shin-Ichi (1973). "Counter-equi NP deletion." *Annual Bulletin, Research Institute of Logopedics and Phoniatrics* 7, 113-147. University of Tokyo. [279]

Harada, Shin-Ichi (1976). "Honorifics." In Masayoshi Shibatani (ed.) *Syntax and Semantics 5: Japanese Generative Grammar*, 499-561. New York: Academic Press. [94, 202, 276]

Harley, Heidi (1995). *Subjects, Events and Licensing*. Doctoral dissertation, MIT. [45]

Hasegawa, Nobuko (1988). "Passive, verb raising, and the affectedness condition." *WCCFL* 7, 99-113. [46]

橋本進吉 (1969).『助詞・助動詞の研究』岩波書店. [269, 271]
Heim, Irene (1987). "Where does the definiteness restriction apply? Evidence from the definiteness of variables." In Eric Reuland and Alice ter Meulen (eds.) *The Representation of (In)definiteness*, 21-42, Cambridge, Mass.: MIT Press. [185-186, 214]
Heine, Bernd (1997a). *Cognitive Foundations of Grammar*. New York: Oxford University Press. [57, 165]
Heine, Bernd (1997b). *Possession: Cognitive Sources, Forces, and Grammaticalization*. Cambridge: Cambridge University Press. [165]
Heine, Bernd and Tania Kuteva (2002). *Word Lexicon of Grammaticalization*. Oxford: Oxford University Press. [57]
Heine, Bernd, Ulrike Claudi, and Friederike Hünnemeyer (1991). *Grammaticalization: A Conceptual Framework*. Chicago: University of Chicago Press. [57, 64]
Higginbotham, James (1985). "On semantics." *Linguistic Inquiry* 16, 547-594. [209]
Higginbotham, James (1987). "Indefiniteness and predication." In Eric Reuland and Alice ter Meulen (eds.) *The Representation of (In)definiteness*, 43-70, Cambridge, Mass.: MIT Press. [181, 239]
姫野昌子 (1999).『複合動詞の構造と意味用法』ひつじ書房. [153]
Hoekstra, Teun (1988). "Small clause results." *Lingua* 74, 102-39. [105]
Hoji, Hajime (1985). *Logical Form Constraints and Configurational Structures in Japanese*. Doctoral dissertation, University of Washington. [19]
Hoji, Hajime (1998). "Null objects and sloppy identity in Japanese." *Linguistic Inquiry* 29, 127-152. [72]
Holisky, Dee A. (1987). "The case of the intransitive subject in Tsova-Tush (Batsbi)." *Lingua* 71, 103-32. [119-120, 149]
Holmback, Heather (1984). "An interpretive solution to the definiteness effect problem." *Linguistic Analysis* 13, 195-215. [225]
Hopper, Paul J. and Elizabeth C. Traugott (1993). *Grammaticalization*. Cambridge: Cambridge University Press. [31, 57, 64]
Hornstein, Norbert, Sara Thomas Rosen, and Juan Uriagereka (1996). "Integral predication." *WCCFL* 14, 169-183. [156]
Hornstein, Norbert and Amy Weinberg (1981). "Case theory and preposition stranding." *Linguistic Inquiry* 12, 55-91. [14]
Howard, Irwin, and Agnes Niyekawa-Howard (1976). "Passivization." In Masayoshi Shibatani (ed.) *Syntax and Semantics 5: Japanese Generative Grammar*,

201-237. New York: Academic Press. [39]
Huddleston, Rodney, and Geoffrey K. Pullum (2002). *The Cambridge Grammar of the English Language*. Cambridge: Cambridge University Press. [157, 176, 242, 252]
井上和子 (1976).『変形文法と日本語』大修館書店. [10, 45, 83, 279]
Jackendoff, Ray (1972). *Semantic Interpretation in Generative Grammar*. Cambridge, Mass.: MIT Press. [120, 149]
Jackendoff, Ray (1977). *X-bar Syntax: A Theory of Phrase Structure*. Cambridge, Mass.: MIT Press. [62]
Jackendoff, Ray (1983). *Semantics and Cognition*. Cambridge, Mass.: MIT Press. [166]
Jackendoff, Ray (1990). *Semantic Structures*. Cambridge, Mass.: MIT Press. [110, 141, 166]
Jackendoff, Ray (1992). "Babe Ruth homered his way into the hearts of America." In Tim Stowell and Eric Wehrli (eds.) *Syntax and Semantics 26: Syntax and the Lexicon*, 155-178. San Diego: Academic Press. [141-142]
Jenkins, Lyle (1975). *The English Existential*. Tübubgen: Niemeyer. [156-157, 185]
Jespersen, Otto (1909-49). *A Modern English Grammar on Historical Principles*. Copenhagen: Munksgaard. [158]
Jones, Michael (1988). "Cognate objects and the Case-filter." *Journal of Linguistics* 24, 89-110. [138-139]
Kageyama, Taro (1978). "On identifying grammatical relations."『言語研究』73, 43-61. [293]
Kageyama, Taro (1980). "The role of thematic relations in the spray paint hypallage." *Papers in Japanese Linguistics* 7, 35-64. [128]
Kageyama, Taro (1982). "Word formation in Japanese." *Lingua* 57, 215-258. [11]
Kageyama, Taro (1989). "The place of morphology in the grammar." In Geert Booij and Jaap van Marle (eds.) *Yearbook of Morphology* 2, 73-94. Dordrecht: Foris. [48]
影山太郎 (1993).『文法と語形成』ひつじ書房. [47-48, 86, 112, 124, 142-144, 153]
影山太郎 (1996).『動詞意味論』くろしお出版. [101, 103, 106, 110, 112, 142]
Kageyama, Taro (1999). "Word formation." In Natsuko Tsujimura (ed.) *The Handbook of Japanese Linguistics*, 297-325. Oxford: Blackwell. [279, 293]
影山太郎 (2001).『形態論』くろしお出版. [22]
影山太郎 (2002a).「非対格構造の他動詞-意味と統語のインターフェイス-」伊藤たかね(編)『文法理論：レキシコンと統語』シリーズ言語情報科学1, 119-145. 東大出版会. [137]

影山太郎 (2002b).「動作主名詞における語彙と統語の境界」『国語学』53-1, 44-55. [263]
影山太郎 (2003).「軽動詞構文における定性効果と意味編入」*Conference Handbook* 21, 49-52. English Linguistic Society of Japan. [178, 264]
影山太郎・由本陽子 (1997).『語形成と概念構造』研究社出版. [141-142]
神尾昭雄 (1983).「名詞句の構造」井上和子(編)『日本語の基本構造』77-126. 三省堂. [16]
Kato, Yasuhiko (1985). *Negative Sentences in Japanese*. *Sophia Linguistica* XIX. [80]
Katz, Jerold J. and Paul M. Postal (1964). *An Integrated Theory of Linguistic Descriptions*. Cambridge, Mass.: MIT Press. [60]
Kayne, Richard (1984). *Connectedness and Binary Branching*. Dordrecht: Foris. [36]
Kayne, Richard (1991). "Romance clitics, verb movement, and PRO." *Linguistic Inquiry* 22, 647-686. [60, 62]
Keenan, Edward (1976). "Toward a universal definition of "subject"." In Charles Li (ed.) *Subject and Topic*, 303-333. New York: Academic Press. [89, 91]
Keenan, Edward (1985). "Relative clauses." In Timothy Shopen (ed.) *Language Typology and Syntactic Description*, 141-170. Cambridge: Cambridge University Press. [189]
Kimball, John (1973). "The grammar of existence." *CLS* 9, 262-70. [158]
金田一春彦(1976).「日本語動詞のテンスとアスペクト」金田一春彦(編)『日本語動詞のアスペクト』27-61.むぎ書房. [113]
Kiparsky, Paul (1985). *Morphology and grammatical relations*. ms. Stanford University. [120, 151]
Kishimoto, Hideki (1996a). "Split intransitivity in Japanese and the unaccusative hypothesis." *Language* 72, 248-286. [113, 119-120, 134, 136, 153-154]
Kishimoto, Hideki (1996b). "Agr and agreement in Japanese." In Masatoshi Koizumi, Masayuki Oishi, and Uli Sauerland (eds.) *Formal Approaches to Japanese Linguistics* 2, *MIT Working Papers in Linguistics* 29, 41-60. [177]
Kishimoto, Hideki (1998). "Lexical semantics of unaccusativity and argument realization." *English Linguistics* 15, 316-338. [105]
Kishimoto, Hideki (2000). "Locational verbs, agreement, and object shift in Japanese." *The Linguistic Review* 17, 53-109. [79, 94, 168, 174-175, 182, 195, 210, 214-215, 274]
岸本秀樹 (2000).「非対格性再考」丸田忠雄・須賀一好(編)『日英語の自他の交替』71-110. ひつじ書房. [120, 152]
Kishimoto, Hideki (2001a). "Binding of indeterminate pronouns and clause structure in Japanese." *Linguistic Inquiry* 32, 597-633. [24, 34, 72]

参考文献

Kishimoto, Hideki (2001b). "The role of lexical meanings in argument encoding: Double object verbs in Japanese."『言語研究』120, 35-65. [127]

岸本秀樹 (2001a).「壁塗り構文」影山太郎(編)『＜日英対照＞動詞の意味と構文』100-126. 大修館書店. [128]

岸本秀樹 (2001b).「二重目的語構文」影山太郎(編)『＜日英対照＞動詞の意味と構文』127-153. 大修館書店. [127]

Kishimoto, Hideki (2002). "Locative alternation in Japanese: A case study in the interaction between syntax and lexical semantics." *Journal of Japanese Linguistics* 17, 59-81. [128]

岸本秀樹 (2002).「存在・所有文の文法関係について」伊藤たかね(編)『文法理論：レキシコンと統語』シリーズ言語情報科学1, 147-171. 東大出版会. [174-175, 214-215]

Kitagawa, Yoshihisa (1986). *Subjects in Japanese and English*. Doctoral dissertation, University of Massachusetts, Amherst. [3]

Koizumi, Masatoshi (1995). *Phrase Structure in Minimalist Syntax*. Doctoral dissertation, MIT. [55, 72]

Koizumi, Masatoshi (2000). "String vacuous overt verb raising." *Journal of East Asian Linguistics* 9, 227-285. [72]

Koopman, Hilda (1984). *The Syntax of Verbs*. Dordrecht: Foris. [68]

Krazter, Angelika (1995). "Stage-level and individual-level predicates." In Gregory N. Carlson and Francis Jeffry Pelletier (eds.) *The Generic Book*, 125-175. Chicago: University of Chicago Press. [209]

Kuno, Susumu (1973). *The Structure of the Japanese Language*. Cambridge, Mass.: MIT Press. [5, 27, 39, 92, 130, 163-164, 166, 169, 175, 202, 212, 233, 247, 269, 271, 273, 280, 289, 293]

Kuno, Susumu (1976). "Subject, theme, and the speaker's empathy—A reexamination of relativization phenomena." In Charles Li (ed.) *Subject and Topic*, 417-444. New York: Academic Press. [189]

Kuno, Susumu (1978). "Theoretical perspectives on Japanese linguistics." In John Hinds and Irwin Howard (eds.) *Problems in Japanese Syntax and Semantics*, 213-285. Tokyo: Kaitakusha. [5, 10, 83]

久野暲 (1983).『新日本文法研究』大修館書店. [65, 289]

Kuroda, Shige-Yuki (1969). "Remarks on the notion of subject with reference to words like also, even or only", Part I. *Annual Bulletin, Research Institute of Logopedics and Phoniatrics*, 3, 98-120. University of Tokyo. [36]

Kuroda, Shige-Yuki (1970). "Remarks on the notion of subject with reference to words like also, even or only", Part II. *Annual Bulletin, Research Institute of Logopedics and Phoniatrics* 4, 127-192. University of Tokyo. [36, 86]

Kuroda, Shige-Yuki (1978). "Case marking, canonical sentence patterns, and counter equi in Japanese (A preliminary survey)." In John Hinds and Irwin Howard (eds.) *Problems in Japanese Syntax and Semantics*, 30-51. Tokyo: Kaitakusha. [3]

Kuroda, Shige-Yuki (1983). "What can Japanese say about government and binding?" *WCCFL* 2, 153-164. [40, 94]

Kuroda, Shige-Yuki (1988). "Whether we agree or not: A comparative syntax of English and Japanese." In William Poser (ed.) *Papers from the Second International Workshop on Japanese Linguistics*, 103-43. Stanford: CSLI. [3, 19-20, 34, 84]

Lakoff, George (1987). *Woman, Fire and Dangerous Things*. Chicago: University of Chicago Press. [157]

Lambrecht, Knud (1994). *Information Structure and Sentence Form: Topic, Focus, and the Mental Representations of Discourse Referents*. Cambridge: Cambridge University Press. [267]

Larson, Richard (1985). "The syntax of disjunctive scope." *Natural Language and Linguistic Theory* 3, 217-264. [60-61]

Lasnik, Howard (1992). "Case and expletives: Notes towards a parametric account." *Linguistic Inquiry* 23, 381-406. [159]

Lasnik, Howard (1995). "Case and expletive revisited: On greed and other human failings." *Linguistic Inquiry* 26, 615-634. [159]

Levin, Beth (1983). *On the Nature of Ergativity*. Doctoral dissertation, MIT. [154]

Levin, Beth (1993). *English Verb Classes and Alternations*. Chicago: University of Chicago Press. [141, 242]

Levin, Beth, and Malka Rappaport (1986). "The formation of adjectival passives." *Linguistic Inquiry* 17, 623-661. [128-129]

Levin, Beth, and Malka Rappaport (1989). "An approach to unaccusative mismatches." *NELS* 19, 314-329. [118, 152]

Levin, Beth, and Malka Rappaport Hovav (1995). *Unaccusativity: At the Syntax-Lexical Semantics Interface*. Cambridge, Mass.: MIT Press. [102-108, 110, 118, 132, 138, 140, 142, 154, 242-243]

Li, Yafei. (1990). "X^0-binding and verb incorporation." *Linguistic Inquiry* 21, 399-426. [46]

参考文献

Lightfoot, David (1979). *Principles of Diachronic Syntax*. Cambridge: Cambridge University Press. [273]

Lightfoot, David and Nobert Hornstein (1994). "Verb movement: An introduction." In David Lightfoot and Nobert Hornstein (eds.) *Verb Movement*, 1-17. Cambridge: Cambridge University Press. [68]

Longobardi, Giuseppe (1994). "Reference and proper nouns." *Linguistic Inquiry* 25, 609-665. [27]

Lumsden, Michael (1988). *Existential Sentences: Their Structure and Meaning*. London: Routledge. [157-158, 239]

Lyons, John (1975). "Deixis as a source of reference." In Edward Keenan (ed.) *Formal Semantics of Natural Language*, 61-83. Cambridge: Cambridge University Press. [157, 242]

Marantz, Alec (1984). *On the Nature of Grammatical Relations*. Cambridge, Mass.: MIT Press. [100]

Marantz, Alec (1992). "The *way*-construction and the semantics of direct arguments in English: A reply to Jackendoff." In Tim Stowell and Eric Wehrli (eds.) *Syntax and Semantics 26: Syntax and the Lexicon*, 179-188. San Diego: Academic Press. [141]

Martin, Samuel (1962). *Essential Japanese: An Introduction to the Standard Colloquial Japanese*. Tokyo: Charles E. Tuttle. [269, 271]

Martin, Samuel (1975). *A Reference Grammar of Japanese*. New Haven: Yale University Press. [134]

Massam, Diane (1990). "Cognate objects as thematic objects." *Canadian Journal of Linguistics* 35, 161-190. [138-140]

Matsumoto, Yo (1996). *Complex Predicates in Japanese: A Syntactic and Semantic Study of the Notion 'Word'*. Stanford and Tokyo: CSLI and Kurosio. [48]

Matsumoto, Yo (1998). "Semantic change in the grammaticalization of verbs into postpositions in Japanese." In Toshio Ohori (ed.) *Studies in Japanese Grammticalization: Coginitive and Discourse Perspectives*, 25-60. Tokyo: Kurosio. [66]

松本曜 (1998).「日本語の語彙的複合動詞における動詞の組み合わせ」『言語研究』114, 37-83. [143]

May, Robert (1977). *The Grammar of Quantification*. Doctoral dissertation, MIT. [258]

McGloin, Naomi (1985). "*No*-pronominalization in Japanese." *Journal of Japanese Linguistics* 10, 1-15. [16]

McNally, Louise (1997). *A Semantics for the English Existential Construction.* New York: Garland. [178, 230, 237-238]

三上章 (1970).『文法小論集』くろしお出版. [204]

三上章 (1972).『現代語法序説』くろしお出版. [144, 203]

Milsark, Gary (1974). *Existential Sentences in English.* Doctoral dissertation, MIT. [157-158, 160, 239]

Milsark, Gary (1977). "Toward an explanation of certain peculiarities of the existential construction in English." *Linguistic Analysis* 3, 1-29. [157, 160, 239, 267]

Miyagawa, Shigeru (1987). "Lexical categories in Japanese." *Lingua* 73, 29-51. [11]

Miyagawa, Shigeru (1989a). "Light verbs and the ergative hypothesis." *Linguistic Inquiry* 20, 659-668. [113]

Miyagawa, Shigeru (1989b). *Syntax and Semantics 22: Structure and Case Marking in Japanese.* San Diego, Calif.: Academic Press. [34-35, 40, 85, 152]

Miyagawa, Shigeru (1999). "Causatives." In Natsuko Tsujimura (ed.), The Handbook of *Japanese Linguistics*, 236-268. Oxford: Blackwell. [86]

三宅知宏 (1996).「日本語の移動動詞の対格標示について」『言語研究』110, 143-168. [135]

Morikawa, Masahiro (1993). *A Parametric Approach to Case Alternation Phenomena in Japanese.* Tokyo: Hituzi Syobo. [45]

Moro, Andrea (1997). *The Raising of Predicates: Predicative Noun Phrases and the Theory of Clause Structure.* Cambridge: Cambridge University Press. [180-181, 183, 185, 239-241]

Murasugi, Keiko (1991). *Noun Phrases in Japanese and English: A Study in Syntax, Learnability, and Acquisition.* Doctoral dissertation, University of Connecticut, Storrs. [189]

Muromatsu, Keiko (1996). "Two types of existentials: Evidence from Japanese." *Lingua* 101, 245-269. [177]

Nakau, Minoru (1973). *Sentential Complementation in Japanese.* Tokyo: Kaitakusha. [61, 273]

Napoli, Johanna (1986). "Head-marking and dependent-marking grammar." *Language* 62, 56-119. [26]

Newmeyer, Frederick (1999). *Language Form and Language Function.* Cambridge, Mass.: MIT Press. [2]

Nishigauchi, Taisuke (1993). "Long distance passive." In Nobuko Hasegawa (ed.) *Japanese Syntax in Comparative Grammar*, 79-114. Tokyo: Kurosio. [50, 53]

沼田善子 (1986).「とりたて詞」奥津敬一郎・沼田善子・杉本武(著)『いわゆる日本語助詞

参考文献

の研究』105-225. 凡人社. [22]

Ogawa, Yoshiki (2001). *A Unified Theory of Verbal and Nominal Projections*. Oxford: Oxford University Press. [31]

奥津敬一郎 (1974).『生成日本文法論』大修館書店. [16]

Otani, Kazuyo and John Whitman (1991). "V-raising and VP-ellipsis." *Linguistic Inquiry* 22, 345-358. [72]

Ouhalla, Jamal (1991). *Functional Categories and Parametric Variation*. London: Routledge. [78]

Payne, Doris (1986). "Noun classification in Yagua." In Colette Craig (ed.) *Noun Classification*, 113-131. Amsterdam: John Benjamins. [197]

Perlmutter, David (1978). "Impersonal passives and the unaccusative hypothesis." *BLS* 4, 157-189. [99, 101, 151]

Perlmutter, David, and Paul Postal (1984). The 1-advancement exclusiveness law. In David Perlmutter and Carol Rosen (eds.) *Studies in Relational Grammar* 2, 81-125. Chicago: University of Chicago Press. [101, 148, 152]

Pesetsky, David (1995). *Zero Syntax: Experiencers and Cascades*. Cambridge, Mass.: MIT Press. [100]

Pinker, Steven (1989). *Learnability and Cognition: The Acquisition of Argument Structure*. Cambridge, Mass.: MIT Press. [128]

Plag, Ingo (2003). *Word-Formation in English*. Cambridge: Cambridge University Press. [47, 84]

Pollock, Jean-Yves (1989). "Verb movement, Universal Grammar, and the structure of IP." *Linguistic Inquiry* 20, 365-424. [43, 68, 71-72]

Prince, Ellen (1992). 'The ZPG letter: Subjects, definiteness, and information-status.' In Sandra Thompson and William Mann (eds.), *Discourse Descriptions: Diverse Analyses of a Fund Raising Text*, 295-325. Amsterdam: John Benjamins. [175-176]

Pustejovsky, James (1995). *The Generative Lexicon*. Cambridge, Mass.: MIT Press. [51-52, 119-120]

Quirk, Randolph, Sidney Greenbaum, Geoffrey Leech, and Jan Svartvik (1972). *A Grammar of Contemporary English*. London: Longman. [226]

Quirk, Randolph, Sidney Greenbaum, Geoffrey Leech, and Jan Svartvik (1985). *A Comprehensive Grammar of the English Language*. London: Longman. [243]

Radford, Andrew (1988). *Transformational Grammar: A First Course*. Cambridge: Cambridge University Press. [15, 18, 25]

Radford, Andrew (1997). *Syntactic Theory and the Structure of English: A Minimalist Approach*. Cambridge: Cambridge University Press. [9, 12, 15, 49, 71]

Rando, Emily and Donna Jo Napoli (1978). "Definites in *there*-sentences." *Language* 54, 300-313. [217, 224-225, 237-238]

Rapoport, Tova (1993). "Stage and adjunct predicates: Licensing and Structure in secondary predication constructions." In Eric Reuland and Werner Abraham (eds.) *Knowledge and Language Volume II: Lexical and Conceptual Structure*, 157-182. Dordrecht: Kluwer. [106]

Rappaport Hovav, Malka, and Beth Levin (1996). "Two types of derived accomplishements." *The Proceedings of the First LFG Workshop*, 1-14. Grenoble, France. [105]

Rappaport Hovav, Malka, and Beth Levin (2001). "An event structure account of English resultatives." *Language* 77, 766-797. [106-107]

Roberts, Ian (1993). *Verbs and Diachronic Syntax*. Dordrecht: Kluwer. [70-71]

Roberts, Ian (1998). "*Have/Be* raising, Move F, and Procrastinate." *Linguistic Inquiry* 29, 113-125. [72]

Roberts, Ian and Anna Roussou (2003). *Syntactic Change: A Minimalist Approach to Grammaticalization*. Cambridge: Cambridge University Press. [72]

Rosen, Carol (1984). "The interface between semantic roles and initial grammatical relations." In David Perlmutter and Carol Rosen (eds.) *Studies in Relational Grammar* 2, 38-77. Chicago: University of Chicago Press. [109]

Safir, Kenneth (1985). *Syntactic Chains*. Cambridge University Press. [180, 186, 239]

Safir, Kenneth (1987). "What explains the definiteness effect." In Eric Reuland and Alice ter Meulen (eds.) *The Representation of (In)definiteness*, 71-97. Cambridge, Mass.: MIT Press. [180, 239]

Saito, Mamoru (1985). *Some Asymmetries in Japanese and Their Theoretical Implications*. Doctoral dissertation, MIT. [19, 258]

Saito, Mamoru (1986). "Three notes on syntactic movement in Japanese." In Takashi Imai and Mamoru Saito (eds.) *Issues in Japanese Linguistics*, 301-350. Dordrecht: Foris. [87]

Saito, Mamoru (1989). "Scrambling as semantically vacuous A'-movement." In Mark Baltin and Anthony Kroch (eds.) *Alternative Conceptions of Phrase Structure*, 182-200. Chicago: University of Chicago Press. [258-259]

Saito, Mamoru (2001). "Toward a reunification of Japanese scramblings." In María Cristina Cuervo, Daniel Harbour, Ken Hiraiwa, and Shinichiro Ishihara (eds.) *Formal Approaches to Japanese Linguistics 3, MIT Working Papers in Linguis-*

tics 41, 287-307. [268]

Saito, Mamoru and Keiko Murasugi (1990) "N'-deletion in Japanese: A preliminary study." In Hajime Hoji (ed.) *Japanese/Korean Linguistics,* 285-301. Stanford: CSLI. [16]

Sakai, Hiromu (1998). "Feature checking and morphological merger." In David J. Silva (ed.) *Japanese/Korean Linguistics* 8, 189-201. Stanford: CSLI. [72, 83]

Sakai, Hiromu (2001). "Case, constituency, and derivation in phonological component." Paper presented at the 26th annual meeting of the Kansai Linguistic Society. [72]

笹栗淳子 (1996).「現代日本語における「名詞のコト」の分析――2つの用法と「コト」の統語位置――」『九大言語学研究室報告』17, 37-45. [95]

笹栗淳子 (1999).「名詞句のモダリティとしての「コト」――「Nのコト」と述語の相関から――」アラム佐々木幸子 (編)『言語学と日本語教育』161-176. くろしお出版. [95, 172]

Sato, Paul (1985). "Existence and possession." *Papers in Japanese Linguistics* 10, 34-47. [195]

Schachter, Paul (1977). "Reference-related and role related properties of subject." In Peter Cole and Jerrold Sadock (eds.) *Syntax and Semantics 8: Grammatical Relations*, 279-306. New York: Academic Press. [189]

Sells, Peter (1995). "Korean and Japanese morphology from a lexical perspective." *Linguistic Inquiry* 26, 277-326. [72]

Seiler, Hansjakob (1983). *Possession as an Operational Dimension of Language.* Tubingen: Narr. [166]

Shibatani, Masayoshi (1973). "The semantics of Japanese causativziation." *Foundations of Language* 9, 323-73. [45]

Shibatani, Masayoshi (1977). "Grammatical relations and surface cases." *Language* 53, 789-809. [96]

柴谷方良 (1978).『日本語の分析』大修館書店. [5, 163-164, 166-169, 174-175, 198-200, 202, 211-212, 220, 222, 233, 269, 273, 279]

柴谷方良 (1984).「格と文法関係」『月刊言語』13-3, 62-70. [271, 274]

Shibatani, Masayoshi (1990). *Languages of Japan.* Cambridge: Cambridge University Press. [96, 168]

Shibatani, Masayoshi (1991). "On parametric syntax."『ことばの饗宴――筧壽雄教授還暦記念論集』397-420. くろしお出版. [84]

Shibatani, Masayoshi (1999). "Dative subject constructions twenty-two years later." *Stud-*

ies in the Linguistic Science 29, 45-76. Department of Linguistics, University of Illinois. [6, 269-272, 276, 282, 291-293]

Shibatani, Masayoshi (2001). "Non-canonical constructions in Japanese." In Alexandra Y. Aikhenvald, R.M.W. Dixon, and Masayuki Onishi (eds.) *Non-Canonical Marking of Subjects and Objects*, 307-354. Amsterdam: John Benjamins. [6, 269-271, 282, 286-287, 291-293]

柴谷方良 (2001).「日本語の非規範的構文について」南雅彦・アラム佐々木幸子 (編)『言語学と日本語教育II』, 1-37. くろしお出版. [6, 269-271, 282, 286-287, 291-293]

Shibatani, Masayoshi, and Prashant Pardeshi (2001). "Dative subject constructions in South Asian languages." In Peri Bhaskararao and K. V. Subbarao (eds.) *The Yearbook of South Asian Languages and Linguistics 2001*, 311-347. Delhi: Sage Publications. [269, 271-272, 292]

Shlonsky, Ur (1997). *Clause Structure and Word Order in Hebrew and Arabic*. New York: Oxford University Press. [82]

Simpson, Jane (1983). "Resultatives." In Lori Levin, Malka Rappaport, and Annie Zaenen (eds.) *Papers in Lexical Functional Grammar*, 143-157. Indiana University Linguistics Club, Bloomington. [102, 108, 132]

Smith, Carlota (1970). "Jespersen's 'move' and change' class and causative verbs in English." In M. A. Jazayery, E. C. Polomé, and W. Winder (eds.) *Linguistics and Literary Studies in Honor of Archibald A. Hill. Vol. 2: Descriptive Linguistics*, 101-109. The Hague: Mouton. [108]

Soames, Scott and David M. Perlmutter (1979). *Syntactic Argumentation and the Structure of English*. Berkeley: University of California Press. [217, 252]

Sportiche, Dominique (1988) "A theory of floating quantifiers and its corollaries for constituent structure." *Linguistic Inquiry* 19, 425-449. [3, 85]

Stowell, Timothy (1978). "What was there before *there* was there?" *CLS* 14, 458-471. [237]

Stowell, Timothy (1981). *Origins of Phrase Structure*. Doctoral dissertation, MIT. [86]

Sugioka, Yoko (1985). *Interaction of Derivational Morphology and Syntax in Japanese and English*. New York: Garland. [53-55]

Szabolcsi, Anna (1983). "The possessor that ran away from home." *The Linguistic Review* 3, 89-102. [258]

Szabolcsi, Anna (1994). "The noun phrase." In Ference Kiefer and Katalin É. Kiss (eds.) *Syntax and Semantics 27: The Syntactic Structure of Hungarian*, 179-274. [258]

参考文献

Tada, Hiroaki (1992). "Nominative objects in Japanese." *Journal of Japanese Linguistics* 14, 91-108. [55]

高橋太郎・屋久茂子 (1984).「「～がある」の用法――(あわせて)「人がある」と「人がいる」の違い――」『国立国語研究所報告 79, 研究報告集5』国立国語研究所. [249]

Takano, Yuji (1996). *Movement and Parametric Variation in Syntax*. Doctoral dissertation, University of California, Irvine. [20]

高見健一・久野暲 (2002).『日英語の自動詞構文』研究社出版. [84, 142-143]

Takezawa, Koichi (1987). *A Configurational Approach to Case Marking in Japanese*. Doctoral dissertation, University of Washington. [3, 55]

竹沢幸一(1991).「受動文, 能格文, 分離不可能所有構文と「ている」の解釈」仁田義雄(編)『日本語のヴォイスと他動性』59-81. くろしお出版. [113]

竹沢幸一(2000).「アルの統語的二面性――be/haveとの比較に基づく日本語のいくつかの構文の統語的解体の試み――」『東アジア言語文化の総合的研究』75-100, 筑波大学. [255]

田窪行則 (1984).「現代日本語の場所を表す名詞類について」『日本語・日本文化』12, 89-117, 大阪外国語大学留学生別科. [145, 149]

Tateishi, Koichi (1994). *The Syntax of 'Subjects'*. Stanford and Tokyo: CSLI and Kurosio. [203, 280]

Taylor, John R. (1996). *Possessives in English*. Oxford: Oxford University Press. [25]

Tenny, Carol (1987). *Grammaticalizing Aspect and Affectedness*. Doctoral dissertation, MIT. [128, 136]

Tenny, Carol (1994). *Aspectual Roles and the Syntax-Semantics Interface*. Dordrecht: Kluwer. [128, 136]

Terada, Michiko (1987). "Unaccusativity in Japanese." *NELS* 17, 619-639. [113]

Terada, Michiko (1990). *Incorporation and argument structure in Japanese*. Doctoral dissertation, University of Massachusetts, Amherst. [46, 54-55]

時枝誠記 (1950).『日本文法口語篇』岩波書店. [130, 269, 271]

Tonoike, Shigeo (1991). "The comparative syntax of English and Japanese: Relating unrelated languages." In Heizo Nakajima (ed.) *Current English Linguistics in Japan*, 455-506. Berlin: de Gruyter. [20, 26]

Toratani, Kiyoko (1997). "Typology of split-intransitivity: Lexical aspect and the unaccusative hypothesis in Japanese." Ms. State University of New York, Buffalo. [120, 152]

Toratani, Kiyoko (1998). "Lexical aspect and split intransitivity in Japanese." *CLS 34: The Main Session*, 377-391. [120, 152]

Tortora, Christina (1998). "Verbs of inherently directed motion are compatible with resultative phrases." *Linguistic Inquiry* 29, 338-345. [106]

Traugott, Elizabeth C. (1992). "Syntax." In Richard M. Hogg (ed.) *The Cambridge History of the English Language*, 168-289. Cambridge: Cambridge University Press. [157, 272]

Tsujimura, Natsuko (1989). "Unaccusative mismatches in Japanese." *ESCOL '89*, 277-287. [113]

Tsujimura, Natsuko (1990). "Ergativity of nouns and case assignment." *Linguistic Inquiry* 21, 477-522. [109, 113]

Tsujimura, Natsuko (1999). "Lexical semantics." In Natsuko Tsujimura (ed.) *Handbook of Japanese Linguistics*, 349-377. Blackwell: Oxford. [120, 150, 152]

Tsujimura, Natsuko and Iida Masayo (1999). "Deverbal nominals and telicity in Japanese." *Journal of East Asian Linguistics* 8, 107-130. [120, 152]

Tsujioka, Takae (2001). *The Syntax of Possession in Japanese*. Doctoral dissertation, Georgetown University, Washington D.C. [195]

角田太作 (1991). 『世界の言語と日本語』くろしお出版. [92, 94, 202-203, 276]

Tsunoda, Tasaku (1996). "The possession cline in Japanese and other languages." In Hilary Chappell and William McGregor (eds.) *The Grammar of Inalienability: A Typological Perspective on Body Part Terms and the Part-Whole Relation*, 565-630. Berlin: Mouton de Gruyter. [202-203]

Ueda, Masanobu (1990). *Japanese Phrase Structure and Parameter Setting*. Doctoral dissertation, University of Massachusetts, Amherst. [40]

Ueda, Masanobu (1993). "On the phrase structure of Japanese and English clause." In Nobuko Hasegawa (ed.) *Japanese Syntax in Comparative Grammar*, 9-44. Tokyo: Kurosio. [40]

Ura, Hiroyuki (2000). *Checking Theory and Grammatical Functions in Universal Grammar*. New York: Oxford University Press. [215]

Vainikka, Anne and Joan Maling (1996). "Is partitive case inherent or structural?" In Jacob Hoeksema (ed.) *Partitives: Studies on the Syntax and Semantics of Partitive and Related Constructions*, 79-208. Berlin: Mouton de Gruyter. [27, 182]

van Kemenade, Ans (1987). *Syntactic Case and Morphological Case in the History of English*. Dordrecht: Foris. [272]

Van Valin, Robert (1990). "Semantic parameters of split intransitivity." *Language* 66, 221-260. [101, 147]

Van Valin, Robert (1993) "Synopsis of Role and Reference Grammar." In Robert Van

Valin (ed.) *Advances in Role and Reference Grammar*, 1-164. Philadelphia: John Benjamins. [147]

Van Valin, Robert and Randy LaPolla. (1997). *Syntax: Structure, Meaning and Function*. Cambridge: Cambridge University Press. [147]

Verhaar, John W.M. (1967). *The Verb 'Be' and Its Synonyms: Part 1*. Dordrecht: Reidel. [156]

Verhaar, John W.M. (1968a). *The Verb 'Be' and Its Synonyms: Part 2*. Dordrecht: Reidel. [156]

Verhaar, John W.M. (1968b). *The Verb 'Be' and Its Synonyms: Part 3*. Dordrecht: Reidel. [156]

Verhaar, John W.M. (1969). *The Verb 'Be' and Its Synonyms: Part 4*. Dordrecht: Reidel. [156]

Vendler, Zeno (1967). *Linguistics in Philosophy*. Ithaca: Cornell University Press. [111]

Vikner, Sten (1995). *Verb Movement and Expletive Subjects in the Germanic Languages*. New York: Oxford University Press. [68, 71]

Visser, F. Th. (1963-73). *An Historical Syntax of the English Language*. Leiden: E. J. Brill. [71, 272]

Ward, Gregory, and Betty Birner (1995). "Definites and the English existential." *Language* 71, 722-742. [176, 178, 217, 225-226, 230, 239-240]

Washio, Ryuichi (1997). "Resultatives, compositionality, and language variation." *Journal of East Asian Linguistics* 6, 1-49. [112]

Wasow, Thomas (1977). "Transformations and the Lexicon." In Peter Culicover, Thomas Wasow, and Adrian Akmajian (eds.) *Formal Syntax*, 327-60. New York: Academic Press. [128]

Whitman, John (1986). "Configurationality parameters." In Takashi Imai and Mamoru Saito (eds.) *Issues in Japanese Linguistics*, 351-374. Dordrecht: Foris. [19]

Whitman, John (1991). "String vacuous V to Comp." Ms. Cornell University. [72]

Williams, Edwin (1980). "Predication." *Linguistic Inquiry* 11, 203-38. [99]

Zaenen, Annie (1993). "Unaccusativity in Dutch: Integrating syntax and lexical semantics." In James Pustejovsky (ed.) *Semantics and the Lexicon*, 129-161. Dordrecht: Kluwer. [152]

Zucchi, Alessandro (1995). "The ingredients of definiteness and the definiteness effect." *Natural Language Semantics* 3, 33-78. [267]

索引

B
be 動詞	4, 42–43, 55, 68–70, 72, 79–80, 83, 155–157, 159–161, 176, 178, 182, 185, 212, 217–218, 242–243, 252, 296

C
c-統御	34–35, 37, 85–86, 259–260
CP の繰り返し	63–64

D
D-構造	3, 101
do の支持	32, 43–44
DP 仮説	4, 12–13, 15–16, 22, 25–26, 28–30, 83

E
EPP の要請	4, 100, 182

G
GB 理論	188

H
have 動詞	5, 55, 68–70, 72, 79, 161

L
LF	3

M
m-統御	36–37, 40–41, 85–86

N
N-接置詞	65
NP 分析	12, 16

O
of の挿入	28, 272
one の置き換え	15–18

R
R-表現	188

S
S-構造	3
SOV	72, 92, 273
SVO	90, 272

T
There-構文	5–6, 155–161, 175–180, 183–187, 212, 217–219, 224–230, 235–237, 239, 241–243, 252, 254–256, 266–267, 296

V
V-to-I 移動	69–72, 74
V-接置詞	65

W
Way-構文	138, 140–142, 151, 154
WH 移動	19–20, 188–189
WH 疑問	138–139, 183–184,

索引

		189, 202, 208, 229–230	
WH句	60, 183–185, 189, 229–230, 232	意味の転移	66
		意味役割	52, 103, 116, 126–130, 133, 145, 152, 214, 273, 286
X		意味役割付与の均一性仮説	126–130, 152
Xバー理論	28		
Y		**ウ**	
yes-no疑問	238	受身化	41, 48, 91, 96, 98, 102–104, 110, 116–117, 132, 139, 148, 170, 249
ア			
アスペクト	82, 112–113, 120–121	受身	39–47, 73, 83, 96–98, 102, 104, 116, 118, 123, 128–129, 138, 142–144, 148, 170–171, 182, 275, 278
イ			
意志動詞	135–136, 150		
依存関係	26, 162, 287		
位置変化	107	迂言的モダリティ	56–57
一致	5, 7, 19, 90, 159, 164, 166, 173–175, 190, 192, 194–198, 203–208, 210–211, 214–215, 262, 265–266	埋め込み	13, 50, 59, 87, 91, 93–94, 169–170, 235–236, 259
		エ	
一致を要求する言語	19	演算子	13, 23, 61, 63, 189
イディオム	49–51, 56, 139	**オ**	
移動操作	3, 14, 18, 24, 188, 256, 260	音声形式	3, 46
移動動詞	107, 120, 125, 134, 141, 149–150	**カ**	
		「が-の」の格交替	59
移動の様態	142	外項	5, 90, 99, 101–102, 104, 108–109, 111, 113, 118, 122, 126–131, 133–134, 136, 138, 140, 144–153, 155, 209, 267, 288–291, 295–296
意図性	119–121, 125, 136, 143–146, 149–150		
イベント項	209–210		
意味上の主語	148, 169, 280, 283, 287, 289–290		
意味的な変数	119–120		

索　引

階層構造	4, 19–21, 46, 54, 57
外的な因果関係	108
概念化	164–165, 167–168, 186, 213
概念領域	166
下位範疇化	103–105, 107, 111, 132
係助詞	19, 21–22
かき混ぜ	13, 19–20, 24, 92–93, 211, 258, 260–261, 265–266
格形式	165, 269
格交替	54, 59, 128
格照合	4
格助詞	23–24, 26–27, 135
拡張投射	62
格配列	162, 168
格標示	26–27, 30, 45, 92–93, 95–96, 247, 270–282, 284, 287, 289–293, 296–297
「かけ」名詞構文	5, 113–121, 125, 131, 245
可算名詞	18
活動動詞	111–112, 140
可能形動詞	81, 278–279
含意	22, 59, 106, 119–120, 144, 146, 149–150, 167, 225
関係節	14, 30, 185–189, 202, 208–209, 214, 222–223, 231–232, 248, 250, 253–254, 263
関係文法	101, 152
関係名詞	233–234, 253
完結性	120, 152
関西方言	83, 87
間接受身	39, 46, 142
間接的な尊敬語化	200, 204, 222–223, 246
間接内項	100
間接目的語	24, 100, 122–123
完了形	69
関連づけの条件	280, 283–284, 286–287

キ

聞き手	189, 225–226, 240–241, 252, 267
起源	145
擬似コントロール	51
擬似分裂文	13, 32, 187, 210–211, 215, 228, 232, 248
基底構造	3, 5, 99–101, 108, 113, 126, 131, 151–152, 155, 264, 295
既定性	225
基底生成	20, 52, 90, 85-86, 96, 99–100
基底の文法関係	99, 137
起点	135–136
起動相	120
機能主義	2
機能的な確定	188
機能投射	16, 27
機能範疇	9-12, 15, 18–19
規範的な主語	223–224, 276
疑問文	55, 183, 189, 229–230, 238, 243, 267
旧情報	227–228, 233, 267
境界性の条件	128, 136
境界設定表現	128, 134, 136, 140

319

索　引

強格	180		67, 74–76, 79, 121, 128–130, 141, 153, 272–273
強決定詞	161, 176, 178, 187, 212, 218		
強制	120	形容詞受身	128–129
強勢	158	形容詞述語	54, 74–75, 128, 130, 285
強制使役	45–46, 86		
虚辞	51, 155–159, 161, 178–180, 182, 212, 217, 219, 228–229, 242–243, 256, 267, 296	形容詞的な性質	239–240
		形容詞文	74, 129–130
		経路	107, 134–136
		結果構文	5, 99, 101–102, 105, 107, 109–113, 132, 154, 295

ク

		結果述語	99, 102–113, 132
空演算子	13, 61, 189	決定詞	11, 13, 15, 27, 161, 175–176, 178–181, 183–186, 212, 218, 239, 241
空間関係	162–167, 173, 213–214, 220		
空の代名詞	189, 231		
空補文標識	87	言語の習得可能性	36
句構造	18–20, 31, 36	現代英語	55, 61, 68, 72, 84, 272–273
屈折	71, 84		
屈折言語	84	原理と変数のアプローチ	2–3, 188
屈折辞句	4, 14, 20		

ケ

コ

経験者	144, 146–147, 149, 272–273, 281–282, 285–286, 290	語彙的なアスペクト	112
		語彙的な複合動詞	47–48, 53
形式主義	2	語彙投射	16, 20
形式名詞「こと」	95–97, 131–132, 151, 172, 277–279, 282, 284, 286, 292	語彙範疇	9–11, 15, 18
		語彙部門	48, 54
		行為者	145–147, 153, 249
計数表現	191	合成	109, 140
形態的な削除規則	80–81	構成素	12–15, 24, 30, 64, 93, 286
形態的な融合	83		
形態的能格言語	291	構造依存の原理	13
形態部門	21	構造格	3–4, 116, 182–183, 188, 219, 263
形容詞	10–11, 30, 53–54,	拘束形態素	4, 9–10, 12, 21, 25,

	40, 44–46, 53–54, 61
項構造	101, 127–128, 209
後置詞	4, 11, 14–15, 34, 57, 64–68, 165–167, 268
膠着言語	4, 10, 21, 44, 295
肯定	58–59, 79, 81
語の緊密性	21, 66–67
コピー	41, 85, 109, 188–189, 258
コピュラ動詞	79–81, 160
語用論の原理	120
孤立言語	84
痕跡	41, 188–189, 258–261, 265
コントロールPRO	50, 52–53, 91, 92, 97, 144, 168, 171, 201, 213, 220, 240, 246, 257, 274–275
コントロール述語	48–53, 86–87, 144, 220, 257

サ

再帰代名詞「自分」	92, 95, 97, 100, 168–169, 200, 206, 220, 244–245, 251, 254, 257, 268, 274, 289
再構成	54–55
最大投射	22, 24–25, 78, 86
削除	12, 80–82
左方移動	13
作用域	23, 36–38, 78–79, 81
三項枝分かれ	35

シ

使役	4, 44–47, 73, 77, 79, 83, 116, 146–147, 292
使役受身	143
使役化	116
使役交替	115–116, 133
使役者	133, 147
使役動詞	79, 146
シェイクスピア	70–71
指示使役	45–46, 86
時制	3, 28–29, 31–33, 38–40, 43–45, 55–57, 62, 69, 72–76, 182, 204
事態解釈	263
自他交替	103, 116, 123
指定部	4, 12, 19–20, 25, 28–29, 33–34, 37–38, 40–42, 60–61, 63, 86, 90, 97–100, 177, 209
自動詞化	52
自動詞文	52, 163, 168, 173, 182, 190, 207, 212, 245, 247–248, 250, 291
弱格	180
弱決定詞	161, 176, 181, 212, 218, 267
尺度の含意	22
従属節	50, 171, 213
従属部標示	26
主格	3, 92, 270, 273
主語位置	4, 40–41, 52, 90, 94–96, 98–100, 129, 144, 155–161,

索　引

	169, 172–173, 177–178, 180, 182–183, 203, 209–210, 212, 217, 219, 228, 242–243, 245–247, 250, 256, 263, 275, 288, 296		234, 248, 251
		主要部移動	4–5, 43, 46–47, 54, 68–79, 81, 83, 109, 157, 159–160
		主要部標示	26
		準主語	158
		小辞	12, 22, 47
主語化	280–281	上昇述語	48–53
主語昇格唯一性の法則	148	小節	79
		状態述語	6, 105–106, 121, 125–127, 152, 168, 182, 205, 247, 251, 266, 269–271, 273–275, 277, 296
主語・助動詞の倒置	19, 55, 90–91, 97, 159–160, 243		
主語尊敬語化	48, 92, 94, 97, 168, 188, 198, 206, 215, 222, 244, 246, 254, 274, 276, 285		
		状態変化	106–109
		焦点	13, 32, 36–38, 41–42, 86, 97–98, 187, 226–232, 240–241, 248
主語テスト	90–98, 151, 158, 168, 171, 200, 202, 246, 269, 274, 276, 292		
		譲渡不可能所有	158, 162, 166, 233–234, 245, 253
主語の繰り上げ	90–91, 97		
主語・目的語の非対称性	77–78	情報構造	158, 189, 226–231, 233, 239, 241, 266–267
主題	6, 106, 110, 115, 120, 126–130, 133, 150, 152, 163, 170, 218, 245, 248, 250, 255–261, 263–267, 281–282, 285, 287, 290		
		初期階層	101
		初期近代英語	70
		所動詞	143
		助動詞	11, 19, 33, 43, 55–58, 90–91, 159–160, 243
主要部	4–5, 10–15, 24–27, 29, 32–33, 36, 38, 43, 55–57, 60–61, 63–65, 67–72, 74–79, 81, 83–84, 109, 118, 159–160, 185–189, 222, 231–232,	所有関係	6, 156, 162–167, 172, 185, 198, 203, 213–214, 220, 222–223, 231, 234, 242, 244–256, 260–261, 267, 276, 283, 293
		所有傾斜	203–204, 246, 276

所有者	6, 26, 163, 166–167, 213, 217, 234, 243, 245–250, 254–263, 267			290
		セ		
		生成文法	2–4, 9–11, 68, 90, 97, 100–101, 126, 152, 269, 271, 273	
所有者繰り上げ	6, 255–256, 258, 260–263			
所有動詞	164, 174–175, 212, 222, 233	性の区別	196–197	
		接辞	12, 25, 39–40, 43–45, 47–48, 53–54, 57, 73, 81, 98, 114, 120, 126, 247, 271, 278–279	
所有文	5–6, 155–156, 161–175, 177–180, 182–187, 190, 194–195, 197–200, 202–204, 206, 208–212, 215, 217–244, 247–248, 252–256, 258, 261–263, 266–267, 296			
		選択制限	52–53, 55, 66, 95, 249, 278	
		前置詞	4, 11, 14, 64, 67–68, 102, 185	
自立要素	9, 43	前置詞残留	14	
進行形	70	前提	32, 176, 227–229, 231, 238, 241, 267	
新情報	189, 225–228, 230–231, 233, 240–241, 267			
		ソ		
親族関係	162, 164–166, 213, 220, 222, 235, 245	「そうする」	39, 48, 53	
		相対名詞	66–67	
身体名詞	66	素性の移動	72	
真の同族目的語	139	属格	17, 30, 234, 272–273, 280–281	
親密性	225			
		属格構文	234	
ス		束縛関係	213	
随意解釈のPRO	92–94, 97, 144, 168, 171, 221, 244–246, 257, 274–276	存在関係	6, 162, 165, 242–243, 252, 255, 267	
		存在・所有動詞	79, 81, 155–156	
数量詞遊離	34–36, 40–41, 84–86, 96, 113, 124, 152	存在・所有文	5, 79, 162, 166, 174, 198, 206, 217, 233, 255, 266–267	
数量副詞	5, 121–131, 134–136, 153, 201, 209, 250–251, 254, 287–	存在文	5–6, 80, 162–177, 179, 182, 184, 186, 190, 192–195, 197–	

323

索　引

	200, 202, 204, 206, 212–214, 219–220, 222, 230, 232, 237, 255–256, 258, 261–267
タ	
対格	3, 27, 161, 272, 292
対格的な統語	292, 297
大主語	280–281, 283, 287, 289–291, 293
代動詞	31–32, 38, 40, 43–44, 71, 80–81
代名詞	11–12, 15, 18, 27, 50, 52, 138–139, 161, 175, 189, 217–218, 231, 267
代用	198
代用形	17
多重主語構文	19–20, 280–282
達成動詞	111–112, 140, 152
脱動詞化名詞	109
他動詞化	131, 133–134, 244, 247–250, 252–255, 262, 296
他動詞化目的語	138–139
他動性	6, 163, 165, 168, 173, 175, 220, 269, 271–272, 282, 285, 288
他動詞文	93, 137, 163, 165, 169, 171, 173, 198, 212, 217, 223–224, 231, 241–244, 246–247, 250–251, 255, 262–263, 291, 293, 296

断片化	12
チ	
着点	106–107
中間投射	16
中期英語	70
直接受身	39–42, 46, 148
直接内項	100, 116, 123, 127–128, 132–133, 136–137
直接目的語	100, 102–103, 105, 108, 111, 114–116, 122–123, 132, 277, 279–280
直接目的語（内項）の制約	102–103, 105–107, 111
テ	
定形	20, 43, 57, 69–70, 72
定性の効果	5, 156, 175–185, 187–189, 201–202, 208–210, 212, 214, 217–222, 224, 226, 231, 239–240, 242–243, 247–251, 253–254, 262–263, 266, 296
定性の制約	5–6, 157, 161, 175, 178–180, 182, 186–189, 218–224, 226, 231–232, 239–241, 248, 250, 253–254, 296
定表現	5, 161, 175–176, 179, 181, 183–184, 186–187, 189, 201,

索引

	208, 217–219, 224–226, 230–231, 240, 247–248, 251–253, 266–267
「ている」	113, 153
「で」格	145–151, 267, 290
出来事	47, 51, 107–108, 128, 153, 209, 263–267
適正束縛条件	258–261, 264–266, 268
天候の it	91

ト

問い返しの疑問文	229–230
同格	117
道具格主語	145–146, 149, 151, 290
統語的な複合動詞	47–49
統語的能格言語	291
統語範疇	74, 121
統語部門	48, 53, 76
動作主	32, 91, 108, 120, 127–128, 137, 145–147, 149–150, 152, 154, 268
動詞句前置	13, 33
動詞句内主語仮説	3, 7, 19–20, 84–85, 90
動詞の交替	164, 168, 173–174, 190
動詞編入	54–55
投射	4, 11–12, 14–16, 18–29, 33, 40, 42–43, 45–46, 56, 61, 68, 72–73, 76, 79, 84, 86, 89, 98, 210, 215
動詞由来後置詞	65–67
動詞由来名詞化構文	113
同族目的語	109, 133, 138–140, 142, 154
動名詞	32
特定性	27

ナ

内項	5, 99–111, 113, 116, 118, 121–131, 133–137, 140, 145, 147, 150, 152–153, 155, 157, 160–161, 171–174, 177–178, 182–183, 201, 209, 241–251, 254, 288–291, 295–296
内在格	3–4, 117, 182
内的な因果関係	108

ニ

二項枝分かれ	35–36
二項述語	6, 125–126, 187–188, 220, 251, 270, 272, 274, 276–288, 290–293, 296
二重主語	6, 269, 282–287, 289–293
二重直接目的語	279, 282
二重詰め COMP の制限	60
二重目的語動詞	114, 122, 127
二重「を」格の制限	279
偽の定表現	230
人間関係	162, 165, 222, 233–234, 253

索　引

人間名詞	95, 277–278		284, 289, 292–293
ノ		被所有者	26, 212, 217, 227, 234, 246, 256, 260–261
能格型	165, 168, 269-271, 291	非対格仮説	99, 101, 104, 131, 134, 151
能格言語	291		
能動詞	143	非対格構文	5, 108, 113, 137, 149, 151–152, 154
能動文	41, 96, 98, 148		
「の」の置き換え	16–17, 27	非対格性	5, 89–90, 100–101, 109, 113–114, 118, 120–121, 124–125, 131, 136, 142, 287, 289, 295
ハ			
排他	22		
場所	42, 66, 86, 106, 115, 117, 128, 136, 156-158, 161–162, 164-166, 169, 206, 224, 242, 244–245, 247, 249–250, 255–256, 258–261, 264–268	非対格動詞	5, 41, 89, 99–106, 108–111, 118–121, 123–127, 131–138, 141–144, 147, 150, 152, 155, 159, 161, 182–183, 210, 219, 221, 241–245, 247, 250, 254–255, 267, 290–291, 296
派生主語	96, 111, 148		
派生接辞	53–54		
派生的な結果構文	113	否定	32, 43, 55, 58–59, 68–72, 74–83, 237–238
発話	226, 235–238, 240		
発話内の力	63		
反意語	58	否定対極表現	77–78
反使役化	154	否定の作用域	78–79, 81
		被動者	134, 152-153
ヒ		非人称構文	273
被影響者	149	非能格構文	5, 137–138, 140, 142–145, 151, 154
被害受身	142, 144, 149		
非階層構造型言語	19	非能格性	5, 89–90, 137, 140, 142–145, 295
比較統語論	18–20, 84		
非規範的な格標示	271–272, 274–278, 282–287, 289–291, 296–297	非能格動詞	41, 89, 99–104, 108–110, 117–119, 123–124, 126, 131–136, 138, 140–144, 150,
非規範的な述語	270–273, 277, 280–		

326

			152–154, 291
表層構造	3, 5, 157, 209	部分・全体	156, 162–163, 165, 167, 213
表層の文法関係	90, 93, 96–97, 99, 112, 151, 156, 278	普遍文法	2, 20
		普遍量化	176, 178, 186
フ		フランス語	68, 71–72, 196–197
不可算名詞	18, 191	文法化	57–59, 61, 64, 66–67, 74
付加詞	4, 85–86, 117, 123, 148–149, 152, 157–158, 163–164, 177, 182, 206, 217, 242, 244, 249, 255–256, 258, 261, 268	分裂動詞句の仮説	86, 214
		ヘ	
		編入	54–55, 109, 293
不完全性	181	**ホ**	
不均衡連鎖	180, 239	包含性	225
複合語	23–24, 83	放出動詞	141
複合動詞	47–49, 86	補語	54, 125, 160, 271
複雑述語	4, 19, 276	補助動詞	79, 82
副助詞	4, 17, 19, 21–22, 24–25, 30, 45–46, 56–58, 61–63, 73–74, 76, 79, 82–84, 86, 98, 295	補部	12, 14–16, 25, 28–30, 33, 77, 79, 90, 97–98, 109, 144, 157, 161, 178, 182, 185
不定形	70	補文構造	48–49, 53, 60
不定詞	60, 72	補文標識	11, 14, 21, 31, 57, 59–64, 83, 87
不定の目的語	105		
不定表現	161, 175–176, 179, 181, 183–184, 187, 189, 201, 208, 218–219, 224, 226, 240, 247, 251, 253, 267	補文標識句	14, 20, 60, 62
		本動詞	31–33, 39–40, 42–44, 53, 62, 70–72, 74, 79, 82–83, 86
		本来的な結果構文	112
部分解釈	181	**ミ**	
部分格	5, 161, 180–183, 201–202, 209–210, 219, 221, 223, 239–241, 243, 247, 249–250, 254–255, 296	未然形	82
		ミニマリスト プログラム	2–4, 7, 188–189, 268

索　引

ム
無意志動詞　135–136, 150
無生　79-80, 163, 173, 190–198, 205, 208, 210, 212, 214, 264
無生名詞　162, 173, 190–195
無生物主語　32, 51–53, 150, 170
無標の語順　92

メ
名詞化　28, 113
名詞句移動　3, 55, 90, 97–98, 129, 159
名詞句繰り上げ　6, 263–265, 267, 296
名詞上昇　180–181, 183, 239, 241
名詞的述語　113
名詞分類　197
命題　217, 224, 226, 230, 236–237, 240, 287

モ
目的語テスト　91, 94, 96, 269, 282
目的語転移　174
目的語の交替　115, 122
目標　127
モダリティ　56–57

ヤ
ヤグア語　197

ユ
有生　79-80, 91, 93, 163, 173, 190–198, 204–205, 207-208, 212, 262, 264

有生名詞　52, 93, 163, 173–174, 190–194, 196, 212, 233, 263, 265
唯一経路の制約　107

ヨ
与格　4, 270, 272
与格主語構文　270, 272

リ
リスト構文　218, 224–225, 229, 236, 238–241, 252, 266
リスト読み　224–226, 228–242, 252, 266, 296
隣接性　32, 94, 159–160

ル
類別詞　124, 191–196, 214, 263

レ
例外的格標示　293
例外的格付与構文　90–91, 97
連体形　30
連用形　54, 57, 113

ロ
論理形式　3, 72, 86, 159, 180–181, 239

ワ
話題化　13, 189, 210-211, 215, 227, 232, 266
話題卓立言語　19

著者紹介

岸本秀樹（きしもと・ひでき）

1960年兵庫県生まれ。1991年神戸大学大学院文化学研究科博士課程修了（学術博士）。鳥取大学教養部，滋賀大学教育学部，兵庫教育大学学校教育学部を経て，現在，神戸大学大学院人文学研究科教授。主な編著書・論文に，『日本語の分析と言語類型』（共編著，2004，くろしお出版），'Split intransitivity in Japanese and the unaccusative hypothesis' (1996, *Language*), 'Binding of indeterminate pronouns and clause structure in Japanese' (2001, *Linguistic Inquiry*), 'Wh-in-situ and movement in Sinhala questions' (2005, *Natural Language & Linguistic Theory*) など。

柴谷方良・西光義弘・影山太郎　編集

日英語対照研究シリーズ(8)

統語構造と文法関係　●　著者　岸本秀樹

2005年2月15日　第1刷発行	
2010年8月30日　第2刷発行	
発行所	くろしお出版
	〒113-0033 文京区本郷 3-21-10
	Tel 03-5684-3389
	Fax 03-5684-4762
表紙	Fabienne Gueury
版組	コスモユノー
印刷所	シナノ書籍印刷

© Hideki Kishimoto, 2005, Tokyo
ISBN 4-87424-316-9　C3081
無断コピーお断り

日英語対照研究シリーズ

柴谷方良・西光義弘・影山太郎　編集

★1 時制解釈と統語現象
　　　　　　　三原健一著　A5判 250p　3,990円

★2 会話分析
　　　　　　　泉子K・メイナード著　A5判 273p　4,410円

★3 語形成と音韻構造
　　　　　　　窪薗晴夫著　A5判 296p　4,725円

★4 機能的構文論による日英語比較―受身文, 後置文の分析―
　　　　　　　高見健一著　A5判 288p　4,410円

★5 動詞意味論
　　　　　　　影山太郎著　A5判 320p　4,515円

★6 オノマトペ―形態と意味―
　　　　　　　田守育啓／ローレンス・スコウラップ著　A5判 240p　3,990円

★7 論理構造と文法理論―日英語のWH理論―
　　　　　　　西垣内泰介著　A5判 224p　3,675円

★8 統語構造と文法関係
　　　　　　　岸本秀樹著　A5判 338p　4,410円

価格の表示は、すべて税込価格です。